イギリスの刑事責任年齢

増田義幸著

成文堂

はじめに

　本書は，2013 年 10 月 28 日に名城大学へ提出した博士論文「イギリスにおける刑事責任年齢と児童を取り巻く社会的環境の変化について」に若干の修正と加筆をしたものである。

　わが国の刑事責任年齢が 14 歳であることは不動のもの，普遍的なもののように思われてきた。しかし，視野を広げて考察すれば，刑事責任年齢の基準は必ずしも一律的ではないのである。

　イギリスでは刑事責任年齢に責任無能力の推定という特殊なシステムが長らく存在していた。それは子どもにとって恩恵である一方，社会秩序の維持という厳しい側面もあり，その背景には子どもの成長のペースが各自で異なるという認識が存在した。この独特な刑事責任年齢の経緯と子どもに対する社会の捉え方や行動の評価については，あまり多く議論されていないように思われる。そこで本書は，イギリスの刑事責任年齢について，子どもを取り巻く社会的環境を通じて将来的な展望を考察しようと試みたものである。

　折しも，わが国では選挙権年齢が 20 歳以上から 18 歳以上に引き下げられ，2016 年から施行された。さらに民事的分野だけでなく，少年法の適用年齢の変更が検討されている。遠からず刑事責任年齢を変更する動きも活発になる可能性がある。年齢の変更自体は簡単であるが，最も影響を受けるのは政府でも国会でもなく，子どもたちであることを念頭に置きたい。刑事責任年齢の議論においては子どもを取り巻く社会的環境を密接不可分なものとして複合的に議論されること祈りつつ，本書の拙い考察が少しでも社会の役に立てれば幸甚である。

　そして本書を公刊するにあたり，長年にわたって私をご指導くださった名城大学法学部の木村裕三教授に深厚なる感謝を表したい。木村教授には修士課程の時代からイギリスの少年司法制度についてご指導を賜り，その後も反応の遅い私を温かく見守り続けてくださった。約 20 年にわたる木村教授とのご縁は私の生涯にとって大きな財産であり，学恩に報いる結果を出すこと

が私の生涯の課題である。

　最後に，本書の出版にあたり終始熱意をもってご助言とご協力をくださった株式会社成文堂の阿部成一社長と編集部の篠﨑雄彦氏に厚く御礼を申し上げる。

2017 年春

増　田　義　幸

目　次

はじめに

序　章 ………………………………………………………………………… *1*

第1章　古代・中世イギリスにおける刑事責任年齢の捉え方
　　　　 ………………………………………………………………… *3*

　　1　刑事責任年齢に関する主な法令 *(3)*

　　2　イギリスにおけるキリスト教と刑事司法の関係 *(10)*

　　3　小括——年齢の客観的な算定システムと教会の登録制度 *(14)*

第2章　年齢区分及び刑事責任年齢に関する中世・近世の
　　　　 学説 ……………………………………………………………… *16*

　　1　年齢区分及び刑事責任年齢に関する中世・近世の学説 *(16)*

　　2　小　括 *(30)*

第3章　児童を取り巻く環境と刑事司法制度 …………………… *32*

　　1　ヨーロッパにおける資本主義の発達と児童の環境 *(32)*

　　2　19世紀の児童の社会的環境と刑事司法の状況 *(37)*

　　3　19世紀後期の刑事司法の状況 *(44)*

　　4　小　括 *(54)*

第4章　20世紀前半における児童の環境と刑事責任年齢の
　　　　 議論 ……………………………………………………………… *57*

　　1　20世紀初頭における児童を取り巻く環境 *(57)*

　　2　1908年の児童法 *(60)*

　　3　1933年の児童少年法制定に至る過程 *(64)*

4　1933 年の児童少年法の制定——議会における議論 *(69)*

　　5　小　括 *(78)*

第5章　戦後における児童の社会的環境とサブカルチャーの出現 ……………………………………………………………*81*

　　1　1940 年代後期から 50 年代における児童を取り巻く環境 *(81)*

　　2　戦後のサブカルチャーの拡大 *(86)*

　　3　小　括 *(97)*

第6章　1963 年の児童少年法の議論 ……………………………*99*

　　1　イングレビィー委員会の報告書 *(100)*

　　2　議会に現れた刑事責任年齢の改革
　　　　——アビンジャー女男爵の提案 *(108)*

　　3　1963 年の児童少年法の成立 *(118)*

　　4　小　括 *(146)*

第7章　「法と秩序」という基軸 ………………………………*149*

　　1　児童に対する労働党の立場 *(149)*

　　2　1969 年の児童少年法における議論 *(156)*

　　3　保守党の「挑戦」*(167)*

　　4　1989 年の児童法とその本質 *(179)*

　　5　1990 年代初頭の刑事政策の状況 *(186)*

　　6　小　括 *(188)*

第8章　現代における刑事責任の理論 …………………………*190*

　　1　イギリス法における刑事責任の仕組み *(190)*

　　2　判例の状況 *(200)*

　　3　専門家の主張 *(210)*

　　4　小　括 *(218)*

目　次　*v*

第9章　20世紀末の刑事責任年齢——社会の標的としての児童
……………………………………………………………………*220*

1　危険視される児童（*220*）

2　新たな「法と秩序」の模索（*225*）

3　1998年の犯罪及び秩序違反法の成立（*231*）

4　小　括（*247*）

第10章　スコットランド及び北アイルランドの刑事責任年齢，そして国連の評価……………………………………*250*

1　スコットランドと北アイルランド（*250*）

2　国連における刑事責任年齢と児童の捉え方（*258*）

3　小　括（*266*）

第11章　刑事責任年齢に関する将来的展望………………… *270*

1　刑事責任年齢の動向（*270*）

2　児童を取り巻く環境の動向（*273*）

3　小　括——刑事責任年齢の将来的展望（*278*）

結　語 …………………………………………………………… *286*

序　章

　イギリスのイングランド及びウェールズにおける児童少年の刑事司法制度
は，20 世紀以降に劇的な変化を経験している。それは，現代社会の発展に伴
う構造の複雑化，価値観の変化，秩序に対する大きな不安などの反映であり，
俯瞰すれば政治的な変化の軌跡として表れているといえよう。とりわけ 1980
年代以降に打ち出された，「law and order（法と秩序）」は，児童少年の反社会
的行動を厳しく取り締まり，彼らの遵法精神と秩序への敬意を促そうとした。
さらに彼らの行動ばかりでなく，親の責任も追及することで，彼らの行為を
徹底的に管理しようとしたのである。そして犯罪抑止と反社会的行為の防止
は政党を超えた重要課題になり，いかに効果的な政策をアピールするかが政
党の力の「見せどころ」になっている。結果的に，社会は児童少年を危険視
し，両者はもはや敵対的な関係の様相を呈しているようにも思われる。

　刑事責任年齢についても 20 世紀以降に大きく変化した。かつての刑事責
任年齢は，コモン・ローによって 7 歳とされ，7 歳未満の刑事責任は問われな
かった。そして 7 歳以上 14 歳未満は刑事責任を負うものの，悪意によるもの
でない限りという条件付きで責任無能力の推定を受けた。14 歳以上は完全な
刑事責任を負うことになるのだが，このような段階的，特徴的な刑事責任年
齢のシステムは長らく続いたのである。したがって，7 歳や 8 歳の児童に対
して死刑宣告をすることは可能であったが，そのような幼い児童が処刑され
ることは頻繁にあったわけではなく，実際には裁判官による責任無能力の判
断や国王の恩赦による減刑などが行われていた。とはいえ，結局のところ刑
事責任の判断は裁判官の裁量であり，恩赦も自動的なものではなく，幼い児
童でも大人と同様の刑罰を受けることもあったのである。なお，現在の刑事
責任年齢は法律により，条件なく 10 歳となっているが，国際的な比較がなさ
れるようになってからは，その低さが世界的に注目され，引き上げ論も根強
く主張されている。

2 序 章

　しかし，そのような主張にもかかわらず，イギリスは刑事責任年齢の引き
上げに慎重であった。では，その独特な刑事責任年齢のシステムが何世紀に
もわたり維持され，20世紀にわずかに引き上げられたままであるのはなぜで
あろうか。それはコモン・ローとして醸成された伝統的な制度であったから
という理由もあるが，児童とその周辺環境にも理由が存在したのではないか
と思われる。もちろんその周辺環境の要因として挙げられるものは，医学，
心理学，生物学などの分野を含めれば，相当広範囲にわたることになる。そ
の中で本書は，特にイングランド及びウェールズの刑事責任年齢の変遷を考
察するにあたり，まず歴史的な経緯に触れた上で，次に児童を取り巻く社会
的環境や児童に対する社会の捉え方などを主に選び，年齢の位置付けの理由
と展望を見出すものである。

　本書は，とりわけ20世紀における刑事責任年齢に対する考え方，そしてそ
れに左右される児童や彼らを取り巻く環境がどのように変化したかを考察す
る上で，特に議会や政府の公表資料はそれらの軌跡を示す公式的な資料とし
て重要なものと考えた。現代の刑事責任年齢は，コモン・ローの時代と異な
り，議会の審議を経て，成文法として示されており，成立の過程が分かるか
らである。したがって，各議事録から刑事責任年齢に関連する部分を取り上
げて，検討を加えることにする。これにより，各時代の刑事責任年齢に関す
る結果だけでなく，当時の様々な立場の見解も理解することができる。児童
の人生に大きな影響を及ぼす刑事責任年齢を単純な数字と捉えて他と比較す
るのではなく，数字には表れない年齢の位置づけに関する背景を探ることは，
妥当な刑事責任年齢を検討する際に役立つのではないかと思われる。

　なお，一般的に「イギリス」や「英国」は「グレートブリテン及び北アイ
ルランド連合王国」を指すものだが，本書第1章以降における「イギリス」
は，イングランド及びウェールズを指すものとする。

　また，本書では基本的に「児童」は14歳未満，「少年」は14歳以上17歳
未満を指し，特に年齢で区別しない場合や年齢が不明な場合は「子ども」と
した。ただし，「少年犯罪」や「少年裁判所」など，児童少年の総称としての
区分でも「少年」とした。「子ども」や「少年」に青年や若い成人も含まれる
ような広範な区分を指す場合は「若者」と表記している。

第1章　古代・中世イギリスにおける刑事責任年齢の捉え方

1　刑事責任年齢に関する主な法令

⑴　古代イギリスの社会的背景

　古代の大ブリテン島は，ケルト系の文化があったものの，ローマ軍が侵攻して征服したことにより，従来の文化にも大きな影響を受けた。ローマ軍の影響力により，古代の刑事法は苛酷なもので，拷問も全土で行われた[1]。その一方で，凶悪な犯罪を除けば慈悲的な裁判が行われており，人は自白しなければ，あるいは証人全員が彼の犯罪に同意しなければ死刑にならないこともあったという[2]。しかし，5世紀にローマ帝国の支配が終わったことで，これらのシステムは姿を消し，ヨーロッパ大陸から侵入した部族はローマ文明の残滓に取って代わった。もともと7つのアングロ・サクソン王国があったが，6世紀末までに，仕組みにおいて大きな違いがある4つの連合国になり，ゲルマン民族の宗教的習慣や法的な観念で大きな権力を得たものの，そこにはローマから受け継がれた法律的な伝統はなかったといわれている[3]。軍事的に征服した彼らとその子孫は，耕作農民として新しい土地に定住し始めたが，土地の農業利用とともに，富による階級と大土地所有者が生まれ，彼らによって統率された各村は，可能な範囲において自分たちの安全と習慣を維持し始めたのである[4]。それによる自己防衛のシステムは，殺人や土地保有・境界線の不法侵入者などの犯罪者に対する親族や隣人の復讐を基礎に進化したため，イングランドにおける初期のアングロ・サクソン法は原始的で苛酷なものであったという[5]。すなわち，危害に対しては私的な報復で処罰し，その復

---

[1]　J. Hostettler, A History of Criminal Justice in England and Wales, 2009, p. 11.

[2]　J. Hostettler, op. cit., p. 11.

[3]　J. Hostettler, op. cit., p. 11.

[4]　J. Hostettler, op. cit., p. 12.

4 第1章 古代・中世イギリスにおける刑事責任年齢の捉え方

讐行為は残忍なものであったが，権力を強化し，住民を直接的に支配し始め
た4つの王国の統治者たちは，無法者に対する介入とドゥーム（doom）と呼
ばれる法律を作り始めた[6]。その法律は，当時の習慣から生まれ，社会が一層
複雑になるにつれて追加され，キリスト教を受け入れてからは，犯罪だけで
なく，教会への確かな服従と貢献のためにも作られ，その見返りに教会は王
の支配を支持し，王に宗教的な雰囲気を与えたといわれている[7]。

(2) イネの法律

5世紀のアングロ・サクソン人による征服の後，イングランド地域は，七王
国時代として複数の王国によって割拠されることになる。その中のウェセッ
クス王のイネ（Ine，在位688年〜725年）の法律には，窃盗について次のような
条文がある[8]。

第7条 自分の妻子が知ることなく窃盗をした者は，60シリングの罰金を払う。
　第1項 ただし，一家全員が知ったうえで彼が窃盗をした場合，彼らは奴隷になる。
　第2項 10歳の児童は窃盗犯になり得る。

これによると，7世紀後半には少なくとも窃盗の犯罪成立に関して，10歳
の年齢基準が存在したことが分かる。また，初期のアングロ・サクソン法は，
犯罪者を処罰するよりも，被害者への賠償を主としていたといわれている[9]。
犯罪者は，血を流す代わりに損害を賠償することになるが，王は，被害者の
社会的地位に応じた金額表を作ったという[10]。つまり，犯罪者の故意は調査
されず，偶発的な損害でも賠償は免除されず，情状酌量もなかったのであ
る[11]。そして，このような賠償金の他に，王に対する賠償金（wite）もあり，そ
れは刑事司法の分野に王の政治的考慮が入り込む始まりであったといわれて

---

[5]　J. Hostettler, op. cit., p. 12.

[6]　J. Hostettler, op. cit., p. 13.

[7]　J. Hostettler, op. cit., p. 13.

[8]　F.L. Attenborough, The Laws of the Earliest English Kings, 1922, p. 39. and W.B. Sanders, Juvenile Offenders for a Thousand Years, 1970, p. 3.

[9]　J. Hostettler, op. cit., p. 14.

[10]　J. Hostettler, op. cit., p. 15.

[11]　J. Hostettler, op. cit., p. 15.

いる[12]。

この条文によれば，イネ王の時代には，10歳以上の者が社会の一員として認められるとともに，行為に対する刑事責任も負っていたのではないかと思われる。

(3) アザルスタンの法律

七王国のひとつであったウェセックス王国は，次第にイングランド全土をまとめる立場になり，9世紀には統一したイングランド王国となった。10世紀中期のアザルスタン王（Æthelstan，在位925年？～939年？）は，「アザルスタンの布告（Æthelstan's Ordinances）」のなかで，窃盗をした児童に関して次のように定めている[13]。

> **第1条**　第1に，窃盗の行為で逮捕された者が，12歳以上であって，（盗んだ物の価値が）8ペンスを超える場合は，いかなる場合も許されない。

この条文については，12歳以上であっても盗んだ物の価値が8ペンス以下ならば許されるとも読み取れる。P.H. ウィンフィールド（P.H. Winfield）の論文[14]でも，「それは窃盗犯人が法律から受けるわずかな利益であった。ただし，彼が12歳以上で，8ペンスを超える価値の物を盗んで逮捕された場合，彼は許されなかった」としており，この解釈が正しければ，アザルスタン王は，12歳という年齢基準を犯罪の成立において重視し，12歳以上の者が物の価値を理解して行動できるものと考えていたのである。

この条項では，その窃盗について，犯罪者が贖罪金（wergeld）を支払うか，もしくは同等の宣誓で潔白を示せば許されると規定し，続く第2項でその事後の行為に注目している[15]。

> **第2条**　しかしながら，彼（窃盗をした者）が自分の立場を弁護したり，逃亡したりした場合，彼は許されない。

---

[12]　J. Hostettler, op. cit., p. 15.

[13]　Attenborough, op. cit., p. 127.

[14]　P. H. Winfield, "The Myth of Absolute Liability", The Law Quarterly Review, vol. XLⅡ, 1926, p. 39.

[15]　Attenborough, op. cit., p. 127.

6 第1章 古代・中世イギリスにおける刑事責任年齢の捉え方

　この条文の「許されない」対象者は12歳以上だけではなく，F.L. アッテン
ボロー（F.L. Attenborough）の注記で引用されている F. リーバーマン（F. Lie-
bermann）の解釈[16]によれば，「彼が12歳以下でも」許されないのである。これ
は，窃盗に対する故意や悪質さを犯罪者の事後の行為によって裏付け，年齢
に関係なく故意が明らかな者については処罰するという厳しい姿勢を表して
いる。この点，自己弁護や逃亡という事後の行為に基づいて処罰を判断する
ことは，アザルスタン王が年齢以上に悪質な故意を重視しているとも考えら
れる。しかし，第1項にあるように，基本的には犯罪者の内心よりも年齢と
盗品の価値という客観的なソースで処罰を判断していたから，第2項は，自
己弁護や逃亡によって示される故意は，12歳以上と見なし，同一に扱うこと
を示したものと思われる。したがって，アザルスタン王は，この法律で12歳
が理解力を有し，犯罪行為に対する刑事責任を負うという基準を示しつつ，
犯罪者の故意によっては12歳未満でも処罰したから，年齢が絶対的なもの
ではないことを示したと思われる。

　同じアザルスタンの法律の「Iudicia Civitatis Lundoniæ」でも，次の条文が
存在する[17]。

第1条

　第1項　（盗んだ物の価値が）12ペンスを超える場合で，窃盗をした者が12歳以上
である場合，いかなる窃盗も許されない。われわれが公法に従って彼を有罪と認定し，
彼がどのようにしてもそれを否定できない場合，われわれは，彼を死刑にし，彼が所
有する全てを取り上げる。そしてわれわれは，まず（盗まれた）物の価値の分を彼の財
産から取り，その後，残された分は3つに分けられる。ひとつは妻に与えられる。ただ
し，それは彼女が当該犯罪を知らず，従犯でない場合に限られる。残余のひとつは王
が取り，もうひとつは〔殺害された人の〕仲間が取る……。
　第2項　窃盗をした者を隠匿する者は，彼と同じ処分を受ける。
　第3項　窃盗をした者を援助し，彼に味方して戦う者は，彼とともに殺される。

　この条文における年齢基準は，「アザルスタンの布告」の第1条と同じ12
歳であるが，窃盗罪のもうひとつの要件である盗品の価値が8ペンスから12

---

[16]　Attenborough, op. cit., p. 207.

[17]　Attenborough, op. cit., p. 157. and Sanders, op. cit., p. 3.

ペンスに引き上げられた点が異なる。第 2 項及び第 3 項では，その犯罪者を支援した者に対する制裁も明示している。さらに，この「Iudicia Civitatis Lundoniæ」の第 12 条では，次のように述べられている[18]。

第 12 条
　第 1 項　ここに再び王は，ウィットルベリー（Whittlebury）で彼の顧問官に諮り，そしてロンドンのテオドレッド司教経由で，カンタベリーの大司教宛てに勅語（word）を送った。すなわち，王は，あちこちでそのような若い人々が軽微な罪で死刑されていることを聞いて，それを残酷だと考える。ここに王は，王自身と王と議論した者の両方に対し，15 歳未満のいかなる者も，その者が自己弁護したり，逃走しようとしたり，自首することを拒否したりしない限り，死刑にすべきでないと宣言する。その代わり，そこで，彼の犯罪の大小に関わらず，彼は殴打されるべきである。しかし，グレイトリー（Grately）で宣言したように，彼が自首すれば，彼は投獄されるべきであり，（そこで定めたものと）同じ条件で解放されるべきである。
　第 3 項　そして王はさらに宣言する。すなわち，いかなる者も，逃走や自己弁護をしない限り，12 ペンスに満たない価値の財産の窃盗で処刑されない。しかし，その場合において，たとえその財産が，わずかな価値の物であっても，ためらいがあってはならない。

　第 12 条の第 1 項における 15 歳という年齢は，一般的な成熟期に合わせたものだと思われるが，既に触れたように，同じ「Iudicia Civitatis Lundoniæ」の第 1 条の第 1 項においては，12 歳以上の者の窃盗を許さないとしていた。同一の法典の中で，年齢の基準が拡大した理由については明確になっていないとされている[19]。残酷という王の具体的な感情を理由に 15 歳未満の犯罪者へ配慮したことは，王の良心で民衆に介入を始めた一面が考えられる。そしてそれを児童少年の側から見れば，親とは別の国家という大きな存在からも，規律の寛厳で管理されてゆくことになったとも考えられる。王は，大司教たちとともに，全ての税金と十分の一税（tithe）が王と教会に支払われると宣言した一方で，イングランドで初めて社会的な法令を導入して，貧民の救助を行っており[20]，この点でも王の良心によって民衆を管理するシステムがあったように思われる。ただし，当時の刑罰の目的は，法令に違反しないこと，

---

[18]　Attenborough, op. cit., p. 169. and Sanders, op. cit., pp. 3-4.
[19]　Attenborough, op. cit., p. 212.
[20]　J. Hostettler, op. cit., p. 32.

8　第1章　古代・中世イギリスにおける刑事責任年齢の捉え方

すなわち王や教会の権力に民衆を従わせることであって，個人の矯正よりも社会の治安維持を主としていることは明らかであろう。

これらの条文を見ると，自己弁護や逃亡をしない限り，12ペンス以上の物を盗んだ12歳以上15歳未満の者は死刑を免れるというシステムが存在したようである。このことは，後にイギリス法で確立する，責任無能力の推定（the presumption of *doli incapax*）に類似しているとも思われる。この責任無能力の推定は，絶対的な刑事責任無能力年齢と完全な刑事責任を負う年齢との狭間の年齢の者について，一応は責任無能力と推定されるが，当該行為を悪いと認識したことが立証されれば推定は覆され，完全な刑事責任を負うというものである。これとアザルスタンの法律を重ねれば，逃亡や自己弁護は，自己の行為を悪いと認識したことを示し，それゆえに通常の刑を受ける年齢の者として扱われるために，本来の刑の減免という配慮は除外されるという点で共通している。さらに言えば，その減免の上限である15歳未満という基準は，個人の生理的現象（ひげや陰部の発毛など）に着目した成熟期にも関係しているように思われる。ノルマン征服以前のロンドンでは，15歳未満の者は2度窃盗をしない限り処罰されないという規則があったといわれており[21]，前述のイネの法律で窃盗罪の基準とされた10歳，そしてアザルスタンの法律における12歳から15歳を併せて考えれば，10歳から15歳のあたりは，ちょうど人間がそれぞれ成熟期にかかわる生理的現象を経験する時期であろう。このように，成人と同様の刑罰を受ける年齢の基準は，成熟期の開始か一般的に成熟期に到達する時期に合わせていたと考えられるが，法律によってそれが異なったことは，年齢自体が絶対的なものではなかったことを示している。

(4)　エゼルレッドの法律——新しい展開

これまでの法律は，犯罪者の個人的な立場に関わらず一律に処罰するものや年齢で死刑を回避するものが多かったが，時の経過とともにキリスト教の影響を受けて，若年者に対する刑罰上の配慮が示されるようになった。

例えば，殺人などの凶悪犯罪における死刑は全国的な刑罰であった一方で，

---

[21]　N. Walker, "Childhood and madness : history and theory", Providing Criminal Justice for Children, edited by A. Morris and H. Giller, 1983, p. 23.

キリスト教徒は些細な犯罪で死刑を宣告されず，被害者への賠償と王への罰金の支払いを含む「慈悲深い」刑罰を受けたといわれている[22]。教会は，犯罪者が罪を償い，自己の霊魂を大切にすべきだとして，死刑に賛成しなかったのである[23]。そして，エドワード殉教王の息子であったエゼルレッド王（Ethelred，在位978年〜1016年）の法律は，刑罰が関係する限り，全ての者が同等に扱われるべきではないことを示した[24]。このことは，霊魂を大切にしたい教会の願望が世俗の法律に影響を与えたものといわれている[25]。したがって，裁判所は，階級のみならず，年齢と若さの変動性，裕福と貧困，そして健康状態と病気に留意して刑罰を決定することになり，さらに過失犯罪に対する温情的措置が行われ，全ての犯罪の判決において差異が設けられたことは大きな進化だといわれている[26]。そしてこの法律の概念は，アングロ・サクソン人に浸透したという[27]。

　エゼルレッドの法律のような，個人の事情を勘案して刑罰を決定する考え方は，後にデンマークから侵攻して王になったクヌート（Canute，在位1016〜1035年）にも引き継がれた。クヌート王は，初めて刑事手続（Pleas of the Crown）を編纂し，刑罰については，貧富を問わず，全ての人が法律の利益を受けるべきであり，神の見地において正当と認められるとともに，人の観点で容認されるべきものだと強調し，軽微な犯罪に対する刑罰は，死を伴わない慈悲深いものであった[28]。これは，クヌート王がデンマークから侵攻して即位したことで，その正統性に不安があったため，アングロ・サクソンの法や習慣を遵守する結果になったのである[29]。そこで刑事責任年齢における基準の根拠には，従来の成熟期にキリスト教的な観点も加わるようになったと考えられる。

---

[22]　J. Hostettler, op. cit., p. 36.

[23]　J. Hostettler, op. cit., p. 36.

[24]　J. Hostettler, op. cit., p. 37.

[25]　J. Hostettler, op. cit., p. 37.

[26]　J. Hostettler, op. cit., p. 37.

[27]　J. Hostettler, op. cit., p. 37.

[28]　J. Hostettler, op. cit., p. 37.

[29]　J. Hostettler, op. cit., p. 38.

2　イギリスにおけるキリスト教と刑事司法との関係

　フランスから渡来して王に即位し，強力な中央集権政府を作ったウィリアム1世は，ノルマンの方式に従い，王が教会を全体的に統制したことで，王権と教会の対立をもたらした[30]。教会に対する姿勢は，これまでのアングロ・サクソン時代と異なったが，ウィリアム王もまた，王に支払う罰金のアングロ・サクソンのシステムを拡大し，アザルスタン王の時代に導入された十人組をもとに，逮捕に優先して各村落の個人に対する強制的な罰金であったフランクプレッジ（frankpledge，十人組）を導入した[31]。例外はあったが，12歳を超える男性は，十人組に属し，凶悪犯罪で告訴された犯罪者が裁判所に連行されない場合，彼の十人組のメンバーもしくは村のメンバーは，フランクプレッジを支払わなければならなかったという[32]。このウィリアム王のシステムでは，12歳を超える（すなわち13歳以上である）男性は，刑事事件において，他の年長者と同様の責任を負ったと思われる。

　ウィリアム王は死刑を廃止したが，それは人道的な配慮ではなく，死刑の代わりに，目潰し，去勢，その他顔面や身体の切断を行った[33]。それを見せつけることが，潜在的な犯罪者に対して死刑よりも一層厳しい警告になると彼は考えたといわれている[34]。当時の刑事司法制度において，彼はクヌート王と異なり，アングロ・サクソンの伝統に従うことよりも，征服者としてノルマン人の方式を持ち込むことを選択し，強力な支配力をもって彼の政策を推進しようとしたのであろう。

　さて，ウィリアム征服王の亡き後，彼の息子であるヘンリー1世（在位1100〜1135年）は，国王への申し立てを聴くために，国中に裁判官を派遣したほか，死刑を復活させ，窃盗行為で逮捕された全ての者を死刑に処すると布告した[35]。強大な王であったアンジュー朝のヘンリー2世（在位1154〜1189年）は，

---

[30]　J. Hostettler, op. cit., p. 40.
[31]　J. Hostettler, op. cit., p. 41.
[32]　J. Hostettler, op. cit., p. 41.
[33]　J. Hostettler, op. cit., p. 42.
[34]　J. Hostettler, op. cit., p. 42

イングランドの民事法及び刑事法を変更し，刑事法の運用に大きな影響を与えたという[36]。これは，刑事司法を中央集権化された王の権力として運用することで，当時の政治的・経済的紛争を法的な領域で解決しようとしたのである[37]。さらに，少なくとも君主と教会は同等だと考えていたアングロ・サクソンの王と違って，教会の権力に対抗できるほど強かったヘンリー2世の中央集権的な姿勢は，イングランド法よりも教皇に責任を負う「王国の中の王国」として行動した教会との激しい対立をもたらしたといわれている[38]。

　一方，キリスト教における規範を見ると，例えば『グレゴリウス9世教皇令集』（1234年）では，「少年の違反について」として，次の条文がある[39]。

第5巻第23章「少年の違反について」
第1条
　肉体の欠陥のない未成熟者は犯罪をなし得るが，成熟者よりも軽く処罰される。
グレゴリウスから
　成熟し始める14歳からを除き，違反をした，大きく成長した少年をある程度まで処罰すべきではない。生殖の肢体を持つ者を除き，誰も罪を犯さないことは当然に考えられる。違反ではない窃盗，虚偽，そして不誠実を実際に誰が主張できるのか？　しかもなお未成熟の年齢は完全なそれに該当する。ただし，未成熟ではない年長者の場合は当然に罰せられるべきである。

　これによると，キリスト教の世界では遅くとも1234年までには，14歳を成熟者の基準年齢とし，14歳未満を未成熟者として，刑罰を寛大なものにするというシステムが存在していたと言える。その理由は，未成熟によるものであり，成熟性の有無は，生殖可能な身体の兆候が現れることであったが，それに特有な個人差を無視し，14歳という明確な基準線で刑罰の寛厳を区別したものと思われる。しかしながら，これらの条文からも明らかなように，14歳未満を刑事免責にはしておらず，犯罪をなし得るが，刑罰において寛大に扱われることを示している。そして寛大にされた刑罰も，幼くなればなる

---

[35]　J. Hostettler, op. cit., p. 42.
[36]　J. Hostettler, op. cit., p. 43.
[37]　J. Hostettler, op. cit., p. 43.
[38]　J. Hostettler, op. cit., p. 44.
[39]　Corpus Iuris Canonici, pars secunda, Decretalium Collectiones, 1959, pp. 824-825.

ほど，さらに寛大に扱われたのである。

14歳未満の者はキリスト教の世界で寛大に扱われたと言えるかもしれないが，放任されていたわけではなく，親や周囲の者が彼らを指導・教育し，彼らもまた学習・実践することが求められたと考えられる。そうであれば，出生後から一般的に成熟期を迎える年齢とされる14歳までの間は，宗教的規範の学習時期として人により異なるという考えが生じたことになるであろう。つまり，14歳の完全な刑事責任年齢は，成熟性をもとにした国家的な基準により，そして刑事責任年齢の始点は，宗教的規範を学習し始める時期とされる基準である7歳に設定され，7歳以上14歳未満の期間は個別的に判断されるというグレーゾーンが生じたと推定できるのである。

7歳以上14歳未満の年齢層において，児童少年の行為に対して刑事責任を負わせるか否か，負わせるならどの程度のものかという判断は，その時の聖俗の権力者が決定したのであろうが，それは児童少年の年齢，行動のみならず，判断する側の主観によって大きく左右されたことになる。刑事責任の有無という重大な決定において，そのシステムは非常に恣意的で，不安定なものであったといえるが，別の視点から見れば，その年齢層の児童少年の意思や行動は幼稚なものから大人びたものまで常に交錯しており，知能・身体的に成長途上にある彼ら自身も理論的な説明はできないであろうから，第三者による行為の評価や刑事責任の判断が困難であったともいえるであろう。そして，恣意的な側面を有するこのシステムが長く維持されたのは，児童少年が行為の評価者たる大人に従属していた社会であったことを示していると思われる。それはまた，現在ではごく一般的な，絶対的な年齢という基準自体について，当時は年齢の算定に重要な出生に関する公的な記録が十分に整っていなかったことも表している。客観的な年齢算出が不十分な時代であったからこそ，処罰の適否を個人の知能・身体的状況に頼らざるを得なかったのである。とはいえ，古代から処罰の基準としていくつかの年齢が挙げられたのは，処罰の判断の煩わしさを軽減し，社会一般に分かりやすい基準を示すことができるものであったからではないかと思われる。正確な年齢を把握することができない時代であったものの，国家と教会の刑事法分野における7歳ごろから14歳ごろまでの年齢層は，個人の成熟性が発達途上で不安定な

時期であり，双方の共同体の秩序維持においては看過できない時期として認識されていたと考えられる。

　7歳の基準線が登場するまでの年齢が高めであった理由として，N. ウォーカー（N. Walker）は次のように述べている[40]。

　　おそらく児童の「思慮分別」のテストは，当時極めて現実的なものであったからではないか。彼は12ペンスを数えることができたか？　父が織工ならば，彼は布のヤードを測ることができたか？　そのテストは大人の理解力を持っていたかどうかであろう。大陸の教会の影響やローマ法の影響を受けて法律が固定的になるまで，7歳の言及はなかったのである。

　これは，児童の「思慮分別」の有無を調査するのに，彼の年齢よりも児童個人の知能で判断されたことを表している。その年齢基準が高めに設定されていたということは，当時の児童の「思慮分別」が平均的にそのような高さ（例えば，10歳，12歳，14歳など）だと考えられていたことをも意味していると思われる。そうであるならば，児童の一般的な知能・身体的能力を基軸として，さまざまな年齢を設定できることになる。上記の主張によれば，教会やローマ法の影響が定着したからこそ，7歳の基準が現れたとも考えられる。再びN. ウォーカーは，7歳の年齢基準について次のように述べている[41]。

　　この年齢は，ローマ法や教会が，児童が善悪を認識し始めると考えた年齢である。この変化の正確な時期ははっきりしていない。確定的なことは，15世紀までの，ノルマン征服以前の年齢基準は低かったということである。法律がローマ人の幼少（7歳の誕生日まで），成熟に近づく年齢（7歳から13歳），そして「完全な成熟」（14歳）の区別を取り入れたのである。

　7歳の年齢基準が生まれた時期は不明確で，ノルマン征服以前の年齢基準は低かったとあるが，特定の年齢以下の児童は悪をなし得ず，自己の行為に責任を負えないという推定は14世紀からあり，18世紀までに定着したといわれている[42]。7歳以上は大人と同じ刑罰を受ける可能性があったが，別の面では大人と同じように飲酒やギャンブルができるとともに労働も求められた

---

[40]　Walker, op. cit., p. 23.
[41]　Walker, op. cit., p. 23.
[42]　B. Godfrey and P. Lawrence, Crime and Justice, 2005, p. 128.

ため，自己の行為の法的な結果から逃れられなかったことを意味するという[43]。

　7歳未満を絶対的な刑事責任無能力の期間としたことは，7歳を善悪の理解力を習得し始める時期という認識が一般化したことで生まれたと考えられる。その背景には，キリスト教徒として教義を学び，実践する一般的な時期であり，違反すれば何らかの制裁を受けることを知る時期であったことが考えられる。ただし，善悪の理解力の程度は個人で異なるために，7歳は一応の基準として，実際には個別的に判断されたのである。つまり，6歳であっても7歳以上に扱われる可能性はあった。さらに7歳以上14歳未満について個人の状況に応じて刑事責任の有無や刑罰の軽減を判断するというシステムは，当時の社会が客観的に年齢を算出できなかったことを示しており，それゆえに児童の知能や身体的状況が重視されたのである。

3　小括——年齢の客観的な算定システムと教会の登録制度

　年齢による刑事責任の基準を定めながらも，実際に刑事責任を判断する場合に，知能や身体的状況を重視するというシステムが発達したのは，キリスト教的な事情の他にも，年齢の客観的な算定が不十分で，あまり信頼されていなかったことも要因のひとつであった。例えば，年齢の算定の根拠になる生死の公的な記録である戸籍制度は，日本や中国などでは古代から発達していたが，イギリスでは長らく整備されていなかった。

　イギリスおける年齢の客観的な算定に関するものとして，T. クロムウェル（T. Cromwell）による公的記録のシステムが挙げられる。それに至る経緯としては，ヘンリー8世が国王至上法（Act of Supremacy）に基づいて，1535年に当時の王璽尚書（Lord Privy Seal）の役職であったクロムウェルを宗務代官に任命したことが始まりであるとされている[44]。クロムウェルは，かつて北海沿岸国に住んでいたことがあり，スペイン人の聖職者による洗礼記録の知識を得て，イギリスでも出生などの記録を簡易にできる改善策として，教会で

---

[43]　Godfrey and Lawrence, op. cit., p. 128.
[44]　J.C. Cox, The Parish Registers of England, 1910, p. 1.

の記録システムを立案した[45]。そしてクロムウェルは，1538年にイングランド及びウェールズの全教区に対し，毎週日曜日に教会委員立ち会いのもと，前の週に発生した洗礼，婚姻，埋葬を帳簿に記録するよう命じたのである[46]。これにより16世紀ごろから，英国国教会の信徒においては，ある程度正確な年齢が算定できるようになったことになる。

　これらの経緯から，クロムウェルの時代からイギリス国民の多く，あるいは国教会のほぼ全ての信徒の年齢計算が可能になったのであろうが，国民全体を対象とする完全なものではなかった。別の観点によれば，責任無能力の推定が機能していたため，年齢自体は特に重視されていなかったことの表れとも考えられる。すなわち，これは年齢だけでなく，個人の状況によって刑事責任の有無を判断する条件付刑事責任年齢の期間（7歳から14歳）が長らく存在していた理由のひとつにもなるであろう。

---

[45]　Cox, op. cit., p. 1.

[46]　Cox, op. cit., p. 2.

第2章　年齢区分及び刑事責任年齢に関する中世・近世の学説

　これまで，刑事責任年齢に関係する古代から中世にかけての法令をいくつか取り上げ，その変遷について若干の検討を行った。そこでは，7歳以上14歳未満の刑事責任について，社会的秩序の維持を基礎に，年齢よりも知能や精神的状態によってその有無が判断され，刑罰の軽減が行われる特殊なシステムが定着したと思われるのだが，中世から近世にかけての学者や法曹家たちは，このような刑事責任年齢に対してどのように考えていたのであろうか。このようなテーマについては，すでに半世紀以上も前から先駆的な論文[1]がいくつか存在しており，屋上屋を架すことになるかもしれないが，ここで改めて触れることとし，刑事法分野における年齢区分，あるいはそこから導き出される刑事責任年齢に関する考え方をいくつか取り上げて検討する。

1　年齢区分及び刑事責任年齢に関する中世・近世の学説

(1)　ヘンリー1世の法

　まず挙げられるのは『ヘンリー1世の法 (Leges Henrici Primi)』である。これは，ヘンリー1世（在位1100～1135年）の時代から15世紀を除いて何世紀にもわたって編纂されたもので[2]，地方の裁判所の運用を取り扱った刑事法の論文といわれている[3]。その作者は不明で，ヨーク大司教と知り合いという有利な状況のわりに，何の社会的地位にもなかったと考えられている[4]。

---

[1]　A.W.G. Kean, "The Criminal Responsibility of Children," The Law Quarterly Review, vol. LⅢ, 1937. 最近では，T. Crofts, The Criminal Responsibility of Children and Young Persons, A Comparison of English and German Law, 2002. 木村裕三『イギリスの少年司法制度』（成文堂，1997年）及び「少年の刑事責任に関する小論」名城法学60巻別冊，平成22年）などがある。

[2]　Leges Henrici Primi, edited with translation and commentary by L.J. Downer, 1972, p. 1.

[3]　J. Hostettler, A History of Criminal Justice in England and Wales, 2009, p. 42.

[4]　Leges Henrici Primi, op. cit., p. 37.

この『ヘンリー1世の法』は，犯罪の成立と少年に対する法的手続に関して，第5章の28-bで「人は犯罪の意思がなければ，有罪と見なされない」としており[5]，さらに第59章の9で「完全に15歳の年に達するまでは，訴えることも裁判をすることもできない」としている[6]。

しかしながら，刑事責任年齢に関する重要性は，これらの記述において低いものと考えられている。なぜなら，第5章の28-bについて，G. ウィリアムズ (G. Williams) は「行為は有罪の意思がない限り人を有罪にしない」という格言が教会法に由来するもので，ヘンリー1世の時代における普通の犯罪に対してそれは当てはまらなかったとしており[7]，第59章の9について，L.J. ダウナー (L.J. Downer) の注釈によれば，ゲルマンのリブアリア法典を起源としている[8]といわれているからである。したがって，どちらもヘンリー1世の時代における法的な実情を示していないと思われる。

(2) 12世紀——R. グランヴィル

ヘンリー2世の時代に首席裁判官であったR. グランヴィル (Ranulph de Glanville) は，イングランド法の分野に関して詳細な論文を表している[9]。グランヴィルは，相続人の成年に関して，相続人が市民 (Burgess) の息子であって，彼が金銭を数え，布地を測り，父の事業を処理することができれば，成年に達したとしている[10]。

N. ウォーカー (N. Walker) によれば，グランヴィルが自著で刑事法的な分野における児童の取り扱いについて触れていないのは，児童に対する刑罰が免除されていたわけではなく，単に目立っていなかったからとしており，重罪をした12歳未満の児童がその年齢に達するのを待ってから神判 (ordeal) を受けたとグランヴィル自身が述べたとしている[11]。

---

[5] Leges Henrici Primi, op. cit., p. 95.

[6] Leges Henrici Primi, op. cit., p. 185.

[7] G. Williams, Textbook of Criminal Law, 1978, p. 29, note 3.

[8] Leges Henrici Primi, op. cit., p. 366.

[9] J. Beames, Translation of Glanville, 1812, p. IX.

[10] Beams, op. cit., p. 170.

[11] N. Walker, "Childhood and madness : history and theory", Providing Criminal Justice for Children, edited by A. Morris and H. Giller, 1983, p. 22.

18　　第 2 章　年齢区分及び刑事責任年齢に関する中世・近世の学説

(3)　14 世紀――エドワード 2 世の裁判所年報

　エドワード 2 世の治世 6〜7 年 (1313〜1314 年) の裁判所年報 (Year Book) に含まれるケントの巡察 (Eyre) に関する記録では，児童の刑事責任年齢について，次のように記載されている[12]。

> 　12 歳未満の児童の法益が剥奪されるならば，その剥奪は取り消される。なぜならば，12 歳未満の児童は十人組 (tithing) ではなく，法に宣誓していないからである。……
> 　7 歳未満の児童は，重罪による有罪の評決を受けても，判決を受けない。なぜならば，彼は善悪の知識を持っていないからである。しかし，7 歳以上はその知識を持つといわれている……。

　ここで 7 歳という年齢基準が登場し，7 歳未満は善悪の知能がないために犯罪をしても有罪にならないとしている。そして 7 歳以上 12 歳未満については，十人組や法の宣誓といった社会的制度に参加していないために，有罪判決を受けても処罰されないと読み取れる。すなわち，7 歳以上 12 歳未満は善悪の知能を持っているとしながら，社会的制度に参加しているか否かが刑事責任の大きな分岐点になっているように思われる。既に述べたように，ここでも年齢を絶対的な基準とするのではなく，児童の行為の悪質さなどによっては 7 歳以上や 12 歳以上と見なす場合もあったと思われる。この点，12 歳未満であっても犯罪行為後の特定の行為に着目し，それを行為者の悪意の証拠として，処罰の対象とした記録もある[13]。

> 　**スピギュアネル判事**　かつて私は，窃盗と児童の殺害で 11 歳の者を有罪にしたことがある。彼は遺体を路地へ運び，キャベツの山の中へ隠したのである。彼が殺害後に遺体を隠したという事実は，憎むべき悪意の証拠であるから，彼は有罪を宣告されたのである。本件において，この者は，親の指示でもない，完全なる彼自身の考えで重罪をしたのであり，彼は判決を受けなければならない。

　スピギュアネル判事は，11 歳の児童が遺体を隠した行為をもって「憎むべき悪意の証拠」として有罪にしており，ここでは十人組や法の宣誓の有無は関係していないようである。しかしながら，一般的な 11 歳程度の児童が持つ

---

[12]　Year Books of Edward Ⅱ. vol. Ⅴ. The Eyre of Kent 6 & 7 Edward Ⅱ. A.D. 1313-1314 vol. Ⅰ., Selden Society, vol. XXⅣ, 1909, pp. 108-109.

[13]　Year Books of Edward Ⅱ. vol. Ⅴ., op. cit., pp. 148-149.

善悪の知識を超える十分な悪の知識によって，11 歳よりも年長の者として扱えると判断したものと考えられ，年齢が絶対的ではなかったことの証左であるだろう。

(4) 16 世紀——A. フィッツ＝ヘルバート

1534 年に初版が発行された A. フィッツ＝ヘルバート（A. Fitz-herbert, 1470～1538 年）の『The New Natura Brevium』第 9 版では，成年と刑事責任年齢に関して，次の記述がある[14]。

> 14 歳の未成年者は思慮分別を有し，その年齢で授かる。その年齢で重罪を犯せば，彼は絞首されるべきである。それにもかかわらず，彼の領地授与，貸与，譲渡は，21 歳に達するまで，彼を拘束すべきではない。なぜなら彼は，その年齢に達するまで，何をすべきか，または何が彼の利益もしくは不利益になるのかについての完全な思慮分別もしくは知識を持たないからである。（傍点筆者）

フィッツ＝ヘルバートは，14 歳で思慮分別を持つから処刑されるべきであると主張する一方で，それは完全な思慮分別ではないために，領地に関する処分能力は 21 歳になるまで持たないとしている。すなわち，刑事法的分野における責任は善悪の知識で足りることとし，財産処分等の民事法的分野に関する責任は，それを十分に履行できるまでに時間を要するという意識が当時の社会に存在したと考えられる。

(5) 16 世紀——W. ランバード

1581 年に出版された W. ランバード（W. Lambard, 1536～1601 年）の『Eirenarcha』では，故殺罪の対象にならない場合について次のように述べている[15]。

> 重罪の責任から除かれる，故殺のあらゆる種類において，人は処罰されない。法は，狂人や聾唖者のような者の悪しき意思や精神を否定している。12 歳未満の未成年者もまた同様であるが，それは何らかの証拠によって，彼が善悪の理解力を持っていることが明らかでない限りであり，持っていることが明らかであれば，「悪意は年齢を加算

---

[14]　A. Fitz-herbert, The New Natura Brevium, 9th edition, 1793, 466.

[15]　W. Lambard, Eirenarcha, 1588, pp. 234-235.

20　第 2 章　年齢区分及び刑事責任年齢に関する中世・近世の学説

する」のである。

　ランバードの記述によれば，12 歳未満は一応の基準であって，処罰の有無の分岐点ではなく，善悪の理解力を持っていれば，12 歳未満であっても処罰された。ここにおいても，処罰の判断で重要なポイントは善悪の理解力であり，それを持つならば，12 歳未満とは見なされずに処罰されたのである。

⑹　E. クック

　E. クック（E. Coke, 1552～1634 年）が著した『イギリス法提要第 1 巻（The First Part of the Institutes of the Laws of England)』はイギリス法に大きな影響を与えた。ここで彼は，思慮分別の年齢を 14 歳としている[16]。また，精神を保持しない（*Non compos Mentis*）ケースとして，①永続的な疾患による知的障害（*ideota*），②病気，心痛，その他の事故で記憶や理解力が全体的に喪失した場合，③時々精神異常になる場合で，理解力を持たない場合，④酩酊時など，理解力が奪われたケースが挙げられている[17]。そして，これらに関係する狂人（madman）は，狂乱という刑罰を受けていると解釈し，未成年者についても，思慮分別の年齢と考えられている 14 歳になるまでは同様だと述べている[18]。この思慮分別年齢であるという 14 歳の基準は，独断的なものでありながら，後世の法律家たちに信用され，固定化されたといわれている[19]。このように，14 歳の年齢基準の固定化が容易に進んだ背景には，実際の刑事責任の認定では年齢よりも行為者の善悪の理解力が重視されたことが挙げられるであろう。ここにおいて，責任無能力の推定を受ける上限である 14 歳未満の年齢基準は学説的に確定したと考えられる。

⑺　M. ダルトン

　M. ダルトン（M. Dalton）の『The Country Justice』は，ヘンリー 3 世から

---

[16]　E. Coke, The First Part of the Institutes of the Laws of England, 18th edition, vol. Ⅰ, 1823, 79a.

[17]　E. Coke, The First Part of the Institutes of the Laws of England, 17th edition, vol. Ⅱ, 1817, 247a.

[18]　Coke, op. cit., vol. Ⅱ, 247b.

[19]　A.W.G. Kean, "The Criminal Responsibility of Children," The Law Quarterly Review, vol. LⅢ, 1937, p. 369.

1 年齢区分及び刑事責任年齢に関する中世・近世の学説　*21*

ジョージ2世の時代までの法令や事例を集めたもので，18世紀中期に出版された。その中でダルトンは，児童の殺人行為に関して次のように述べている[20]。

　8歳もしくはそれ以上の未成年者は殺人をなし得る。そして，彼が善悪の知識や犯罪の危険性の知識を持っていたことが，（死体を隠したり，それを言い訳したり，あるいはその他の行為によって）明らかであるならば，彼は処刑されるべきである。
　(a)　それは，（法が思慮分別の年齢と見なす）14歳になるまでの未成年者のことであり，精神を保持しない（*Non compos Mentis*）者と同じである。そして（重罪などの）刑事事件において，彼の行為や悪事は，「心が有罪ならざれば，行為は罪人を作らず（*Aetus non facit ream, nisi mens sit rea*）」によって，彼のせいにすべきではない。……
　(d)　しかし，（思慮分別や知能を持たないような幼い年齢の）未成年者が人を殺しても，それは重罪ではない。……
　精神を保持しない者，あるいは思慮分別に欠ける者による殺人は，無意識的な無知によって引き起こされたものであり，法はその行為を重罪と考えない。

　ここでダルトンは，条件付きで刑事責任を負う年齢を8歳以上14歳未満としている。刑事責任年齢が7歳以上とする文献がある中で，ダルトンが8歳を挙げた理由は不明確であるが，年齢自体が絶対的なものではなく，個別に刑事責任を判断していたために，このような差異が生じたものと考えられる。ただし，条件付きで刑事責任を負う年齢の上限が14歳未満であることは確定したと言えるであろう。このような未成年者の犯罪行為は，精神異常者と同じく，無意識的な無知（involuntary ignorance）による行為であるとしている。また，偶発事故（misadventure）の章においては，未成年者による殺人について次のように述べている[21]。

　偶発事故の事件，そして未成年者及びその他の精神を保持しない者による殺人の事件，さらに正当防衛によって他人を殺害した者の事件において，彼らは次の方法で免責される。すなわち，彼らが恩赦を求めたいならば，裁判において無罪を嘆願（特別な事柄であるとの証拠を用意）し，特別な事柄という評決がなされることで保釈される。そして，イングランドの大法官にこれを証明してもらうために，移送命令を要請しなければならない。そして大法官は，この件について国王に奏請することなく，国璽文書で恩赦を行うべきである。

---

[20]　M. Dalton, The Country Justice, 1746, p. 334.
[21]　Dalton, op. cit., p. 335.

22   第2章　年齢区分及び刑事責任年齢に関する中世・近世の学説

　すなわち，殺人をした未成年者は，特別な事柄（the special matter）である証拠とともに無罪を嘆願し，それが認められれば保釈され，大法官は，国王への報告なしに当然に恩赦を行ったのである。この場合の特別な事柄とは，年齢の幼さ，未成熟性，知能の未発達，思慮分別の不足などが挙げられるであろう。恩赦は，特別な事柄が認められるという条件付きではあるが，幼い年齢であれば，ほぼ自動的に恩赦になるシステムであったと思われる。

(8)　M. ヘイル

(a)　ヘイルの年齢区分

　M. ヘイル（M. Hale, 1609～1676 年）の『刑事訴訟史第 1 巻新版（The History of the Pleas of the Crown, new edition）』は，4 つの年齢の区切りを次のように紹介している[22]。

> 犯罪及び刑罰，特に死刑に関して，年齢を 4 段階に分ける。
> ⓐ 完全な成熟年齢（Ætas pubertatis plena）
> ⓑ 成熟年齢（Ætas pubertatis）
> ⓒ 成熟に最も近い年齢（Ætas pubertati proxima）
> ⓓ 幼少（infantia）

　ヘイルは，婚姻に同意できる年齢として，男子 14 歳，女子 12 歳を挙げた上で刑罰に関するこれらの年齢区分を述べている[23]。ヘイルが考える刑事法的な年齢区分の合理性は，当時の婚姻の適齢期，生殖可能な年齢を基礎としており，一般的な身体上の成熟年齢と一致するものであったように思われる。
　ヘイルは，上記のⓐに関して 18 歳を挙げ，ⓑについて次のように述べている[24]。

> 　一般的に犯罪と刑罰の分野における成熟年齢は 14 歳であり，それ以前ではない。これに関して男女の区別はないと思われる。この年齢で刑事責任能力あり（doli capax）と見なされるから，成年として刑罰を受ける。

---

[22]　M. Hale, The History of the Pleas of the Crown, new edition, vol. I, 1800, pp. 16-17.
[23]　Hale, op. cit., pp. 16-17.
[24]　Hale, op. cit., p. 17.

さらに©について次のように述べる[25]。

　　成熟に最も近い年齢は，ローマ法学者の間でも意見が分かれており，さらに男女の差がある。しかし私は，犯罪に関してその尺度は男女とも同じだと考える。成熟に最も近い年齢について，10歳と6ヶ月を示す者もいれば，11歳を示す者もいる。

　ヘイルは，犯罪に関して，成熟年齢の男女差を同一と考えているが，特にその理由を示していない。おそらく彼は，男女に身体的な成熟度の差異はあっても，善悪の区別の習得やそれを遵守する意識に差異はないと考えたのではないかと思われる。

　彼は，©の年齢区分の有力意見として，幼少と成熟年齢の区分の中間点を通過した時点である，男子10歳6ヶ月，女子9歳6ヶ月を紹介している[26]。しかしながら，ここにおいて断定的な年齢は示されていない。なぜなら，その区分であれば，責任無能力（*doli incapax*）とされ，死刑相当の犯罪で死刑にならないとするが，事件の状況に応じた裁判官の裁量（*ad arbitrium judicis*）によって，10歳以前でも刑事責任能力が認められる場合があるために，そのような年齢は必ずしも正確ではない[27]と述べているからである。

　つまり，犯罪者が©の年齢，すなわち，10歳6ヶ月もしくは11歳であれば，一層刑事責任能力があると推定されやすいから，悪をなし得ないと思わせる特別な状況がない限り，成年と同じ刑罰を受ける可能性が存在するのである[28]。ヘイルは，10歳6ヶ月よりも下の児童が悪をなし得ると判断した裁判官の裁量（*arbitrio judicis*）があるとする一方で，10歳6ヶ月以上，それどころか，状況を考慮して12歳から14歳未満の者が悪をなし得ないと判断したケースもあるとしている[29]。とはいえ，成熟に最も近い年齢の状態にないという事実が証明された場合に，少なくとも悪をなし得ないために刑罰を逃れるというシステムは，イングランドの法に合致するとしている[30]。

---

[25]　Hale, op. cit., pp. 17-18.
[26]　Hale, op. cit., p. 18, note (o).
[27]　Hale, op. cit., p. 18.
[28]　Hale, op. cit., p. 18.
[29]　Hale, op. cit., p. 18.
[30]　Hale, op. cit., p. 18.

24 第2章 年齢区分及び刑事責任年齢に関する中世・近世の学説

　成熟に最も近い年齢であれば刑事責任能力があると推定されやすいが，ヘイルは，その場合においても正規の刑罰を受けず，裁判官の裁量によって何らかの軽減がなされるとする[31]。ただし，裁判官には，恩赦によって未成年者の処刑を救済する権限はあるが，法によって科される刑罰を変更する権限までは認められないとしている[32]。これによれば，未成熟の児童であっても，一旦は有罪と刑罰の宣告を受けなければならないが，それは形式的であるということになる。

　ⅾの幼少については，7歳未満とし，この年齢までは罪を犯しても有罪にならず，親や後見人によって折檻されることはあっても，死を伴う処罰を受けないとしている[33]。

(b) 14歳以上21歳未満の者に対する刑罰上の配慮

　成熟年齢の者に対する刑罰はどのように考えられていたのであろうか。この点，21歳未満の者が訴追内容を認めた場合，裁判所はその自白を記録せず，彼に無罪の抗弁をさせるか，少なくとも訴追内容の真実性や状況に関して審問による調査を行ったという[34]。

　その理由は民事法上の未成年によるものであろうが，エドワード3世の時代以降，コモン・ローは，それ自体の変化というよりも，議会や社会が一層多くの知識，判決，経験を得て，過去の時代と判決の誤りを修正したことで，一層完成度が高められ，未成年や死刑相当犯罪の刑罰に関する法律が生まれたという[35]。それによって，次のことが伝わったとしている[36]。

　　①14歳以上21歳未満の未成年者は，成年者に等しく死刑の対象者になることは明らかであり，14歳以上は悪をなし得るし，善悪の区別ができるという裁判上の推定がある。もし法が未成年を理由に彼らを非難してはならないなら，王国は混乱する。われわれは，14歳以上21歳未満の若者たちが殺人，惨殺，夜盗，……を毎日犯していることを知っている。未成年の特権でそれらを不処罰にすべきなら，誰の生命，財産も

---

[31] Hale, op. cit., p. 18.
[32] Hale, op. cit., p. 19.
[33] Hale, op. cit., p. 19.
[34] Hale, op. cit., p. 24.
[35] Hale, op. cit., p. 24.
[36] Hale, op. cit., p. 24.

安全にならない。

　②14歳以上21歳未満の未成年者は，一応ではなしに責任能力ありと推定される。したがって，14歳未満の者が死刑相当犯罪をしても，有罪にならないというより，むしろ規則的に無罪と評決されるであろう。しかし，その推定が適正であっても，犯行時の彼が悪をなし得て，善悪の区別ができたと裁判所や陪審が思うならば，彼は14歳に達していなくても死刑判決を受けるかもしれない。ただし，犯罪の性質や事件の状況次第ではあるが，裁判官は裁量によって，判決の前後に国王の恩赦を得て刑の執行を猶予することも可能である。

　このように，14歳未満の者が有罪判決を受けて処刑される場合の理由づけとしては，犯行時に彼が善悪を区別する能力を持っていたのにあえて犯行に及んだという悪意によって年齢が加算され，14歳以上と見なして処刑するシステムであった。すなわち，ヘイルも述べるように[37]，理論上，14歳未満の者は死刑判決を受けないのである。建前の上では年齢に基づきつつ，犯罪者の悪意や行為に着目して年齢を加算するシステムは，ローマ法から続く，個人の知能・身体的成熟性に基づく刑事責任能力の有無の判断であり，長らく年齢の客観的な算定が不十分で，年齢に対する信頼度が低かったことの名残ではないかと思われる。

(c) 14歳未満の者に対する刑罰の配慮

　以上のように，7歳以上12歳未満の者が重罪を犯した場合，一応彼は善悪を判断する思慮分別を持たないと考えられるために無罪と評決されるが，そのような場合でも，善悪の思慮分別を持つという強力で十分な証拠と状況が明白ならば，彼は死刑判決を受けるということである[38]。ヘイルは，9歳の児童が同年の児童を殺害した事件について，その児童は重罪を認め，尋問で彼は血液と死体を隠したと認定され，判事が彼を絞首刑にすべきだとした事件を紹介している[39]。

　しかし，この種の事件で，ヘイルは次の事項を指摘している[40]。

　①そのような年齢の者を有罪にし，彼が自己の行為を理解したことを明らかにする

---

[37]　Hale, op. cit., p. 25.
[38]　Hale, op. cit., p. 26.
[39]　Hale, op. cit., p. 26.
[40]　Hale, op. cit., p. 26.

には，極めて強力で十分な証拠が必要とされる。なぜなら，法は犯罪者が12歳以上14歳未満である証拠を求めている以上，犯行時12歳未満であれば，より一層多くの証拠が必要になるからである。

　②　彼の事情は陪審によって尋問されなければならず，彼は自白で有罪になることはない。

　③　そのような場合で有罪になった後ですら，（ダルトンが言うように）判決の猶予，あるいは少なくとも執行の延期という慎重さが存在する。しかし私は，どんな裁判官も，彼が有罪になれば彼を免責するとは考えないが，判決の延期だけはあり，国王のお許しがあるまで拘禁されるであろう。

　7歳未満であれば，思慮分別を立証するいかなる事情が現れようとも，裁判上，彼は思慮分別を持たないとされて，その推定を覆す主張は全く認められないのである[41]。また，ヘイルは男女とも同じ未成年の特権を有すると主張し，死刑相当犯罪や刑罰における標準的な成熟年齢は両方とも14歳であるとしている[42]。

　7歳未満の絶対的な無罪は，幼少や精神異常などの全ての場合で認められることであり，そのような者が大陪審で起訴されたら，小陪審は普通に彼を無罪とするか，特別に犯罪事実を認定するものの，彼が精神を保持していなかったとするか，さらには14歳未満であって，善悪の思慮分別を持たないから，裁判所は公訴棄却（acquittal）を言い渡すことになるとしている[43]。

　なお，ヘイルの時代には，死刑相当犯罪とそれ以外の犯罪との区別は極めて重要であったが，この区別は，絞首刑の代替としての流刑，そして流刑のための投獄によって曖昧になったことで，重罪と軽罪を区別する重要性が後退した[44]。このことにより，ヘイルの刑事責任年齢に関する区分は，19世紀中ごろまでに，実務において全ての犯罪に適用されるものだと考えられた[45]。

　このように，年齢基準が具体的に示されるようになったのは17世紀になってからであり，それまでは当該児童を処罰するのに十分な年齢かどうかを裁

---

[41]　Hale, op. cit., p. 27.

[42]　Hale, op. cit., p. 27.

[43]　Hale, op. cit., p. 27.

[44]　N. Walker, "Childhood and madness : history and theory," Providing Criminal Justice for Children, edited by A. Morris and H. Giller, 1983, p. 24.

[45]　Walker, op. cit., p. 24.

判官が個別的に決めていたのである[46]。そして，児童の刑事責任無能力に関する絶対的で限定的な区分は，かなり定着したものの，時代によってその境界線は，まちまちであった。これは，思慮分別ができる時期について，判例における説明が異なっていたためだといわれている[47]。幼少の児童は，昔から刑罰を受ける状態に置かれるべきではないと判決され，特別な事情がない限り，完全な思慮分別を持つ時期までは通常の刑罰が科されなかった[48]。この「特別な事情」は，もともと変動的なものであった[49]。つまり，裁判官の裁量によって個別的に刑事責任が決定される年齢層が定着し，そのような判例が積み重ねられたことは，多くの児童を救済した一方で，個々の裁判官の判断や学説に依存するシステムも定着し，時代によって非常に不安定な結果をもたらしたといえる。

完全な刑事責任を負う年齢について，ヘイルは，過去の多くの判例が思慮分別の年齢とした12歳に引き下げ，12歳未満については，悪意の立証負担を12歳以上14歳未満の場合よりも重くすることで，年齢基準の具体化を進めようとしたが，結果的にこの基準は生き残らなかったといわれている[50]。思慮分別の年齢が12歳や14歳に分かれたことは，年齢の基準線が模索されていたことを示している[51]。これは，幼い年齢の児童を処罰するには忍びなく，成熟の年齢までの者を処罰するには特別な故意（*dolus*）を要するということが認識されたのである[52]。

16世紀以降の教区登録制度の発達によって，個人の年齢の客観的な算定は，ある程度可能になったが，それでも個人の知能・身体的成熟性と年齢が必ずしも比例しない場合があるというコモン・ロー的な考え方は残ったのである。

---

[46] Kean, op. cit., p. 366.
[47] Kean, op. cit., p. 367.
[48] Kean, op. cit., p. 366.
[49] Kean, op. cit., p. 366.
[50] Kean, op. cit., pp. 368-370.
[51] Kean, op. cit., p. 368.
[52] Kean, op. cit., p. 368.

(9) 18世紀——W. ブラックストン

W. ブラックストン（W. Blackstone, 1723~1780年）の『イングランド法注釈（Commentaries on the Laws of England）』は，無意識的な行為について有罪にならないとしている[53]。また，問題の事実を遂行するか避けるかの選択肢がある場合，同時に当該行為が許されるものか否かを選択する意思は発生しないとしている[54]。そして確固たる目的や意思は，その遂行にほぼ匹敵するくらい悪質なものであるが，いかなる世俗の裁判所も内心を調べることはできず，外面的行為によってしかそれを論証することはできないから，認識できないことに対して処罰はできないと述べている[55]。それゆえに，ブラックストンは，意思の悪質さの論証において，行為の明白な証拠が必要であり，悪質な行為を伴わない悪質な意思は何ら犯罪にならないとした[56]。一方で悪質な意思を伴わない不当な行為も犯罪にならないとして，犯罪を構成するには，悪質な意思とそれによる不当な行為の結果がなければならないとしている[57]。

これらの主張は，児童の行為についても当てはまる。ブラックストンは，その悪質な意思の有無が問題となる年齢の区分について，ヘイルと同様に，①7歳未満，②7歳以上14歳未満，③14歳以上としている[58]。そして②についてもヘイルと同様に，10歳6ヶ月を境に2分割し，幼少に最も近い年齢と成熟に最も近い年齢とする[59]。そこから①と②の前半は責任無能力として，犯罪をしても処罰されないが，②の後半は成熟期に近いから責任能力があり，悪をなし得ると認定されるなら処罰されるとする[60]。ただし，この年齢層は，多くの軽減策によって極刑を免れるが，③以上は刑罰に服する義務を負うとしている[61]。

この他にブラックストンは，責任能力の判断で意思の欠陥が問題となる場

---

[53] W. Blackstone, Commentaries on the Laws of England, book the forth, reprint of the first edition with supplement, 1966, pp. 20-21.

[54] Blackstone, book the forth, op. cit., pp. 20-21.

[55] Blackstone, book the forth, op. cit., p. 21.

[56] Blackstone, book the forth, op. cit., p. 21.

[57] Blackstone, book the forth, op. cit., p. 21.

[58] Blackstone, book the forth, op. cit., p. 22.

[59] Blackstone, book the forth, op. cit., p. 22.

[60] Blackstone, book the forth, op. cit., p. 22.

[61] Blackstone, book the forth, op. cit., p. 22.

合として，精神異常，酩酊，意図しない偶発的な出来事，無知及び過失，強制及び不可避的な必要性による出来事を挙げている[62]。これらのうち，児童・少年の行動に関係するものは，とりわけ意図しない偶発的な出来事，そして無知・過失であろう。前者について，行為者の意思は総じて中立的であって，行為と連動しないために犯罪が成立しないから有罪にならないが，不法行為をして予見しないことが発生した場合，予見性の欠如は許されないとする[63]。そして後者は，実際の行為と意図された行為は分離し，両者に関連性がないために犯罪を形成しないが，思慮分別がある全ての人は，法を知ることができるばかりでなく，法を知るよう義務を負い，且つ知っていると推定され，いかなる抗弁も許されないとする[64]。

　成熟年齢である14歳までの，発達途上と社会経験不足による不法行為が基本的に許される理由は，このような意図しない偶発的な出来事や無知・過失が許される理由に求めることができる。ブラックストンの記述から14歳で思慮分別があるとされ，それ未満は法を知らず，その抗弁が成立する可能性を認識している。そのことはまた，教育の発達により，14歳未満であっても法を十分認識できるほどの思慮分別力が備わるようになれば，14歳の基準年齢自体を引き下げる可能性もあることを示している。

⑽　M. フォスターの刑事裁判報告

　M. フォスター（M. Foster）の『報告書（A Report）』によると，1748年のバリー夏季巡回裁判（Bury Summer-assizes）の記録では，10歳の男児が5歳くらいの女児を殺害したという事件の裁判例が掲載されている[65]。

　　本件のような幼児の殺害，両親や主人の毒殺，住居放火などの多くの犯罪は，極めて凶悪な性質を有しており，児童はそれを遂行できる十分な能力を持ち，事情によっては遂行の強い誘惑に駆られる児童がいる。それゆえに，10歳の男児の生命を奪うことは残酷であるかもしれないが，この男児への処罰を見せしめにすることは，他の児童が同様の犯罪を思いとどまる手段になるかもしれないし，この男児を単なる年齢だ

---

[62]　Blackstone, book the forth, op. cit., pp. 24-27.
[63]　Blackstone, book the forth, op. cit., pp. 26-27.
[64]　Blackstone, book the forth, op. cit., p. 27.
[65]　M. Foster, A Report, 1792, pp. 70-73.

けの理由で許すことは，社会正義において全く逆の傾向を示すから，法は，彼の有罪に関する何らかの疑いが残らない限り，その方針を採るべきである。……
　……1757年の夏季巡回裁判において，男児は直ちに海軍に入隊する条件で，国王陛下の恩赦を受けたのである。

　特に後半の記述を見ると，責任能力の有無が年齢だけで判断されなかったことは，社会的な秩序の維持が重視されていたことと，公的な出生記録のシステムが不十分であったために，年齢そのものに対する信頼度が低かったことが影響しているように思われる。

2　小　括

　このように，出生に関する記録制度がなかった時代に，固定化された年齢が頻繁に用いられたとは考えにくいことであり，出生に居合わせた人たちは，被告人に強い愛情を抱いているために，口述の証拠は信頼できないものであった[66]。したがって，出生の記録制度が実施されるようになった時代に年齢基準が具体化しているのは単なる偶然の一致ではないといわれている[67]。とはいえ，7歳以上14歳未満の時期の善悪の理解力については個人的な差異が多く見られる年齢層であるという認識により，出生の記録制度の発展とは別に，無制限に完全な責任能力を負わせることができないために個々に判断する必要があるという考えは残ったことを示している。さらに学説の面においては，キーン（Kean）が述べているように，思慮分別の年齢を14歳とした17世紀のクックの主張に後世の専門家が従い，ヘイルもその年齢基準を認めたことが大きく影響し，7歳と14歳の基準線が構造の定着を進めたと思われるのである。イギリスの刑事責任年齢は，そもそも客観的な年齢の算定が不十分であった背景があり，年齢よりも児童の知能などに基づいて個別的に刑事責任を判断していたため，厳格な存在ではなかったのである。ただし，成熟期に着目した14歳の基準を前提に，積み重ねられた経験則から，善悪の知識が身につき始める年齢が7歳ごろであると分かり，7歳から14歳未満まで

---

[66]　Kean, op. cit., p. 370.
[67]　Kean, op. cit., p. 370.

は事情によって刑事責任を負わせるシステムが徐々に定着したと解釈できるのである。いわば当時の年齢基準は二次的な存在であり，刑事責任に関わる主な基準は，行為者の悪意の有無であったと言えるであろう。各時代の学者が様々な刑事責任年齢を示そうとしたり，その理由づけをしたりするのは，一般的に児童が善悪の理解力を持つ年齢や成熟する年齢がどこにあるかを模索していた軌跡でもあった。

第3章　児童を取り巻く環境と刑事司法制度

　これまで刑事責任年齢に関する法令及び各時代の法律家らの論述について検討を加えてきた。そこでは，知能の発達時期である7歳と成熟期の14歳が刑事責任年齢の節目として考えられた。7歳以上14歳未満は，発達途上のために善悪の分別力の習得が不安定な時期であるとして，刑事責任については犯行時の状況などから個別的に判断した。そして，このシステムが長く続いた大きな理由として，個人の公的な出生記録が長い間整備されず，個人の正確な年齢の把握は困難であったために，年齢が絶対的な基準として用いられなかったことが挙げられる。

　そのような刑事責任における個別的な対応は，犯行時の状況などによって幼い年齢でも極刑になり得ることも意味したが，実際には恩赦によって，できるだけ極刑を回避できる配慮がなされることもあった。そして7歳までは善悪の分別力ができず，14歳までは善悪の分別力が不十分であるという考えが浸透し，彼らには大人と異なる処遇が当然だと考えられるようになったことは，児童が大人とは異なる意識が生まれたことを意味するであろう。そこで，児童を取り巻く社会的な環境を考察することによって，当時の社会が児童をどのように捉えていたかを明らかにしたい。児童に対する社会の捉え方の変化は，児童の刑事責任の評価にも影響を与えるものと思われる。

1　ヨーロッパにおける資本主義の発達と児童の環境

⑴　経済の変動と児童の環境

　16, 17世紀のヨーロッパの経済は，生活の手段としての農業を基礎にした封建的システムから換金作物と土地の整理を中心とした資本主義へと変化し，あらゆる面で人は流動的であったという[1]。宗教分野では，改革よる騒乱があり，政治分野では，権力が一部の君主へ集中し，貿易と探検が世界的な

1　ヨーロッパにおける資本主義の発達と児童の環境　　3

規模で拡大したという[2]。

　一方で人口密集状態が拡大したことによって，土地の実質的な枯渇が発生し，ヨーロッパ社会の底辺階級は「最悪の時期」を迎えていたという[3]。そのため，ヨーロッパの小作農の生活水準は急激に低下し，多くの町で犯罪，暴動，社会的荒廃が拡大した[4]。この新しい「危険な階級」の脅威を取り締まる目的で，町の指導者たちは，貧困化した小作農の移動を食い止めるために，貧民救助法などの法律やその他の規制によって，新しい移住者が市民権を獲得することを防いだという[5]。浮浪法は，秩序に脅威を与えると思われる人を取り締まり，処罰するものであった[6]。すでに 1562 年のエリザベス 1 世の技工法（The Elizabethan Statute of Artificers）などは，特定の商売に関わることを制限して田園地帯の少年を地方に留まらせていた[7]。それにもかかわらず，都市への移住者は増え，都市生活，ギルド，そして家族の集合的単位は，社会的変化の流れによって弱体化し始め，児童は伝統的な地域社会の統制から置き去りにされたといわれている[8]。

　当時の家族的な統制は，手に負えない児童を教育するのに最も有力なモデルとされ，さらに父親によるその家族的支配は，わが子を他人の家族へ奉公に出すシステムによって，貧困の児童や身寄りのない児童にも効果を与えていた[9]。しかしながら，都市への移住による貧困問題が高まるにつれて，そのような児童を受け入れる伝統的なスタイルは疲弊したため，地域によっては，手に負えない少年を管理するための施設を作るところもあった[10]。そして，ヨーロッパの大きな社会的・政治的・経済的混乱は，アメリカの植民地化を大きく進めさせ，アメリカへの移住につながったという[11]。

　資本主義の発達と都市人口の過密の発生は，経済状況によって家族の安定

---

[1]　B. Krisberg and J.F. Austin, Reinventing Juvenile Justice, 1993, p. 8.

[2]　Krisberg and Austin, op. cit., p. 8.

[3]　Krisberg and Austin, op. cit., p. 8.

[4]　Krisberg and Austin, op. cit., p. 9.

[5]　Krisberg and Austin, op. cit., p. 9.

[6]　Krisberg and Austin, op. cit., p. 9.

[7]　Krisberg and Austin, op. cit., p. 9.

[8]　Krisberg and Austin, op. cit., p. 9.

[9]　Krisberg and Austin, op. cit., p. 9.　この徒弟奉公制度は，奉公先の家長が奉公人に商売を教える義務を科さなかったため，一般的に男子は農作業，女子は家事に従事したという（Ibid.）。

性を変動させることになり，精神的な窮屈さをもたらしたのである。経済的
な貧困や不満が犯罪や無秩序をもたらし，そのような環境で育った児童もま
た悪い影響を受けていることは容易に推測できる。善悪の分別力が不十分な
児童による犯罪の場合，処罰をしても彼らに対する抑止的効果は期待できな
かった。したがって，児童に対しては成人以上に救済と予防が必要であると
いう認識は徐々に確実なものになったのではないかと思われる。そのような
必要性は，従来の年季奉公や家長の強い支配力を有する家族のシステムの衰
退を意味し，そして国家や社会が一層親の立場になり代わって行動する必要
性をも意味したのである。例えば，16世紀には，ロンドンにブライドウェル
(懲治場)が誕生したが，その後，類似の矯正施設が増加している。そのような
施設の目的は，安い労働力を提供するものであったようだが，児童を特別な
存在として扱おうとしたのである。

17世紀以降，児童は科学的な調査の対象として注目されたといわれてい
る[12]。すなわち，幼少期を過ぎた児童は文化的・経済的変化の影響を密接に受
けるとされ，16～17世紀のカルバン主義は幼児の悪行を強調し，親が児童を
管理しないと悪行をする運命にあると考えられた[13]。これにより，児童が心

---

[10] Krisberg and Austin, op. cit., p. 9. 1555年のロンドンのブライドウェル(懲治監)は，特に少年
の物乞いや浮浪者を統制することを目的とした初の施設と考えられている。初期のブライドウェ
ルは，貧困，虚弱，困窮を含むあらゆるタイプの子どもを受け入れた。場合によっては，その活
動プログラムに矯正的な効果があると考えて，親がそのような施設に子どもを置くこともあった。
ブライドウェルのような施設の設置者は，明らかに地方の産業に安い労働力を供給することを考
えていたという。(Ibid., pp. 9-10.)。

[11] Krisberg and Austin, op. cit., p. 10. 例えば，マサチュセッツ・ベイのコロニーでは，清教徒た
ちが，新世界で神の意思に奉仕するための敬虔な宗教社会を作ろうとした。清教徒は家族ととも
に来て，青少年を保護・統制しようとした。これとは対照的に，バージニアでは，経済に直結し
た願望があったため，常に労働者が不足しており，ヨーロッパから流入する若者を求めていた
(Ibid., pp. 10-11.)。

　このような状況で，イングランドのブライドウェルや救貧院に過剰に収容された子どもたちは，
年季奉公人としてアメリカに連れられ，一定期間働いた後に自由を得た。1619年に，バージニア
のコロニーは，イングランドからの孤児や貧困の子どもの渡航契約を規則的にした(Ibid., p. 11.)。

　初期のコロニーにおける家族は，経済的生産の中心的単位のみならず，少年の社会統制におけ
る根本的な形態であり，家族は規律や秩序のモデルであった。このモデルは，市民生活の実務を
補い，その絶対的な権威は，文明の維持に重要なものだと考えられ，植民地の法律は，家族統制
の優位を支持し，擁護した。青少年の不品行に関する初期の法律は，両親に従わない児童に死刑
を科したという(Ibid., p. 13.)。

[12] P. Thane, "Childhood in History", Youth Crime and Juvenile Justice, vol. 1, edited by B. Goldson
and J. Muncie, 2009, p. 13.

理的・道徳的に大人と同じではないため，児童を厳しく管理することが少なくとも上級社会では受け入れられたのである[14]。しかし，イギリスにおけるカルバン主義が17〜18世紀にかけて衰退したことで，そのような厳しい管理はなくなったが，児童が大人と異なる存在だという考えは残り，その代わりに児童は生来的に堕落した者としてではなく，無邪気で無知な者として見られたという[15]。

1788年に設立された「悪の道，略奪，破廉恥，そして堕落にある児童に対し，産業と善良な道徳を奨励することによって，犯罪予防と犯罪者の貧困の改善を図る博愛協会（The Philanthropic Society for the Prevention of Crimes and the Reform of the Criminal Poor ; by the Encouragement of Industry and the Culture of Good Morals, among those children who are now trained up to Vicious Course, Public Plunder, Infamy and Ruin, 以下，博愛協会という。）」は，宗教と工業の教育プログラムを通じた非行・貧困児童の救済を考え，児童専用の隔離された安全な場所を用意することで，道徳的衰退を食い止めようとした[16]。この博愛協会の中心的な理念である宗教の信奉と工業による改善は，貧困を怠惰と不道徳に関連付ける18世紀の思考の特徴であったという[17]。劣悪な社会環境に染められた子どもや経済事情に翻弄されて貧窮する子どもを改善しようという運動の中で，宗教の影響力を借りたことは，それまで有効であったキリスト教の絶対性と宗教がもたらす秩序が揺らいできたことを暗示しているように思われる。

18世紀の啓蒙運動は，児童の本質的な無知を当然とするものであり，ジョン・ロックは，児童の精神を白紙（*tabula rasa*）と考え，それを経験や教育によって満たし，大人には児童を善良で知的な人間的存在にする義務があるとした[18]。また，ルソーは，児童が本質的に無邪気で，生来的に善良であるが，成長するにつれて社会の影響を受けて堕落すると論じたという[19]。カルバン主義以降のこのような変化は，上級社会においても親子の厳格な管理から一

---

[13]　Thane, op. cit., p. 13.

[14]　Thane, op. cit., p. 13.

[15]　Thane, op. cit., p. 14.

[16]　B. Godfrey and P. Lawrence, Crime and Justice 1750-1950, 2011, p. 135.

[17]　Godfrey and Lawrence, op. cit., p. 135.

[18]　Thane, op. cit., p. 14.

[19]　Thane, op. cit., p. 14.

層愛情深い親と無邪気な子どもという関係をもたらしたが，19世紀のイギリスは，教育と管理を重視するプロテスタンティズムの信仰復興運動に直面した[20]。そして，競争的な資本主義社会による不安は，親らしさ，特に家族における父性や権威と中産階級における一層儀礼的な親子関係を復活させるべきであるという主張を強調させ，かつての従属的な子どもの立場は，このプロテスタントの理論で正当化されたといわれている[21]。

　児童を放置すれば邪悪な存在になるというカルバン主義の考えは，一種の性悪説である一方で，児童が無邪気で無知な存在として捉える考えは，一種の性善説に基づくように思われる。それらは哲学的な観点の違いであって，どちらが正当であるかを断じることは困難であり，むしろ両者は混在しているか，あるいは表裏一体のものと考えられるであろう。児童期の考え方の進化で児童の独特な性質が認識される一方で，年季奉公の衰退によって親が子どもを直接養育する必要が発生したことは，個々の親が児童期の捉え方や養育方法を選択し，実行する権利と責任が発生したということである。そうであれば，多くの親は当時のキリスト教や社会思想などに依拠して子どもを養育し，子どもも周囲の社会的環境の影響を受けながら成長したと思われる。しかしながら，それは生活基盤が安定し，社会の情報を得ることができる家族において可能であったかもしれないが，経済的貧困や不適切な親などの不遇な事情を抱える家族の多くにおいては，そのような養育の権利や責任という意識は薄かったと考えられる。

　したがって，社会階級，地域社会，経済状況，家族構成などによっても異なる多様な養育を受けた子どもが社会に進出するようになったことは，児童期に対する観念が個人別に複雑化し，社会の不安を増大させたと考えられる。これは，児童の犯罪行為に対する刑事責任の評価が厳しい傾向になる端緒であろう。一方で政府は，その不安を解消すべく，家庭内部に介入する必要が一層生じたとも考えられる。

---

[20]　Thane, op. cit., p. 14.
[21]　Thane, op. cit., p. 14.

(2) 年季奉公の衰退と児童の環境

児童を取り巻く社会的な環境を大きく変化させたものとして、年季奉公のシステムの衰退が挙げられる。伝統的な年季奉公のシステムが 19 世紀初期に衰退したことは、家族の構図に影響を与え、多くの少年が家庭にとどまるか、安い宿泊施設に移り住むことになったという[22]。年季奉公の衰退による家庭生活の劇的な変化は、自分たちの腕白な若者や宿泊所で生活する独身の若い労働者を取り扱う能力に対する家族の不安を発生させた[23]。そのような伝統的な年季奉公の衰退が、後に非行増加の根本的な原因になったのか、あるいは幅広い社会的変化の単なる特徴であったのかについては、議論が分かれるといわれている[24]。この点、年季奉公の衰退によって、親が自ら子どもに社会教育を行ったことは、他人の家族の中で生活する年季奉公に比べて社会との接点が減少することになり、親から受ける価値観、礼儀作法、知識に大きな個人差が生じる可能性をも生み出したのである。すなわち、年季奉公の習慣の衰退と引き換えに、親が子どもを身近に置いて育てる現在のような習慣が一般化し始めたことは、親の欲求と愛情を満たす一方で、家庭ごとに異なる成長環境が子どもの生き方に如実に表れるようになったのである。

2 19 世紀の児童の社会的環境と刑事司法の状況

(1) 非行の発見

18 世紀までヨーロッパにおける嬰児殺しや捨て子は珍しくなく、私生児の養育放棄は 19 世紀も続いた一方で、児童に関する概念は一般的に認識されるようになったという[25]。これは、経済的・社会的状況の変化だけでなく、法律、医学、心理学、教育、福祉の研究や政策によるものであり、結果的に社会経済的な変化、成人の概念、「非行」の認識との間の関連性が明らかになったのである[26]。そしてこの考えは、児童の概念が発展するにつれて、特定の行

---

[22] Godfrey and Lawrence, op. cit., p. 129.
[23] Godfrey and Lawrence, op. cit., p. 129.
[24] Godfrey and Lawrence, op. cit., p. 130.
[25] J. Muncie, Youth & Crime, Third edition, 2009, pp. 49-50.
[26] Muncie, op. cit., p. 50.

為を独特な社会問題として定義するようになったという[27]。

このように，青少年の特定の行動表現が大きな社会問題として認識されたのは19世紀初期とする説がほとんどだが，その正確な起源については，1840年代，1810年代，それ以前などに分かれているという[28]。当時の様々な調査は，その問題を認識できるようにした一方で，青少年がどのように行動すべきか，異なる年齢層同士がどのような関係にあるべきか，そして家族の適切な役割がどうあるべきかに関する当時の概念を前提条件としていた[29]。すなわち，調査自体が，青少年の行動，社会の秩序，家族の在り方を問題として認識し，あるべき方向性を示そうとしたのであろう。そして，19世紀初期の産業資本主義，工場生産，都市人口の急速な拡大により，労働者階級は革命の可能性，道徳の軽視，犯罪的傾向があるとされ，中流階級にとって大きな不安の対象になったという[30]。そして，工場生産を維持するために，信用，健康，積極性のある従業員を確保するという必要性は，結果的に社会問題としての少年非行に特別で早急な対策が必要であるという考えに至らせたのである[31]。

19世紀初期のイギリスでは，児童労働を制限しようとする初の試みが起こった結果，1819年と1833年の工場法が，9歳未満の児童を製造工場で雇うことを禁止し，13歳未満の1日あたりの労働を8時間に，18歳未満では12時間に制限したことは，児童期を普遍的なものとして認識する第一歩であったといわれている[32]。このような不遇な社会的・経済的状況における児童の増加は，生き残るために軽微な犯罪に手を染める「非行的な」行動や欲求の方向に根本的に置き換えられ，社会の関心を集めたのである[33]。

児童への関心が高まった背景について，ゴッドフリーとロレンス（Godfrey and Lawrence）は，次にように考えている[34]。

---

[27]　Muncie, op. cit., p. 50.
[28]　Muncie, op. cit., p. 50.
[29]　Muncie, op. cit., pp. 50-51.
[30]　Muncie, op. cit., p. 51.
[31]　Muncie, op. cit., p. 51.
[32]　Muncie, op. cit., p. 51.
[33]　Muncie, op. cit., p. 51.
[34]　Godfrey and Lawrence, op. cit., p. 135.

2　19世紀の児童の社会的環境と刑事司法の状況　　39

　　児童はなぜ改善の中心になったのか？　われわれはすでに産業化と都市化が及ぼす影響を考えたが，さらに革命の時代であったことを忘れてはならない。革命は，19世紀において深刻な社会的不安に直面したヨーロッパにおいて悩みの種であり，そのような混乱を逃れたイギリスでさえも同様であった。この不安定な状況において，次世代の道徳的気質の確立は，その国家（そしてその成長する帝国）の将来的幸福につながる不可欠な構成要素として見なされた。道徳性を表す極めて明確なものに教会への参列であるが，それは衰退しているように思われた。この宗教の衰退は，少なくとも現代初期から続く問題であった。

　当時のイギリス社会を覆った不安の原因は，既述のマンシーの見解と同様で，革命といった社会の混沌，激変，不透明な将来に対する恐怖であり，ゴッドフリーとロレンスはさらに宗教の衰退も挙げている。本来ならば，このような荒廃した社会の秩序回復を牽引するはずの宗教が十分に活用されなかった理由として，宗教改革の影響やそれによる宗教の形骸化などが挙げられる。その代わり，個々の人道主義者，博愛主義者，熱心な宗教家たちは　社会に翻弄される児童を福祉的な立場で救済する運動を始め，そのための施設や法律を具体化しようと考えたのである。

　この点，教育と管理を重視するプロテスタンティズムの信仰復興運動によって厳格な親子関係が唱えられたが，19世紀後半，特に1880年代から，大人の人生の厳しさから児童を引き離そうという動きがあった[35]。そもそも，非行や貧困の児童に着目した活動の流れをたどれば，1756年設立の海事協会（marine society）や博愛協会の活動に行き当たる。しかしながら，19世紀初期まで，ほとんどの犯罪者に対して死刑，劣悪な廃船への幽閉，流刑が断続的に利用されており，刑事法は混沌として苛酷なものであったといわれている[36]。これと同時に年季奉公と宗教の衰退，そして児童期の認識が進んでいたから，刑事司法制度の理想が児童を中心にした福祉的な改革への方向へ進むことは当然であったと思われる。

　19世紀以降，従来の苛酷な刑事司法制度と混沌とした社会に置かれた児童の将来を改善・矯正しようという運動の始まりは，1804年にロンドンで設置された貧困者避難所（the Refuge for the Destitute）であろう。そして，M. カーペ

---

[35]　Thane, op. cit., p. 12.
[36]　J. Hostettler, A History of Criminal Justice in England and Wales, 2009, p. 190.

ンター（M. Carpenter）や M.D. ヒル（M.D. Hill）などの民間人が，少年犯罪者に対して福祉的なアプローチを唱えたのである。カーペンターらは，もともと任意的なセクターであったが，少年司法の公的な組織にも関わるようになり，後の 19 世紀の刑事法学者の系統に影響を及ぼしたという[37]。カーペンターらは，少年犯罪に対して一層児童中心的なアプローチを推進し，少年向けの特別な施設，裁判，刑罰は，19 世紀の新機軸になったといわれている[38]。

　このような運動は，宗教や政治の分野においても支持され，さらにロンドン・シティーのソリシターであった，C. ピアソン（C. Pearson）らによる法律家のグループがそれを拡大した[39]。後にピアソンは次のように述べている[40]。

　　　特定の年齢未満の子どもは，大人と同じ立場で扱われるべきではないということ，そしてその年齢，親の養育放棄や堕落行為，児童期の悪質な環境が考慮されるべきということを原則としましょう。そのような環境の子どもは，単なる刑罰ではなく，矯正訓練の対象として考慮されるべきです。したがって，彼の人生の早い段階で，良い影響を受け入れやすいうちに，彼の心の感覚をより良く発達させるような場所に彼を置くべきです。

　19 世紀初頭のナポレオン戦争終了後の頃から少年犯罪は注目されるようになり，1815 年頃から少なくとも都市部において，重罪で起訴された 16 歳以下の少年が増加したといわれている[41]。このような問題への福祉的なアプローチは，古くから続いていた責任無能力の推定の原理を再評価することになった[42]。そして刑事司法制度の改革者たちは，非行の原因が法律の厳しさにあると考え，1815 年に「スピタルフィールズの博愛主義者（Spitalfields Philanthropist)」で知られる P・ブラッドフォード（P. Bradford）によって「ロンドンにおける少年非行急増の原因を調査する委員会（Society for Investigating the

---

[37]　H. Shore, "The Idea of Juvenile Crime in 19th-Century England," Youth Crime and Juvenile Justice, vol. 1, edited by B. Goldson and J. Muncie, 2009, p. 165.

[38]　Shore, op. cit., p. 165.

[39]　M. May, "Innocence and Experience：The Evolution of the Concept of Juvenile Delinquency in the Mid-Nineteenth Century," Youth Crime and Juvenile Justice, vol. 1, edited by B. Goldson and J. Muncie, 2009, p. 184.

[40]　Report of the Proceedings of a Conference on the Subject of Preventive and Reformatory Schools, held at Birmingham, 1851, p. 43.

[41]　Shore, op. cit., p. 164.

[42]　May, op. cit., p. 184.

Cause of the Alarming Increase of Juvenile Delinquency in the Metropolis)」が設立され，その活動は 1821 年の「少年に対する刑罰，矯正，改善（Punishment, Correction and Reform of Young Persons)」の法案につながった[43]。この法案は，リンゴやタルトを盗むような軽微な犯罪をした児童について，四季裁判所（Quarter Sessions) や巡回裁判（Assizes) の公判を待つ間，彼らを刑務所へ収容せずに，2 人の裁判官が児童の改善のために略式的に処理するものであったが，議員の支持が少なく廃案になったという[44]。

　多くの裁判官は，児童が長期間収監されたり，苛酷な刑罰を受けたりすることに疑問を持たず，原因と結果の関連性を考えなかったため，改善策に全く進まなかった[45]。そこで 1833 年に刑事法委員（the Criminal Law Commissioners) が任命され，彼らが司法関係者から聴取したところ，改善に一定の理解を得られたが，幼い児童を含む少年犯罪者に対して極めて厳しい態度であった[46]。例えば，ロンドン警視庁の警視総監 R. メイン（R. Mayne) は，現在の刑罰が余りに寛大だと考え，サウスハンプトンの治安判事 H. ガウラー（H. Gawler) は，刑務所に収容される少年は悪い仲間と親しくなると主張したものの，少年の略式裁判には反対したという[47]。

　一方で，ウォリック州の治安判事 E. ウィルモット（E. Wilmot) は，児童を早期に拘禁刑にすることが犯罪の直接的な原因になると結論付けて，刑務所帰りの烙印と汚染を防ぐために公開裁判を避けるよう現状の見直しを主張した[48]。さらに彼は，少年による窃盗を軽微な犯罪にして，パンを盗んだ少年が 3 ヶ月も拘禁されるより，2 人の治安判事による刑罰的処分か，刑罰なしの釈放にすべきだとも述べた[49]。さらにラシントン博士（Dr. Lushington) は，身体的刑罰に強く反対し，わずか数ペンスの窃盗の初犯で，少年を鞭打ちや 1〜3 ヶ月間の拘禁をしても何の利益も生まないと指摘した[50]。委員の報告書は，少

---

[43]　Hostettler, op. cit., p. 190.

[44]　Hostettler, op. cit., p. 190.

[45]　Hostettler, op. cit., pp. 190–191.

[46]　Hostettler, op. cit., p. 191.

[47]　Hostettler, op. cit., p. 191.

[48]　Hostettler, op. cit., p. 191.

[49]　Hostettler, op. cit., p. 191.

[50]　Hostettler, op. cit., p. 191.

年事件における長期間の拘禁刑を避けて，陪審裁判に代わる略式裁判を主張し，さらに些細な犯罪を四季裁判所や巡回裁判の正式手続で処理することは，法廷の尊厳を損なうものだとした[51]。しかしながら，政府は，報告書の内容について陪審裁判の原則を侵害するとして実行しなかったという[52]。矯正施設の面では，1817 年に設立された「刑務所の訓練と矯正の改善協会（the Society for the Improvement of Prison Discipline and the Reformation）」が，刑務所を少年と成人に分離するように求め，1838 年に初めて男子少年専用の刑務所がパークハーストに設置された[53]。

　ここにおいて，7 歳以上 14 歳未満の児童を極刑から救う目的であった責任無能力の推定が 19 世紀の刑事司法制度改革で再評価された要因の一つとして，犯罪に対する量刑の設定の高さ（厳しさ）が考えられる。すなわち，改革者たちが福祉的なアプローチで児童を救う近道は，現存する伝統的な責任無能力の推定を積極的に活用し，苛酷な刑罰の減免を得ることにあったと思われる。当時は軽微な窃盗であっても長期間拘禁刑にされていたケースがあり，その中には，責任無能力の推定の恩典を受けて，死刑から拘禁刑になったものもあった。しかしながら，改革者から見れば，主観的な判断がなされる責任無能力の推定を再評価するだけでは不十分なものに映り，刑事法自体の改革や施設処遇の改革の必要性も感じたのではないかと思われる。

(2)　児童に対する刑事司法の実際的運用——ネルの調査

　これまで触れてきたように，イギリスの刑事責任年齢のシステムは，当時で言えば 7 歳から刑事責任が認められて処罰が可能であるが，14 歳未満までは責任無能力の推定を受けて善悪の分別の有無が個別に判断されるものであった。したがって，14 歳未満の児童が実際に死刑になったり，逆に死刑になったものの何らかの条件付きで恩赦を受けたりしたケースがあった。そのような苛酷な処罰は，19 世紀の刑事司法制度の改革運動の一因であったが，果たして善悪の分別ができたから厳格に死刑が適用されたのか，そしてどの

---

[51]　Hostettler, op. cit., p. 191.
[52]　Hostettler, op. cit., pp. 191-192.
[53]　Godfrey and Lawrence, op. cit., p. 135.

ような場合に処刑されたのかという疑問がある。これについては，一例とし
て，B.E.F. ネル（B.E.F. Knell）による調査[54]が挙げられるであろう。

　ネルは，責任無能力の推定を受ける児童が死刑を宣告されることは，多数
ではなかったものの，珍しいことではなかったとして，14 歳未満の児童の事
件で死刑がどのように執行されたのかを調査している[55]。ただし，この調査
は，主に 1801〜1836 年にかけて刑事裁判所（Old Bailey）で言い渡された死刑
の事例に基づいており，全国的なものではなく仮説的なものだとしている[56]。
しかしながら，刑事裁判所での調査は他の地域での応用が可能だとも述べて
いる[57]。

　ネルは，死刑を言い渡された 103 人の児童を調べた結果，誰も処刑されな
かったことと，全ての事件の犯罪は窃盗に関するものであることを発見し，
窃盗に関する児童の事件において法律は実質上，空文であったとしている[58]。

　なお，児童に対する死刑については，男子から 8 ペンスを強奪し，1836 年
に宣告された 12 歳の男子児童が最後ではないかとされており，彼は恩赦を
受けて，矯正院に送られたという[59]。さらに 1836 年以降，児童に対して死刑
を規定する多くの犯罪では，死刑が取り止められたとしている[60]。つまり，
1801〜1836 年までの期間に死刑を宣告された 103 人の児童は，誰も処刑され
なかったのである[61]。

　さらに，幼い年齢で死刑宣告を受けた者及びその犯罪で得た金額に着目す
ると，例えば住居侵入と 8 シリングを盗んだ罪で 1814 年に死刑宣告を受け
た児童が記録されており，ネルは，この調査から児童に対する処刑が一般的
ではなく，当時はそれほど冷酷・残忍なものではなかったとしている[62]。

---

[54]　B. E. F. Knell, "Capital Punishment : Its Administration in Relation to Juvenile Offenders in the Nineteenth Century and Its Possible Administration in the Eighteenth," The British Journal of Criminology, vol. 5, 1965, pp. 198-207.

[55]　Knell, op. cit., pp. 198-199.

[56]　Knell, op. cit., p. 199.

[57]　Knell, op. cit., p. 199.

[58]　Knell, op. cit., p. 199.

[59]　Knell, op. cit., p. 202.

[60]　Knell, op. cit., p. 202.

[61]　Knell, op. cit., p. 206.

[62]　Knell, op. cit., pp. 206-207.

44 第3章 児童を取り巻く環境と刑事司法制度

A. モリス（A. Morris）は，犯罪で訴追された児童が裁判段階で大人と同じように扱われ，苛酷な流刑や拘禁刑になった理由として，児童の年齢だけで刑罰を免除することが法の抑止力を弱めるという考えがあったことを指摘している[63]。この指摘は，ネルによる調査で現実には処刑しなくとも刑罰の抑止力を優先し，児童に死刑を宣告した当時の司法の傾向と一致している。児童に対する死刑宣告は法律的に執行可能であるものの，実際のところは形式的なものであったということになる。これは，刑罰が有する犯罪の抑止力を簡単に弱めることに慎重でありつつも，児童の不遇な社会環境を十分に認識し，ある程度は救済する必要性を感じていたものだと思われる。この点，モリスは，一般的に19世紀中期から，児童は大人のミニチュアではない別個の存在と見なされるようになり，犯罪をした児童も同様に見なされるようになったと述べている[64]。

3　19世紀後期の刑事司法の状況

(1)　非行からの救済

1847年の少年犯罪者法（Juvenile Offenders Act）は，治安判事の判断もしくは保護者の同意によって，治安判事2名が14歳以下の児童を刑罰なしに鞭打ちか釈放で略式的に処理できるようにし，あわせて裁判の迅速化と上級裁判所での衆人環視を回避するものであった[65]。そして次第に陪審裁判のほとんどの事件が治安判事裁判所の略式手続によって扱われたといわれている[66]。

また，同年にブルーム卿（Lord Brougham）を委員長とした貴族院の特別委員会が設置され，少年犯罪者や流刑に関する法律を調査している[67]。勅選弁護士 C.E. ロー（C.E. Law）証人は，9歳未満の大多数の児童は重罪で有罪宣告を受けないが，10歳未満の何人かは有罪になり，12歳未満はさらに多くなると

---

[63] A. Morris, "The Children and Young Persons Act 1969—before and after," Signs of Trouble, Aspects of Delinquency by L. Taylor, A. Morris and D. Downes, 1976, p. 20.

[64] Morris, op. cit., p. 20.

[65] Hostettler, op. cit., p. 192. and Shore, op. cit., p. 165.　1850年の少年犯罪者法によって，略式的に扱える年齢が14歳から16歳に拡大された。

[66] Hostettler, op. cit., p. 192.

[67] Hostettler, op. cit., p. 192.

述べ，裁判官 J. アダムス（J. Adams）証人は，出廷する大多数の少年が7歳から15歳までの範囲だと述べた[68]。証人の間では短期的な量刑に反対し，凶悪な犯罪に対する死刑の維持に賛成することでほとんど一致していたという[69]。また，パークハースト刑務所長の C. ホール（C. Hall）は，受け入れた10歳から18歳の全ての少年が流刑に処せられてから2，3年間は教育的な体制に置かれたと主張し，ほぼ全ての証人は，児童の流刑が死刑に次ぐ厳しいものであり，支持されるであろうと述べた[70]。結果的に委員会は，少年犯罪者の拘禁刑が極めて重大な悪影響をもたらし，12歳未満の少年が3，4年の間に15回，平均で9回も刑務所に収容されるという状況であったことから，初犯の少年をパークハーストの方式に基づく矯正施設へ送るべきだと結論付けた[71]。

　非行・貧困の児童を宗教と授産教育によって改善させようとした博愛協会は，1849年までにサリー州のレッド・ヒルに農場を作り，宗教に基づく食事，作業，自制によって非行者や若い浮浪者を矯正しようとした[72]。このような考えは，ビクトリア時代の多くの博愛主義者によって発展し，既述のカーペンターは，パークハーストの施設を含む刑罰的なシステムに極めて批判的であり，19世紀中期の「人道主義的な」改革者の一人とされている[73]。労働者階級の多くの少年が荒廃しているという「道徳的危機」を懸念し，家族を最優先に考える彼女の主張は，1850年代の政府に大きな影響を与えた[74]。彼女は，不道徳な男子を潜在的な犯罪者として，そして女子の不道徳を特に売春に至らせるものと考え，さらに不道徳な貧困者には，貧寒（困窮）と危険（悪行）という2つの「クラス」に分けられるとした[75]。

　先に引用したピアソンの意見のように，児童の年齢，親の養育放棄や堕落行為，そして児童期の悪質な環境が考慮されるべきという考えは，中産階級

---

[68] Hostettler, op. cit., p. 192.
[69] Hostettler, op. cit., p. 192.
[70] Hostettler, op. cit., p. 192.
[71] Hostettler, op. cit., pp. 192-193.
[72] Godfrey and Lawrence, op. cit., p. 135.
[73] Godfrey and Lawrence, op. cit., p. 135.
[74] Godfrey and Lawrence, op. cit., p. 135.
[75] Godfrey and Lawrence, op. cit., p. 135.

46　第3章　児童を取り巻く環境と刑事司法制度

の養育の基礎とされ，児童の不品行には養育上の懲罰をもたらしたが，一方で下層階級の児童は同様の不品行で刑務所に送られるという状態であったという[76]。そこで改革者は，民事法の分野で未成年者の権利能力がある程度制限される代わりに不利益から保護されることに着目し，個別的な福祉アプローチで救済するよりも刑事責任年齢自体を引き上げることで，階級や貧富に関わらず，児童を包括的に改善できるという考えに至ったのであろう。カーペンターは，次のように述べている[77]。

　　イングランド法は，婚姻に同意する年齢に満たない少年の権利を認めず，また，親の同意なしに正規の職に就けず，年季奉公契約書に父の署名がなければ，有益な商業の学習すらできなかった。自由に使える財産があっても，彼が21歳になるまでは自分の意思で処分できないのである。法律上，児童は，自己のために賢明な行動ができないと至極当然に見なされ，それゆえに両親の監督下に置かれる。一方で彼は，フランス法で表現されるところの，「分別なしに（sans discernement）」行動する。とはいえ，犯罪をした児童は，たとえ賢明かつ十分に自己を統制できないことを社会に対して証明しても，6，7歳であれば，成人と同じ立場に置かれるべきだと考えられている。……

　　児童は，自己の福祉に関して，社会で大人と同じ独立的な立場を占めることができないのにもかかわらず，大人と同じ厳しさの刑罰，同じ種類の有罪宣告を受けることで，不公平な取り扱いを受けている。

　カーペンターは，民事法と刑事法における児童の取り扱いの不均衡を是正することに着目したのであるが，この記述は，刑事責任年齢を大幅に引き上げることを暗示しているように思われる。

　福祉的アプローチが数多く打ち出された背景には，非行者を含む一般的な児童たちが，児童期という特別な発達上及び教育上の期間にあって，大人とは異なる弱い立場であるという認識があった。実際，イングランドの改革者たちは，全ての児童が洞察力を欠いていると主張していた[78]。しかしながら，彼らは，子どもと大人をどんな基準で区別してよいのかよく分からず，そして児童が負う責任の程度や刑罰自体の目的については意見が分かれ，責任や

---

[76]　May, op. cit., p. 184. and M. Carpenter, Reformatory Schools, 1851, p. 286.
[77]　Carpenter, op. cit., pp. 286-287.
[78]　May, op. cit., p. 184.

年齢に関する明確な基準については大きな論争になったという[79]。すなわち，児童は大人よりも邪悪な行為に駆られやすく，凶悪犯罪も少なくないから，年齢によって刑罰を免れることは犯罪への誘惑を強くするだけだとして，保守主義者は年齢自体が不十分な基準だと主張した[80]。その一方で，改革者たちは，教育において児童が親に従属する立場などを指摘したが，責任の程度や刑罰の適切な方式における混乱は続いたという[81]。そして，1852～1853年の「犯罪と貧困の少年に関する特別委員会（Select Committee on Criminal and Destitute Juveniles）」は，非行少年が何歳で善悪の区別ができるのかについて様々な立場の証言を聴取したが，その年齢は，10歳から16歳の間で分かれたという[82]。

(2) 1854 年の若年犯罪者法

改革者による運動で具体化された 1854 年の若年犯罪者法（Youthful Offenders Act）は，1857年，1861年，1866年の各法律とともに，次の4つの理由で重要だとされている[83]。

① 立法の用語において，特別なカテゴリーとしての少年非行が初めて認識されたこと。出廷する児童は，彼ら固有の特色を持っていると考えられ，小さな大人ではなく，必ずしも自己の行為に責任を負わないと考えられた（本法以前に，7歳未満の児童だけは犯罪の意思を持ち得ないと推定されている）。

② 保護・監護（care and protection）のシステムを導入し，潜在的に非行の危険がある児童にも関与したこと。

③ 非行者を単に処罰するのではなく，矯正を目的とする矯正院（レフォーマトリー，reformatory school）を創設したこと。

④ これらの変化によって，結果的に「児童期」が拡張したこと。すなわち，責任無能力の推定の定義に関係する7歳という児童期の年齢の節目が，16歳に拡長されたのである。

---

[79]   May, op. cit., p. 185.

[80]   May, op. cit., p. 185.

[81]   May, op. cit., p. 185.

[82]   May, op. cit., p. 185.

[83]   H. Hendrick, Child Welfare, England 1872-1989, 1994, p. 27. and M. Stephenson, Young People and Offending, Education, youth justice and social inclusion, 2007, p. 20.

48 第3章 児童を取り巻く環境と刑事司法制度

このような特徴から，若年犯罪者法は，児童を特別な存在として定義した一方で，自由な行為主体ではないという考えに基づき，親が管理・教育を行う親子関係を求め，親の保護・監護の欠乏は非行を生む危険性があること，つまり，養育放棄と非行は並列的であることを強調したのである[84]。

この時期に，矯正院法やインダストリアル・スクール法（Industrial Schools Act）も成立し，それまでの刑務所が特別な少年専用の施設に改められ，18世紀後期から続く一連の法制化は，ここにおいて公私にわたる先駆的な刑事司法制度改革の最高潮を示すものだといわれている[85]。

改革者の運動は，資本主義の発達や都市化の弊害によって困窮する児童少年を刑事司法制度から救い，福祉的アプローチで処遇するものであったが，それは別の見方をすれば，特別な存在としての彼らの動向を社会が継続的な問題として注視するシステムを定着させたと思われる。つまり，幼い児童に対して厳しい処罰を行っていた時代からの脱却としての改革が，次第に発達する広報媒体によって，早期に，詳細に，明確に社会に伝わるようになったことは，改革の大きな推進力になった。一方で，当時の児童少年の行動様式やニュースソースとして彼らの非行が注目され，様々な分野において議論の対象になったのである。とりわけ彼らの犯罪が公的な統計などに公表されてからは，統計の対象者の評価が，児童少年全般の評価にまで影響を及ぼす可能性をもたらしたと思われる。

この点，ゴッドフリーとロレンスは，1824年の浮浪法（Vagrancy Act），1829年の悪意侵害法（Malicious Trespass Act），そして1847年の少年犯罪者法を例に，新しい法律や手続の制定自体が，統計に実質的な影響を与える可能性を指摘している[86]。つまり，1847年の少年犯罪者法で言えば，14歳未満の者が治安判事小法廷（petty sessions）で処理されることは，少年の訴追に関する多くの障害を解消した一方で，少年の訴追件数を急増させる結果をもたらし，さらには，それを少年犯罪増加の証拠だと誤解する現象を発生させたという[87]。そして1850年の少年犯罪者法が，その対象年齢の上限を16歳に引き

---

[84]　Hendrick（1994），op. cit., p. 27.
[85]　Shore, op. cit., p. 165.
[86]　Godfrey and Lawrence, op. cit., p. 130.
[87]　Godfrey and Lawrence, op. cit., p. 130.

上げたことによって，訴追件数はさらに増加し，一挙に少年犯罪の波があるように思わせたのである[88]。このような結果をもたらした別の要因として，少年犯罪に関する記録が規則的に行われていなかったところに1847年法が制定されたことで，少年の問題行動が注目され，社会は非行が増加していると解釈したことが挙げられるという[89]。ゴッドフリーとロレンスの考察によれば，システムに対する社会の理解不足が少年の評価を誤らせる可能性を示していると同時に，少年を特別な存在として扱い，社会的非難や厳しい統制の口実として利用される可能性を示していると思われる。

(3) 主な判例——スミス事件とバンプリュー事件

児童の刑事的能力について触れた19世紀の主な判例としては，1845年のスミス（Smith）事件判決[90]と1862年のバンプリュー（Vamplew）事件判決[91]が挙げられる。

スミス事件は，10歳の男児が積み藁の山に悪意で（maliciously）放火したものだが，その悪意（malicious intention）の証拠が示されなかったケースである。この件について，サマセット夏季巡回裁判（Somerset Summer Assizes）のアール（Erle）裁判官は，陪審に対して「悪いことをしているという罪の意識は，証拠によって明らかにされなければならず，当該行為の実行だけから推定できるものではない」と示した。その上で裁判官は，「犯罪をしているという罪の意識が十分に証明されるか」を陪審が調べて決定するよう求め，結果的に彼を無罪としている。

一方，バンプリュー事件は，13歳の女児が生後10週の乳児に毒物を飲ませて死に至らしめ，謀殺（wilful murder）の罪で起訴されたものである。ウォリック夏季巡回裁判（Warwick Summer Assizes）は，女児の供述から，彼女が犯罪に必要な知的成熟状態に達し，謀殺に必要な悪意を有していたことが認められ，責任無能力の推定を覆して有罪とした。

---

[88] Godfrey and Lawrence, op. cit., p. 130.
[89] Godfrey and Lawrence, op. cit., p. 130.
[90] R.v. Smith［1845］1 cox cc 260.
[91] R.v. Vamplew［1862］176 ER 234.

50　第3章　児童を取り巻く環境と刑事司法制度

スミス事件のアール裁判官の説明によれば，責任無能力の推定が覆される条件は，犯行時に悪いことをしているという罪の意識の立証であった。これは，従来の「善悪の分別力」の条件からさらに踏み込んだ基準を求めているように思われ，責任無能力の推定を覆すには罪の意識の十分な証明が必要だという考えが明確に示された判例として注目されている。

バンプリュー事件判決は，14歳未満の者の殺人罪について，当該行為が死を引き起こすという可能性を認識したことが立証されなければならないとしており，有罪の認定には行為の結果の予見性が必要だと解釈できる。結果の可能性を認識する能力は，一般的に幼いほど低いから，本件の13歳の女子は，限りなく成熟年齢に近く，責任無能力の推定の理論にあてはめても，彼女の言動から当該行為が意識的で，故意的であるために，推定は覆されると判断したのであろう。両者の判例を見ると，結局のところ，7歳以上14歳未満の児童の刑事責任を認めるか否かは，裁判官の個別的な判断で完全に左右され，明確なルールはなかったことが分かる。

(4) 1879年の略式裁判法

1879年に略式裁判法（Summary Jurisdiction Act）が成立し，治安判事の略式裁判権における刑罰や裁判手続を制限的なものに改正することによって，児童少年に対する処遇の厳格な要素を緩和した。同法第10条第1項及び第5項ならびに第11条第1項は次のように定める[92]。

> **第10条(1)**　児童が，殺人行為を除く何らかの起訴犯罪により，略式裁判を行う法廷に訴追された場合，裁判所が適切と考え，且つ，当該児童の親もしくは保護者が，当該児童の陪審裁判の権利を裁判所から受けた上で，当該児童の略式裁判に異議がなければ，裁判所は当該犯罪について略式で処理することができ，起訴によって審理されている当該事件で科すことが可能な刑罰と同程度の刑罰を科すことができる。すなわち，次のようなものである。
>
> (a)　懲役刑を宣告してはならないが，その代わりに拘禁を宣告する。
>
> (b)　拘禁を行う場合，その期間は，いかなる事件においても1ヶ月を超えてはならない。
>
> (c)　罰金を認める場合，その額は，いかなる事件においても40シリングを超えてはならない。

---

[92]　The Summary Jurisdiction Act 1879, s. 10 (1), s. 10 (5) and s. 11 (1).

3 19世紀後期の刑事司法の状況 *51*

⑷ 当該児童が男性である場合，裁判所は，その他の刑罰に加えて，もしくはその代わりに，できるだけ速やかに，非公開で，警部補もしくは巡査よりも上級の職員の立ち会いのもと，さらに場合によっては当該児童の親もしくは保護者も立ち会って，巡査がカンバ材の鞭で6回未満当該児童を打つことを宣告することができる。……

⑸ 本条は，告訴を取り扱う裁判所の考えにおいて，7歳を超えない児童及び犯罪能力が十分でない児童に対して刑罰を科してはならない。

第11条⑴ 少年が，本法第1スケジュール第1段で示された起訴犯罪により，略式裁判を行う法廷に告訴された場合，被告人の性格及び素性，犯罪の特徴，ならびに事件の状況を考慮して，裁判所が適切と考え，且つ，当該少年が，陪審裁判の権利を裁判所から受けた上で，略式的に取り扱われることに同意すれば，裁判所は当該犯罪について略式で処理することができ，さらに，裁判所の裁量において，その者に対し，有罪を宣告するならば，10ポンドを超えない罰金，または3ヶ月を超えない期間の重労働付きもしくは重労働なしの拘禁を宣告することができ，当該少年が14歳未満の男性である場合，裁判所が適切と考えれば，裁判所は，本法に定めるその他の刑罰の代用もしくは追加として，できるだけ速やかに，非公開で，警部補もしくは巡査よりも上級の職員の立ち会いのもと，さらに場合によっては当該少年の親もしくは保護者も立ち会って，巡査がカンバ材の鞭で12回未満当該少年を打つことを宣告することができる。

　第10条は児童に対する緩和規定であるが，児童については裁判所と親・保護者の同意を得た上でなければ略式裁判にならない一方で，第11条における少年の場合は彼の同意で略式裁判が可能としている。各条後半部分に規定されているように，略式裁判によって刑罰が制限され，14歳未満の男性であれば，刑罰の代用もしくは追加としての鞭打ちが非公開で行われたことに，社会的に不遇な立場によって犯罪をした児童・少年に対する救済と秩序維持のための制裁の折衷的な対策であったと考えられる。

　さらに，第10条第5項は，7歳未満の絶対的な犯罪無能力者と14歳未満の不十分な犯罪能力者に対する刑罰の禁止規定であり，これらの条文をもって，14歳未満の条件付責任無能力の推定の境界線が明確に示され，年齢が増すとともに緩和される刑罰が狭まることが分かる。「裁判所が適切と考え」るなどの留保を伴うが，刑罰の面で軽減と非公式な処分の適用が図られたのである。

52　第3章　児童を取り巻く環境と刑事司法制度

(5)　19世紀末における児童を取り巻く環境

　都市部への人口流入や工業化による労働力需要の拡大は，経済の発展に貢献した一方で，そのひずみも生み出したことは当然の成り行きであった。1890年代まで，若年の労働者は労働市場の仕組みの中で明らかに目立っていたばかりでなく，彼ら自身が経済的・社会的問題として見なされたといわれている[93]。そのような問題に対する民間団体の活動が始まり，1870年代から1880年代にかけての青少年の職業訓練の大部分は，若者の宗教的な慈善活動によるものであり，その最も影響力を持った組織のひとつに，小売りや聖職で雇われた10代後半や20代の品行方正な者で構成されたキリスト教青年会（YMCA）があった[94]。

　労働組合主義の成長と急進化によって，青少年の労働者や年季奉公者の雇用が無視できない問題とされたが，それは拡大する産業と政治の不安に関する議論でたびたび取り上げられていたからであり，そのような労働問題は，失業や低賃金といった貧困問題を中心としていた[95]。児童を含む若年層が労働力として求められたものの，その労働環境も恵まれなかったことは，彼らへの同情を集めたと思われる。そのような同情は，慈善団体の運動や法制度による福祉的アプローチにつながった一方で，社会的秩序の面から見れば，彼らの行動に対する不安の表れでもあった。その不安は，果たして彼らに道徳性があるのか，彼らの親は十分な教育をしたのか，というものであろう。そしてそれは，工業生産の労働力として劣悪な環境に置かれた彼らに道徳性を期待することはできないという悲観論に変化したと考えられる。逸脱する悲惨な彼らに対して国家が矯正・指導を積極的に行うのは当然で，その中には厳しい手段による矯正もあり得るという，一種の司法的アプローチが発生したのである。これは，司法及び福祉の両方のアプローチを取り込んでいるために正当化が簡単で，社会的な支持を集めやすい利点があったように思われる。

---

[93]　H. Hendrick, Images of Youth—Age, Class, and the Male Youth Problem 1880-1920, 1990 (reprinted 2001), p. 26.

[94]　Hendrick（1990), op. cit., p. 158.

[95]　Hendrick（1990), op. cit., p. 27.

3　19世紀後期の刑事司法の状況　　*53*

　19世紀は社会や経済の大きな変動によってそれらの構造が複雑化した時期であり，その混乱の弊害は，未成熟で判断力にも乏しい児童たちにも容赦なく及んだ。その結果としての，彼らの逸脱・堕落した行動は，改革者の救済活動の対象になる一方で，社会的不安を増大させたのである。児童期は，学校制度が整備されるとともに具体化されたが，さらに児童期は，社会が児童たちの行動に注目し，様々なアプローチを行うための合理的な理由のひとつであったと考えられる[96]。

　S. ブラウン（S. Brown）は，児童期の様々な解釈が，児童期の一般的な状態に備わる本来的な特色よりも，当時の社会状況を反映するものとして認識されたとしている[97]。児童期は，年齢が有する精神的・身体的な緊張状態や不一致をうまく処理し，無感覚にできる意味合いを持つものであり，それは女性らしさや田園風景の理想化と失われた無邪気さへの悲しみに類似したものであったといわれている[98]。そして児童期の状態が秩序のバロメータとしての効力を持つことによって，理想的な家庭は尊敬されたという[99]。文化的な生活と秩序は，キリスト教徒で，教育を受けた中流階級の家族の暮らしに本来的に備わっていると考えられ，「炉辺の天使」としての女性と権威主義的だが慈悲深い「城」の主としての父親が描かれた[100]。そこで「工場の児童（factory child）」は，産業的・経済的必要性だけでなく，社会階級，性別，宗教的信仰の影響によって改めて注目されたのである[101]。1833年の工場法は，そのような悲惨な境遇にある児童を救済するための社会的な対応であった。その一方で，工場に就職できない児童が街頭で反秩序的な行動や乱痴気騒ぎを起こし，1830年代に増加した児童の浮浪，売春，物乞いは，都市生活に密接する怖い存在になったという[102]。ここにおいて，反社会的な現実の児童期が認識されるとともに，理想としての児童期が望まれるようになったのである。児童期は法制度や社会的システムによって拡大し，児童は都市部の労働者階級の貧

---

[96]　Hendrick（1994），op. cit., p. 28 and Godfrey and Lawrence, op. cit., p. 134 など参照。
[97]　S. Brown, Understanding youth and crime, 1998, p. 6.
[98]　Brown, op. cit., p. 8.
[99]　Brown, op. cit., p. 9.
[100]　Brown, op. cit., p. 9.
[101]　Brown, op. cit., p. 9.
[102]　Brown, op. cit., p. 10.

困が注目されるに従って，一層問題視された[103]。そして，街頭における青少年の反秩序的な行動は都市生活の日常の姿を形成し，都市部の労働者階級の生活や大衆文化の様式に対する規制には政治的と捉えられるものもあった[104]。青少年を児童期や青春期の象徴として定義づけて，彼らを特別なグループとすることは，生物学的なライフサイクルによる特殊な状態の単純な慈善的プロセスとして見られなくなったのである[105]。したがって，青少年は社会から反秩序的・逸脱的な行動を示すものとして見られるようになり，児童期や青春期はそのような問題ある時期として，管理の対象になることが一般化したと考えられるのである。

4　小　括

　社会の都市化・工業化によって，人的な流動性が高まり，工場での児童労働が一般化したことは，ひとつの社会のなかで，人々の出身や価値観が多様化・複雑化し，貧富の差や教育の差も世帯ごとに異なるようになった。このような状態における社会の秩序維持は容易ではなく，人々の宗教心や道徳心だけに委ねていては図られず，法による一層強力で明確な対策が求められた。それでもなお，秩序に反する者や社会の辺境に残される者は多数発生し，その中には不十分な教育や恵まれない家庭環境の児童たちも含まれていたと思われる。

　ここにおいて，複雑化した社会は，逸脱した彼らの責任を追及して矯正し，一方でそのような不遇な立場の彼らを救済するという，それぞれ別個の分野の対応を同時に推進することが求められたのである。厳密に言えば18世紀の博愛協会などの活動が起源となるであろうが，主に19世紀における改革者たちの活動や立法は，司法的なアプローチと福祉的なアプローチとのジレンマを発生させたと言えるであろう。つまり，児童たちの特定の行動について，前者においては，「非行」や「反社会的」と位置付けられて，社会の問題

---

[103]　Brown, op. cit., p. 12.
[104]　Brown, op. cit., p. 13.
[105]　Brown, op. cit., p. 16.

として対応することになり，後者においては，まさにその社会がもたらした問題として，一種の犠牲者として位置付けられ，社会の責任で救済することになった。秩序維持と福祉的な救済は，様々な価値観と主張と活動により錯綜することになるが，児童から見れば，社会や経済の急速な変動の時代に加えて，法制度の変動においても翻弄されることになったと言えるであろう。そして不適切な養育や不十分な教育を受けた児童たちは，社会に翻弄されるまま，進むべき方向性を見出せずに，「非行」や「反社会的」というカテゴリーに漂着するか，逆にそれゆえに「非行」や「反社会的」のカテゴリーへ逃避して，結果的に社会から逸脱した者として扱われることになるのである。さらに言えば，このような児童たちに対する矯正と救済は，両方とも政治の分野においてほとんどの国民の生活に密着する重要な問題であったから，政治家や政府にとって強力なアピール材料にもなり得たのである。

そしてこのような状況においても，なお刑事責任年齢のシステムは変化しなかったのである。すなわち，刑事責任年齢が 7 歳であったことは，19 世紀に至っても，7 歳以上 14 歳未満の児童が「完全な認識力」の欠如を理由にできたものの，場合によっては成人と同じ絞首刑，拘禁刑，流刑になったことを意味する[106]。すなわち，幼さは減刑の理由にはなったが，法的な抗弁とは考えられなかったのである[107]。児童が幼稚で，身体的に弱く，社会の知識を年長者ほど持っていない事実は，大人の権威から見れば弱い存在であり，親と国家の間に置かれた未成年者の福祉の問題が歴史的に長く続くものと考えられた[108]。

では，刑事責任年齢のシステムが据え置かれたままで，改革者による福祉的アプローチが数多く打ち出されたのはなぜであろうか。その背景に，改革者が属する階級社会と彼らが活動の対象にする底辺の階級社会との構図が挙げられる。すなわち，19 世紀までの福祉的アプローチは，立法や行政の関係者や比較的上級な社会の人物によるイニシアチブがほとんどで，貧困者や逸脱者による改革の訴えは全くと言っていいほど見当たらなかった。一連の改

---

[106] Thane, op. cit., p. 12.

[107] Godfrey and Lawrence, op. cit., p. 128.

[108] Thane, op. cit., p. 12.

56　第3章　児童を取り巻く環境と刑事司法制度

革の活動は，表面的には不遇な者の救済を唱えつつも，階級の上位者の多く
に備わるであろう，秩序を維持する義務感や社会奉仕の意識によるものが本
質的に存在したように思われる。彼らが，社会の底辺にある貧困の児童や逸
脱した児童たちに慈善事業を施すとともに，そのような児童たちを管理・教
育することは，結果的に彼らの階級の安全にもつながるのである。

　善悪の区別ができる年齢についての大きな論争は，年齢だけで刑罰から逃
れることや，特別に寛大な処分がかえって犯罪を招くことなどの危機意識も
相まって，議会の委員会ですら具体的に決着できなかった。そのような事情
は，刑事責任年齢のシステムに責任無能力の推定を受ける期間が存在するイ
ギリスゆえによるものかもしれないが，結果的に7歳という比較的厳しい刑
事責任年齢は依然として支持されたのである。さらには，既に述べたように，
出生の公的な記録制度が長らく発達しなかったため，刑事司法においては暦
年齢に対する信頼感が薄く，それを根拠に判断するよりも，児童個人の言動
を重視する姿勢が優先された。それゆえに，モリスが指摘するように，年齢
だけで刑事的処分を判断することによる法の抑止力の低下が懸念されたので
ある。このような状況で，非行や貧困の児童たちに対する対策が19世紀以降
も繰り広げられたことは，刑事責任年齢の検討においても，また福祉的政策
の検討においても，一層の混乱をもたらす原因になったと思われるのである。

第4章　20世紀前半における児童の環境と刑事責任年齢の議論

1　20世紀初頭における児童を取り巻く環境

　イギリスにおける産業と資本主義経済の発達は，植民地政策とともに世界的な規模の繁栄をもたらしたが，その一方，国内では生活環境，治安，秩序，道徳などの分野は荒廃・悪化の方向をたどり，大きな負の産物をもたらしたのである。

　子どもは長らく「小さな大人」と位置付けられ，年季奉公のシステムなどによって早期に社会の働き手となるよう期待されていた。しかし，学校教育が一般化して，年齢で教育課程を区別し，家庭での養育も普通になると，子どもは大人とは異質な存在であるという認識が一層浸透した。そのような経緯において，産業革命に代表される社会構造の大きな変化により，それまで家庭内で弱者とされていた彼らは，社会においても弱者となったのである。彼らは産業化社会の労働者でもあり，都市部で劣悪な生活環境に置かれたことで，彼らの行動規範は堕落し，独特な行動が注目されるようになった。一般社会から見れば，彼らは多分に反秩序的であり，その関心は，幼さを有する児童のカテゴリーから次第に行動が活発な青少年のカテゴリーへシフトしたのである。大人に服従する立場であった彼らは，時として一般社会の秩序を脅かす厄介な存在でもあった。

　そのような中で，刑事責任年齢における責任無能力の推定という，コモン・ロー上のシステムは依然として続いていた。都市問題による環境や秩序の乱れで荒廃する児童への対策として，この刑事責任年齢のシステムにおいては，例えば7歳以上14歳未満の責任無能力の推定を寛大に行うか，厳格に行うかで，彼らの救済や矯正が左右されることになるであろう。その場合，事件ごと，そして裁判官ごとにより，判断が大きく異なる可能性も生じることに

58   第4章   20世紀前半における児童の環境と刑事責任年齢の議論

なる。

　これまでの刑事責任年齢や児童の取り扱いを見ると，そのような年齢層の児童が犯罪で死刑に処せられるようなケースは決して多くはなかった。すなわち，責任無能力の推定が機能し，裁判所はできるだけ極刑を避ける方法を選ぼうとしたうえで，なお被告人の犯行時及びその前後の言動などに責任無能力の推定を覆すような事情が認定されれば，極刑や厳しい量刑もやむなしという判断になったのである。とはいえ，場合によっては，裁判所が一旦そのような判決を出して，最終的に国王の恩赦が用意される方策も残されていた。

　ただし，このシステムの問題は，推定を覆す証拠をどのように捉えるかについて，裁判官の意思に委ねられるケースが多いということである。これは，児童の善悪の分別力が発達途上であることに着目すれば，保護的なシステムとも考えられようが，別の面では，社会の潮流や思想に従った（あるいは，逆らった）裁判官によって恣意的に利用される危険性も孕んでいるといえるであろう。この危険性は，青少年の反秩序的な行動が着目され，政治問題化される場合に一層高まると考えられる。

　20世紀は，世界的な規模で社会変動が生じ，それに伴ってイギリスの刑事政策も変化した時代であった。イギリスにおける都市環境や労働環境の悪化は，特に低層階級の家庭環境にも影響を及ぼした。これまで言及してきたように，特に19世紀以降，都市部の青少年による反秩序的な行動やその他の問題行動に対しては，資本主義社会の歪みを原因ととらえて，単純な刑罰的対応ではなく，レフォーマトリー・スクールや授産学校などの教育的な対応をメインにした政策が現れた。

　しかしながら，現在の社会構造が定着するなかで，そのような青少年の問題行動が目立つと，社会の枠内での対応が求められるようになり，単なる教育的で温情的な対応が疑問視され，ある程度の取り締まりが必要だとの考えが現れたのである。そのような考えは，本来，行為者本人の責任ある行動を要求するものであるが，すでに教育的な処遇策が用意され，それに関する法律も存在したから，追加的に，そして問題の根源として，その親に対しても行為者の監督責任を要求することに至ったのであろう。例えば1901年の若

年犯罪者法(Youthful Offenders Act)において，次のような条文が見受けられる[1]。

第2条第1項　児童もしくは少年が，略式裁判の管轄裁判所によって罰金，損害賠償，もしくは費用弁償を負うような犯罪をして訴追された場合で，彼の親や保護者が，故意的な怠慢によって，もしくは彼に対する必要な監護を日常的に行わないことによって，当該犯罪の実行をもたらしたと考えることに理由がある場合，当該裁判官は，略式起訴手続において，当該児童もしくは少年の親や保護者に対して，当該犯罪に至らせた責任を問うために，召喚状を発することができる。

　なお，同条第4項は，当該児童少年に言い渡された罰金，損害賠償，もしくは費用弁償について，彼の親や保護者が，故意的な怠慢によって，もしくは彼に対する必要な監護を日常的に行わないことによって，当該犯罪の実行をもたらしたと裁判所が確信した場合，当該児童少年に代わって，親や保護者に支払わせることができたほか，裁判所は，親や保護者に対して，児童少年の善行を保証させることもできた[2]。これらは，犯罪の原因と位置付けた親や保護者の行為（不作為）にも児童少年の行為の刑事責任を間接的に問うことで，彼らに対する親の義務を覚醒させたものと考えられる。さらにこの条文は，少なくとも当時の感覚として，犯罪行為が児童少年個人の純粋な意思と行為で発生するというよりも，家庭や社会の環境が犯罪に多分に影響することを示している。そうであれば，児童少年の犯罪行為の責任は，成人の場合と異なり，彼個人に全て帰すものではなく，家庭や社会もある程度負う性質になるであろう。それゆえに，都市問題の深刻化と資本主義経済の発達に比例して，児童少年の法的な救済や矯正施設も増えることになったのである。そもそも，彼らの逸脱行為を特別に扱ったのは，単なる温情でもなく，幼児期が伸びたわけでもない。それは，社会構造の変化によって秩序や道徳に対する意識が一般的に衰退・多様化したという事情が重なったためであろう。このことは，児童少年に対する特別な配慮を含むシステムが発達する一方で，経済的な格差などの社会的構造が不健全な状態になり，社会的規範も衰退し，混沌とした状態になることも示しているといえよう。そこで児童少年の行動に対して社会にその責任の一端があるとして，公的な矯正・教育などの措置

---

[1]　The Youthful Offenders Act 1901, s. 2(1).

[2]　The Youthful Offenders Act 1901, s. 2(4).

をもって彼らの更生を早めようとした意図が考えられる。

2　1908年の児童法

　児童少年に配慮したアプローチがさらに大きく進化したのは，1908年の児童法（Children Act）であろう。これは，児童少年に対する，ある程度の保護的及び教育的姿勢を打ち出したもので，特筆すべきは，児童少年に対する死刑の廃止（第103条）と少年裁判所の設置（第111条）の規定が置かれたことである。前者は，彼らに対する死刑の代替刑として「国王陛下のお許しがあるまで（during His Majesty's pleasure）」の拘禁刑を科すこととし，その場合，彼らは内務大臣が指示する場所と条件に従って拘禁されるとした[3]。そして後者は，彼らに関する犯罪や命令・許可を審問する場合，児童少年ではない者と共同で訴追されていない限り，略式管轄権の裁判は，本来裁判が行われる場所とは異なる建物もしくは部屋で行われるか，または異なる日もしくは異なる時間に行われるものとし，その裁判所を少年裁判所と呼ぶように定めた[4]。さらに，16歳未満の者が法廷の出入りや待機中に，当該16歳未満の者と共同で訴追されていない成人と接触しないよう配慮されるべきとした[5]。外部との接触について，少年裁判所では，裁判所と事件当事者の関係者，弁護士，その他事件に直接的に関係する者以外は，裁判所が許可した者を除き出席できないとしたが，新聞や報道機関の善良な代表者については排除してはならないとした[6]。

　これらの規定を見ると，児童少年に対する死刑の廃止や少年裁判所の設置は画期的ではあるが，彼らの刑事責任の面でいえば，確かに死刑の有無は大きいものの，その他では従来以上に保護されたり，寛大に扱われたりしたわけではないように思われる。なぜなら，まず第103条の「国王陛下のお許しがあるまで」の拘禁刑は，法的には極めて長い不定期刑や終身刑が可能であり，社会的な隔離策としては死刑に匹敵するような厳しいものであったから

---

[3]　The Children Act 1908, s. 103.
[4]　The Children Act 1908, s. 111 (1).
[5]　The Children Act 1908, s. 111 (3).
[6]　The Children Act 1908, s. 111 (4).

である。次に第 111 条第 1 項及び第 3 項は，通常の裁判所が有する陰湿な雰囲気や犯罪をした成人が有する恐怖感に児童少年が触れないように配慮したものであるが，報道機関の立ち入りを認めており，彼らは社会的な注目を浴びて非難されることになる[7]。そもそも，この少年裁判所は，それ自体が刑事裁判所の一種であって，完全な児童保護の立場にある裁判所ではなかった。ここにおける児童は，犯罪をして訴えられた犯罪者であり，成人犯罪者を取り扱う従来の手続は児童にも適しているという考えが有力であったとされている[8]。とはいえ，少年裁判所の手続に陪審がないことによって，裁判官は迅速に処理できる一方で，ほとんど公式的に処理する必要がなくなったのであり，ダメージを与える法的な手続から児童少年を除外したことは，裁判所に福祉的な責務を示すという考え方があるという[9]。この点でいえば，少年裁判所は福祉的な意義を有する大改革であったが，やはり実質的には刑事裁判所の範囲内での改革と理解すべきであり，本法による児童少年の刑事責任の軽減効果はほとんどなかったとも思われる。むしろ，陪審のない略式的手続と一般人に対して非公開としたことは，児童少年が受ける社会的なダメージを防ぐ効果は確かにあるものの，刑事裁判所として彼らの刑事責任を評価する際に，裁判官の恣意的な判断が発生する余地は残されていたのである。

　逸脱した児童少年を救済する運動は 19 世紀に盛んになり，少年裁判所に

---

[7]　新聞記者は児童の名前や住所を公表しないよう求められたが，その要求は 1932 年まで法的な強制力を持っていなかった。1920 年代後期のモロロニー委員会（Moloney Committee）は，報道を排除すべきという提案を検討し，拒否した。結局，ニュースメディアは，少年裁判所の手続の結果を報道できたが，児童やその両親の身元については，裁判所が相当な理由で報道を許可しない限り除外された。逆説的に，児童が成人の裁判所に出廷したら，——おそらく，殺人などの重大な犯罪で——裁判所がそれを課さない限り，そのような制限はない。この例として，2 人の遊び友達を殺害した 11 歳のマリー・ベルは，新聞に名前が出たうえ，彼女の経歴は，彼女が 20 歳代初期になって最終的に釈放された 1980 年まで報道され続けた。成人の裁判所において，特別な許可なしに児童の身元が公表されないようにする試みは，判事たちがその権限を執行すべく委託されているという理由で拒否されたという（N. Walker, "Childhood and madness：history and theory" Providing Criminal Justice for Children, edited by A. Morris and H. Giller, 1983, p. 26.）。ただし，一般人の法廷立ち入りを禁止したことは，少年犯罪者が完全に責任を負わない可能性のある行為にまで非難されるため，そのような社会的な制裁を受けるべきではない考えを表しているという（B. Godfrey and P. Lawrence, Crime and Justice 1750-1950, 2005, p. 137.）。

[8]　A. Morris, "The Children and Young Persons Act 1969—before and after," Signs of Trouble Aspects of Delinquency by L. Taylor, A. Morris and D. Downes, 1976, p. 21.

[9]　B. Godfrey and P. Lawrence, Crime and Justice 1750-1950, 2005, p. 137. しかしながら，ゴッドフリーとロレンスも，少年裁判所が依然として刑事裁判所であったとしている（Ibid.）。

児童少年を特別に扱う意義によって大きく進歩したように見えたが，実質的には児童少年のことよりも裁判所や行政の行動力を高めた。その意味では福祉的な進歩はわずかであった。ゴッドフリーとロレンスによれば，児童少年は刑罰と矯正のために少年裁判所に出廷させられたのであり，少年裁判所は，彼に道徳上の危険が存在すると考えれば，国家の介入を認めることになるとされている[10]。その場合，少年裁判所は福祉の名において行動するが，手に負えない児童と困窮した児童の処遇方法に関する考え方の区別があいまいになるために，それらの解決策の差は，量刑の面でほとんどなかったという[11]。また，刑事責任を軽減するような福祉的な事情があるにもかかわらず責任能力のある者を処罰することは，ほとんど説得力がないものの，刑罰を基礎とする抑止力の主張は，福祉的な問題を取り扱う目的があってもなお有力なものとされ，浸透していたという[12]。

　当時の社会が児童の犯罪やその他の逸脱行為自体に刑罰や矯正的な措置で対処する立場であったことを考えると，少年裁判所が刑事裁判所の一種であったことは，社会的な秩序の維持を個人的な救済よりも優先していたことを示している。もちろん，少年裁判所の設置自体は，児童少年を特別に扱うことによって成人の裁判では困難な福祉的な救済も可能であるから，その点では画期的なシステムとして評価されよう。また，引き続き責任無能力の推定によって刑事責任から保護される可能性もあった。しかしながら，1908年法による少年裁判所の実体が刑事裁判所の一種として社会的な秩序を優先させるシステムであったことは，社会が児童少年の行為の悪質さに注目していたことを示すものであろうが，それは大人の社会に従属する立場であった児童少年が変化したように思われる。すなわち，学校教育のシステムによって児童期の年齢区分が定着し，都市問題，児童少年の労働問題，その他の社会的問題が深刻化したことで，大人の社会が児童少年を異質なものとして見るようになったのである。そして児童少年の社会においても，独自の文化，サブカルチャー（非行下位文化）を形成するようになった。ここでは，必ずしも健

---

[10]　B. Godfrey and P. Lawrence, Crime and Justice 1750-1950, 2005, p. 137.

[11]　Godfrey and Lawrence, op. cit., p. 137.

[12]　Godfrey and Lawrence, op. cit., pp. 137-138.

2 1908年の児童法 63

全ではない環境で彼らが暮らし，賃金を得ることができた状況が大きく影響しているであろう。したがって，これまでの改革運動や1908年法などは，結局のところ，社会が法制度などの公的システムによって彼らを統制しようとした現れであったと思われる。

彼らが形成した社会は，行動力が高まり，ある程度の可処分所得を持つようになった青少年らが主に牽引していたと考えられる。そして，19世紀末以降，特に労働者階級の青少年においては，かつてのような家族に従属する関係が薄れ，比較的若い年齢層から家族と距離を置いても生きられる状況があったのである。そもそも青少年は，地域社会のネットワークシステムによる十分な支援を受けて，職業ではほとんど難なく実務を理解したといわれている[13]。これは，彼らの多くが10歳を過ぎた辺りからパートタイムに従事して社会人の一員になり得たために，職業に関する知識や賃金労働の経験を持っていたからであるといわれている[14]。このことは，彼らが一層大人びた行動や独特な行動をとることを可能にし，14歳の完全な刑事責任年齢の前後において，なお民事上では未成年であるにもかかわらず，社会もまた彼らの大人びた印象を一層強めたといえよう。ただし，彼らの行動様式は，サブカルチャーなどに見られるように，社会に必ずしも理解されるものではなかった。19世紀末から20世紀初頭にかけての「男子少年の労働問題」の重大性は，労働が「非教育的」であり，「精神的もしくは道徳的規律」がほとんどないことにあり，結果的にそれは非効率的で未熟な労働者や年季奉公人をもたらしていたという[15]。そこで改革者たちは，「男子少年の労働」に言及する際に，当然に彼らの秩序のなさ，早熟での独立，不道徳，潜在的な非行，自制心の欠如，浪費などに関する懸念を表明したという[16]。ここにおいて，青少年の独特な行動様式やその世界が形成されたことは，これまでに定着してきた子どもの年齢区分のうち，特に青少年の年齢層が総体的に一般社会から危険視されるようになったことを示すものであろう。

---

[13] H. Hendrick, Images of Youth—Age, Class, and the Male Youth Problem 1880-1920, 1990 (reprinted 2001), p. 36.

[14] Hendrick（1990）, op. cit., p. 36.

[15] Hendrick（1990）, op. cit., p. 81.

[16] Hendrick（1990）, op. cit., p. 81.

3 1933年の児童少年法制定に至る過程

(1) 第一次大戦期における児童を取り巻く環境

D. スミス (D. Smith) によれば，第一次大戦期における少年犯罪率の増加は，報道機関と上層階級に対して，品行の良い男子少年と，社会的規範に従わない非行少年との差異を強調するような道徳改革運動の復活につながったという[17]。このモラル・パニックは，路上の貧しい青少年を管理する非公式的な措置よりも刑事的処分を増加させ，新しい法律の厳格な運用により，軽微な犯罪でも青少年を裁判所に出頭させる傾向が現れたという[18]。さらに，このような青少年を処罰し，更生させるための断続的な「法と秩序 (law and order)」の運動は，社会の安定性や統一性が経済的もしくは軍事的影響力によって脅かされている状況の大きな証拠だとしている[19]。都市問題の深刻化と資本主義経済の発達によって，特に貧困状態の児童少年の逸脱的行動が注目され，彼らを対象とする法制度がつくられてきたが，それが実質的に刑事司法の枠組みにおいて行われた経緯を鑑みると，この法と秩序の運動と国家的危機の連動性は，戦時中に限らない一般的な図式と言えるであろう。

青少年の独特な行動様式に加えて，戦争による国家的な混乱が生じたことは，子ども全体が政治経済に一層翻弄されるとともに，規範や道徳の軽視に至らせたと思われる。そして家族も混乱した結果として，少年犯罪率が上昇したのである。その少年犯罪への対応として，戦時中の量刑宣告は，施設収容よりも保護観察が徐々に奨励されるようになった[20]。しかし，この社会的なケース・ワークに基づく改善主義は，主に規律の乱れた家族生活による少年非行を対象にしたため，かえって専門家が任務として労働者階級の家庭生活に立ち入り，管理する結果になった[21]。そこで，児童関係の専門職員は，戦

---

[17]　D. Smith, 'Juvenile Delinquency in Britain in the First World War,' Criminal Justice History, vol. 11, 1990, p. 119.

[18]　Smith, op. cit., p. 119.

[19]　Smith, op. cit., p. 119.

[20]　Smith, op. cit., p. 120.

[21]　Smith, op. cit., p. 120.

争が労働者階級の家族生活を大きく破壊するものであり，非行少年を暴力的
で残酷な社会的環境の急激な変化に反抗する被害者として捉えるべきだと主
張し，単純な法的対応で少年の不良行為を扱うのは不適切だと唱えたとい
う[22]。これは，少年非行の多くが，従来の不遇な社会的環境と戦争に起因する
ことが認識され，そのような状況で少年の行為を非難し，責任の全てを負わ
せることは酷であり，かえって彼らを悪化させるということが認識されたの
であろう。そして，第一次世界大戦は少年犯罪を増やした一方で，専門家に
とっては，青春期の不適切な行動と親の不十分な教育が関連している推定を
確信させたのである[23]。戦争で家族のバランスが崩れ，しつけの水準が衰退
したために，児童の逸脱的行為は，単純に家庭や社会全般の両方に蔓延する
異常な雰囲気への自然な反応であるとされた[24]。

　このことは，戦争によって家庭や親が有する本来的な役割が注目されたこ
とを示すが，それはまた，国家的非常時において，社会が親代わりに子ども
の保護を十分に行う余裕がないことをも示している。そのために，母親は伝
統的に子どものしつけを行う立場にあった一方で，父親は体罰を行う存在と
して，当時は重要なものと考えられた[25]が，現実には出征によって多くの父
親が家庭を留守にした。さらに，家庭から年長男子が不在になったことは，
年少の子どもの統制が一層損なわれる結果になったという[26]。ただしそれは，
非行者の父親が出征した家庭出身とは限らず，むしろ戦争初期の入隊者のほ
とんどは，犯罪の危険性がある貧困や不安定な職業の既婚男性よりも，熟練
職業出身の若い未婚男性であったといわれている[27]。このことは，父親の不
在そのものが必ずしも少年犯罪に直結するわけではなく，親の教育や家庭環
境が少年犯罪に結びつきやすいと考えられる。したがって，戦争は家庭環境
を悪化させた要因として捉えられ，家庭環境の内容こそが少年犯罪の直接的
な要因であると解釈できる。非行と家族の役割に関する議論は，父親の不在

---

[22]　Smith, op. cit., p. 120.
[23]　Smith, op. cit., p. 122.
[24]　Smith, op. cit., p. 122.
[25]　Smith, op. cit., p. 122.
[26]　Smith, op. cit., p. 123.
[27]　Smith, op. cit., p. 123.

を強調する代わりに，既婚の働く女性が児童の行動に及ぼす影響力に集中し，彼女たちの仕事が家庭の「普通の」雰囲気を壊し，自分の子どもを見守らないと考えられた[28]。さらに既婚女性に支払われる高い賃金による経済的自立は，親の無責任な行動に耐える子どもにとっては不幸なことだと主張された[29]。留守や就業によって親に放置された子どもは，退屈を紛らわすために映画館に行き，裕福な母親は，子どもを見守ろうとせず，意図的に映画館に行かせたという[30]。

　そのため，戦時中では青少年に対する抑圧的・処罰的姿勢が強まったにもかかわらず，少年犯罪者の発生は，異常な社会的環境や不十分な親の教育が原因だと描かれた[31]。そして少年犯罪の原因として親の問題が考えられたことによって，国家が家族の私的分野に介入することが広く認められるようになったといわれている[32]。

　このように，戦時中は少年犯罪者に対して治安維持のために処罰的な傾向が進んだ一方で，不遇な存在という理解も進んだ。とはいえ，実際の司法においては処罰優先であったが，終戦によってその傾向に変化が生じた。すなわち，少年の処遇は，医療の専門家による治療法的・予防的処遇の方が刑罰よりも適切だと考える，新しい実証主義者的犯罪学の影響を大きく受けたのである[33]。そして，個別的な事件を評価するための科学的な知識を現代化しようとするこの傾向は，有力にはならなかったものの，単純な道徳的・法的制裁で青少年を管理する伝統的な考えに対して疑問を投げかけたのであった[34]。このような戦時中の少年司法制度の欠点は，継続的な検討の対象になり，結果的に1933年の児童少年法につながったといわれている[35]。

　都市問題の深刻化と資本主義の発達は，それまでの社会的規範や大人と子どもの位置関係を変化させた。すなわち，地方から都会へ人口が流入したこ

---

[28]　Smith, op. cit., p. 123.

[29]　Smith, op. cit., p. 123.

[30]　Smith, op. cit., p. 124.

[31]　Smith, op. cit., p. 126.

[32]　Smith, op. cit., p. 131.

[33]　Smith, op. cit., p. 132.

[34]　Smith, op. cit., p. 132.

[35]　Smith, op. cit., p. 136.

とで，都会だけではなく，地域社会の風習や人とのつながりも衰退し，各地で規範のよりどころであった教会の影響力も低下した。それまでの年季奉公は，学校制度の発達によって子どもを家族のもとに置くことで衰退し，代わって工場での賃金労働に従事する子どもが増えた。それによって，ある程度の可処分所得を有する青少年は，大人の社会とは異なる社会を形成するようになり，彼らが異質な存在として見られるようになったのである。さらに，家族が子どもを手元に置くという仕組みが一般化した一方で，特に労働者階級の親は仕事などで家庭を留守にしたため，多くは養育が不十分であった。しかしながら，そのような子どもの逸脱行為については，厳罰で処分する場合もあったが，刑事司法の範囲内で取り扱いつつも，彼らに責任を全て負わさずに，専門の矯正施設に送致したのである。それは，彼らの逸脱行為に対して社会が資本主義経済のひずみや生活環境の悪化を認識していたことを示すものであろう。第一次大戦による国家の非常時では，家族の環境は一層悪化し，刑罰が優先される傾向にあったが，責任無能力の推定が無視されることはなかった。子どもの逸脱行為の原因については，社会に原因があるものとして認識され，彼らの行為に対する非難を社会の反省に転換して是正する表れでもあったと考えられる。

⑵ 1933 年の児童少年法の制定に向けて——政府の報告書

　少年の犯罪率は 1921 年までに減少したが，その問題に対する関心は残り，政府はその全体的な調査を求められた[36]。1925 年に設置された少年犯罪者に関する政府の委員会は，犯罪をしないが「保護と訓練」が必要と思われる少年と少年犯罪者に関する処遇を検討することを目的とし，さらに少年裁判所の手続を総合的に見直すものであった[37]。調査を行った委員会は，少年裁判所が 1908 年の児童法に基づいて運用されてはいるが不十分であり，少年裁判所と成人の裁判所との明確な区別をするためには大幅な変更が必要だと結論付けたのである[38]。

---

[36]　H. Hendrick, Child Welfare, England 1872-1989, 1994, p. 178.
[37]　Hendrick（1994）, op. cit., pp. 178-179.
[38]　Hendrick（1994）, op. cit., p. 179.

68 第 4 章　20 世紀前半における児童の環境と刑事責任年齢の議論

　この『少年犯罪者の処遇に関する政府委員会の報告書 (Report of the Departmental Committee on the Treatment of Young Offenders)』と題される文書の中では，刑事責任年齢の引き上げが次のように提案されている[39]。

> **刑事責任年齢**　現行法では，7 歳未満の者による行為は犯罪にはならず，7 歳以上 14 歳未満の者による行為は，その者が当該行為を悪いと認識する十分な能力を有することが断言的に示されない限り犯罪にはならない。7 歳という年齢は，何百年も前に採用されたもので，児童の犯罪に対する社会の現状は，それ以来大きく変わっている。当委員会は，刑事責任年齢を引き上げる時期が来たと考え，それを 8 歳にしても差し支えないと考える。この年齢以上の児童に対して，裁判所は上記に留意すべきである。

　報告書は，刑事責任年齢を 1 歳引き上げる提案とともに，少年裁判所の管轄年齢の引き上げも述べている[40]。

> **上限年齢**　現行法では，少年裁判所の管轄が 16 歳を超えていない。……他国の少年裁判所の中には，21 歳までの犯罪者を扱うところがあるが，裁判所の主な機能が児童保護であるべきなのに，一人前の仕事をしていたり，婚姻できて，子どもをもうけたりする 19 歳や 20 歳の若者をそれに含めることは，全く非論理的であるように思われる。……
> 　留意すべきこの主たる目的は，青春期にある少年少女をできるだけ長く警察裁判所から引き離すことであり，その目的を考慮すると，当委員会は少年裁判所の現在の年齢上限が低すぎると考える。その年齢が独断的だといわれるかもしれないが，16 歳の少年少女は，なお未熟であり，彼らと 16 歳未満の者にほとんど差異はない。児童法成立以後の経験からみると，少年裁判所の管轄に 17 歳未満の者を含めることで生じる大きな問題はないように思われる。とはいえ，その年齢を 18 歳に引き上げることは，少年裁判所が従来扱わなかったような凶悪な犯罪を扱うことになり，その影響が懸念される。……もちろん，17 歳未満の少年少女の中には，年下の者よりも低い精神年齢で，あまり発達していない者もいるが，精神年齢を考慮すると容易に解決できない多くの困難が生じる。したがって，当委員会は，唯一の安全な道が，分割線として実年齢を採用することであると考える。……当委員会は，その年齢を 17 歳未満に固定すべきだと勧告する。場合によってはそれを 18 歳に引き上げることも妥当であろう。

　委員会は，少年裁判所の管轄を 17 歳未満の者とするよう勧告した上で，少

---

[39]　H.M.S.O., Report of the Departmental Committee on the Treatment of Young Offenders, Cmd. 2831, 1927, p. 21. 以降，Young Offenders Committee と略す。

[40]　Young Offenders Committee, op. cit., pp. 24-25.

年の年齢の定義についても述べている[41]。

> **少年の定義**　少年裁判所の管轄年齢を 17 歳未満に引き上げることによって，児童法の少年に関するその他の規定も考慮する必要があるが，当委員会は，その年齢を全体的に 16 歳から 17 歳に引き上げる時期に来たと考える。したがって，当委員会は，児童法の目的のために，少年が 14 歳以上 17 歳未満の者として定義されるよう勧告する。

　委員会の勧告は，刑事責任年齢を 7 歳から 8 歳に引き上げるとともに，少年裁判所の管轄年齢と少年の定義も 16 歳未満から 17 歳未満へ引き上げるものであった。一方で，責任無能力の推定を受けずに完全な刑事責任を負う 14 歳の年齢基準に対する変更は勧告されなかった。都市問題の深刻化や資本主義経済の歪みに加えて，第一次大戦の国家的混乱は，家庭環境の悪化と子どもの規範意識の衰退をもたらした。刑事司法において児童少年を特別に扱う期間が延長されることは，彼らの悪質な行動が必ずしも彼らだけの責任ではない方向で考えられたのである。

　ただし，『少年犯罪者の処遇に関する政府委員会の報告書』の当該部分で述べられている理由には，そのような背景による刑罰の厳しさからの救済や福祉的な意義は明確にされていない。しかしながら，絶対的な刑事責任無能力の期間と少年裁判所の管轄年齢の延長が勧告されたことは，複雑な社会的・経済的状況によって児童少年の精神的な成熟が昔よりも困難になったという認識を示している。そして社会が子どもに対して秩序ある行動を浸透させる潜在的能力の衰退も表しているように思われるのである。

4　1933 年の児童少年法の制定——議会における議論

　1927 年の『少年犯罪者の処遇に関する政府委員会の報告書』は，議会における児童少年法案の審議に至ることになるが，報告書の刑事責任年齢に関する勧告は議会でどのように扱われたのであろうか。先に述べたように，刑事責任年齢や少年裁判所の管轄年齢を引き上げることについて，報告書の理由以外の背景もしくは本質的な理由，さらにそれぞれの関連性が存在したのか

---

[41]　Young Offenders Committee, op. cit., p. 25.

70 第4章 20世紀前半における児童の環境と刑事責任年齢の議論

どうかを調べる必要がある。報告書に基づき提出された法案について，議会でどのような反応と議論があったのかを考察することで，条文の成立過程，児童少年に対する政治家の見方，刑事責任年齢に対する考え方などが明確になるのではないかと思われる。そこで，以下に議会の議事録から関連する発言部分を取り出し，考察を加えることにする。

(1) 1932年2月12日 下院第2読会

スタンリー内務省次官（The Under-Secretary of State for the Home Department, Mr. O. Stanley）[42] ……この法案は，裁判所の管轄とその権限をある程度変更するものです。まず，その管轄を16歳未満から17歳未満へ拡大します。これは議論になると思います。その年齢を16歳から18歳へ，さらには21歳へ引き上げるべきと言う人も大勢いますし，全く引き上げるべきではないと言う人もいます。多数ではありませんが，引き下げるべきと言う人もいます。年齢基準を維持したい人は，引き上げによって，従来取り扱ってきた年下の児童少年とは異なる性格の，青年というよりほとんど大人のような若者を少年裁判所に含めることへの不安があります。……一方で，引き上げるべきと言う人は，16歳が必ずしも成熟期の始まりではなく，16歳から17歳までの多くの男女はなお未成熟であり，このような法律の恩恵を受けるものと主張しています。……

概して17歳未満という年齢は最適な結果を示すものと信じています。この年齢によって，少年裁判所に多くの未成熟な16歳の男女が出廷することになるが，少年裁判所への係属にふさわしくない，凶悪なタイプの特別な事件が関わることはないでしょう。われわれの方針は最適であり，これは少年犯罪者の処遇に関する委員会の勧告のひとつでもあるのです。……

デイビス議員（Mr. Davies）[43] ……われわれは，政府の考えに同意します。私は野党を代表して，この法案の主な内容を歓迎します。……

私は，少年犯罪者数の減少と教育施設の拡充に関連があると思います。何といっても私は，男子，そして特に女子が善悪の区別を教われば，犯罪がなくなると思います。……

私は，刑事責任年齢を少し引き上げることに賛成するとともに，この議会に理由を問いたい。我が国の個人の平均寿命が10年か12年延びたように，子どもについても，以前の平均寿命が40年か50年であった頃よりも長く子どもであると考えるべきです。9歳の誰もが，自己の行為の善悪を認識できるのでしょうか。私は，刑事責任年齢

---

[42] 261 H.C. Deb. 5 s., cols. 1173-1174.
[43] 261 H.C. Deb. 5 s., cols. 1185-1190.

4 1933年の児童少年法の制定 *71*

をさらに1年上，9歳に引き上げるべきだと思います。……

クルーム＝ジョンソン議員（Mr. Croom-Johnson）[44] ……私は，デイビス議員と同じく，少年を取り扱う現在の方法が不十分だと考えます。なお私は，少年裁判所で扱える犯罪者の年齢を17歳未満に引き上げることで，少年裁判所を通して堕落や犯罪から保護されるべき人々が激しい非難に遭遇するのではないかと心配します。

1908年の法律の目的は教育的なものでした。……少年が置かれている環境，教育における非行，人生における多くの非行によって頻繁に処罰される少年を犯罪クラスの常連メンバーにすべきではないと思います。……

1908年法の全体的な目的や対象は，刑事裁判所から児童を引き離し，児童が犯罪者や危険な人の環境から引き離すことにあったのです。われわれは，できる限り彼らをそこから引き離すべきですが，皆さんは，少年裁判所の対象年齢を17歳未満，さらには18歳，最終的に21歳に引き上げることで，子どもの裁判所が行う多くの価値ある業務の進行を妨げ，台無しにするだけだという不安を抱いているようです。……

……私は刑法に欠陥があると思います。その欠陥は，いわば2つの区画に3つの集団を閉じ込めるものです。つまり，16歳になるまでは少年裁判所が望ましいが，16歳以上は通常の裁判所に行くべきだというもので，それは望ましいかもしれないが，そうでもないでしょう。刑法をよく知る人やその運用にいくらか携わった人であれば，相当な考慮と注意を要するような，どっちつかずの事件が頻繁にあることを言っています……。

私は，17歳よりもさらに引き上げるという可能性に賛成します。私は，21歳でもかまわないが，特に19歳に引き上げることは十分に可能でしょう。その年齢を最大限に引き上げることについては，彼らがある程度異なる処遇を受け，少し異なる方法で扱われるならば，ためらうべきではありません。

レッキー議員（Mr. Leckie）[45] ……私は少年裁判所の管轄を16歳から17歳未満に引き上げることに全く賛成です……。刑事責任年齢を7歳から8歳に引き上げることにも賛成しますが，さらに引き上げたいとするデイビス議員ほどまでは考えていません。児童は昔よりもはるかに早熟です。今は保育園や幼児学校があり，教育活動に携わった私の経験からすると，5歳や6歳の児童は，われわれが10歳や11歳であった頃よりもはるかに知識があります。7歳や8歳の児童は，12歳の児童と同じように，善悪の分別力を完全に持っています。

ラムズボサム教育院政務次官（The Parliamentary Secretary to the Board of Education, Mr. Ramsbotham）[46] ……16歳から17歳の少年は，あまり成熟していません。その年齢の少年を知る人は，彼らがある程度成熟しているとまでは言いにくいでしょう。

---

[44] 261 H.C. Deb. 5 s., cols. 1197-1200.

[45] 261 H.C. Deb. 5 s., cols. 1223-1224.

[46] 261 H.C. Deb. 5 s., col. 1243.

72 第 4 章 20 世紀前半における児童の環境と刑事責任年齢の議論

その年齢は，諸外国では 18 歳未満ですが，われわれは 17 歳未満を採用することに決めました。……

少年裁判所の管轄年齢を 17 歳未満に引き上げる政府案は認められ，委員会審議に移された。

(2) 1932 年 5 月 12 日　下院委員会報告修正審議

グリーブズ＝ロード議員 (Sir Greaves-Lord) は，少年裁判所の対象年齢を 16 歳未満に修正するよう提案した上で，次のように述べた。

グリーブズ＝ロード議員[47] ……年齢は，未成熟な者と成熟した者との境界線を固定する独断的手段であり，常にそうでなければなりません。その年齢をあまり高くすると，結果的に希望する境界線の特色を完全に壊すことになります。もちろん，バランスや成熟性の問題はありますが，誰しも今の時代なら，16 歳未満の多くの少年が成熟していると分かっていますし，彼らが警察裁判所によって悪い影響を受けるかもしれないというデリケートな問題は明らかにないでしょう。一方で，16 歳未満のこの種の問題の大きさは，16 歳未満の全体的な人口の割合と比べれば小さい。もし，1 歳でも引き上げれば，完全に成熟したほとんど全ての若者を抱え込むことになります。……
　成熟した者が少年裁判所の裁判を受けるということは，ほとんど子どもでないような彼らを取り扱うということです。われわれの裁判所の目的は，福祉センターの目的だけではない。少年犯罪者が関係する限り，少年裁判所は，法と秩序に対する健全な敬意を犯罪者に植え付けるべきで，刑事的な性格を持つ犯罪，そして反社会的な全ての犯罪が，あたかも家庭内の問題のように処理されるだけでよいと考える限りは，彼らにそれを植え付けることはできません。……
カダガン議員 (Mr. Cadogan)[48] ……私は，遺憾ながら，極めて多くの 16 歳から 17 歳の若者の精神的な年齢が，肉体的年齢よりも低く，精神的に遅れていると考えています。しかし，彼らは一人前の犯罪をする張本人であるため，少年裁判所にはふさわしくないと考えます。少年裁判所の区域に極めて知能のある若者と幼い児童を一緒にすることがいかに有害であるかは指摘するまでもありません。それは自明のことです。この問題を心理的な面から論じましょう。彼らの大多数は，社会と長期間交わり，幼い年齢で責任を持ち，精神的・肉体的に早く成長し，彼らの本来の状態を完全に知り，経験を通して義務を知るようにもなっています。……
テート議員 (Mrs. Tate)[49] ……16 歳は，イングランド法における明確な境界線であり

---

[47]　265 H.C. Deb. 5 s., cols. 2204-2205.
[48]　265 H.C. Deb. 5 s., col. 2211.

ました。今なおそうです。それは法定上の婚姻年齢です。……

スタンリー内務省次官[50] ……きわめて多くの人が，成長したフーリガンの部類ではなく，今なお未成熟な段階にあるということを認識し，その年齢層がどのくらいいて，その彼らが成熟しているのかどうかを決めなければなりません。……

　結果的にグリーブズ＝ロード議員の修正案は賛成少数で認められなかった。

　次に，ケークウッド議員（Mr. Kirkwood）は，刑事責任年齢を8歳にする案を撤回して14歳に置き換えるよう求め，次のように述べた。

ケークウッド議員[51] ……労働者階級の不遇な幼い児童は，8歳で犯罪者になる可能性があります。…その年齢は早すぎます。彼らは思慮分別の年齢に至っておらず，14歳は，幼い少年少女を犯罪者とするに十分な時期でしょう。

マックガバーン議員（Mr. McGovern）[52] ……私は，われわれの政治的な意見とは別に，人間的な面から，若さによる無思慮でなされた些細なことに対する児童の刑事責任年齢を14歳に引き上げる，この謙虚な要請に賛成できると思います。犯罪をして裁判所に連れられる児童を想像することは悲痛です。……私は，14歳に引き上げるこの極めて謙虚な要請を政府が受け入れるよう望みます。私は，裁判所に出頭する児童が労働者階級であると言いました。なぜなら，そのような児童は，神が彼らを発達させようとする機会に恵まれないような，安アパートや貧民街に群がっているからです。彼らは群がり，機会の欠如を通して，街頭でのサッカー遊びや軽微な犯罪をする，ある種の集団心理を持つようになります。それゆえに，彼らは裁判所に出頭させられることになります。……

スタンリー内務省次官[53] ……この修正を受け入れると，14歳までの児童に関して，……彼が軽微な犯罪者の中に位置しようとも，あるいは彼が犯罪者としての評判を高めようとも，彼がどんなこととしてもよいことになるでしょうし，彼の再犯を思いとどまらせるには，親のしつけの機会しかなくなるでしょう。閣下が求める修正は，人道的なものとは別です。私は，家庭で受ける3回のげんこつが，少年裁判所のいかなる刑罰よりも厳しいと思いますが，閣下の場合，1回のげんこつすら許されないことになります。……

　　……私は，この種の提案で児童の将来が関係する限り，人道的なものが必要だとに

---

[49]　265 H.C. Deb. 5 s., col. 2215.

[50]　265 H.C. Deb. 5 s., col. 2217.

[51]　265 H.C. Deb. 5 s., col. 2234.

[52]　265 H.C. Deb. 5 s., cols. 2235-2236.

[53]　265 H.C. Deb. 5 s., cols. 2236-2238.

全く考えていません。彼らが14歳まで好きなことを何でもできて，欲しいものを何でも盗み，何でも壊す，それを彼らの父母が懲らしめない限り，誰も彼らにものが言えないと思わせるような教育は適切ではありません。なぜなら，自己の結果にかまわず行動できると覚えてきた彼らが刑法に基づいて社会に責任を負う時期というのが，ちょうどその寛大さがなくなる頃，そして外部の影響を受けやすい人生期だからです。

……この修正を受け入れるならば，いかに矯正を図るものでも，いかに寛大なものでも，国家が何らかの方法で14歳未満の犯罪者を取り扱う機会が奪われることになるでしょう。それは，国家にとって悪いというよりも児童にとって悪いことであり，児童が14歳に到達したらすぐに，今まで覚えてきたことを捨て去らなければならず，彼にとって公正ではありません。

ブライアント議員（Mr. Briant）[54] ……私は，少年が自分のために自分の犯罪の性質を理解すべきであり，何らかの裁判所に出頭させることをためらいません。どこでも人道的な見地に立つ人がいますが，それは児童にとって悲惨なことになる場合があるのです。

マクストン議員（Mr. Maxton）[55] ……内務省次官の答弁は，この国の教育システムを考慮していません。……

私は，悪い性癖をチェックし，正しい方向へ発達させるためには，学校が警察裁判所よりも一層適切な場所だと考えました。内務省次官の答弁は，教育的な発達よりも抑止的な刑罰に関するものです。われわれは，労働者階級の家族の児童が通常の学校を卒業し，学校の影響力が及ばなくなる年齢であるという理由で，あえて14歳を選択しました。私は，内務省次官の答弁に満足できません。この国の教育システムは，犯罪をする児童の問題を完全に取り扱うことができます。単なるあどけないいたずらを超えるような犯罪をする14歳未満の児童はごく少数であり，そのわずかな事件において，彼らを取り扱う人は，警察官ではなく教師であると私は確信します。……

ここで刑事責任年齢の8歳の有効性について採決が行われ，賛成168票，反対6票となり，刑事責任年齢を8歳に引き上げることが可決された[56]。法案は，この日の審議をもって第3読会として下院を通過し，貴族院へ送られた。

貴族院では，1932年5月26日に第2読会が行われた。政府側のスノーデン子爵（Viscount Snowden）は，その法案の説明において，少年裁判所の対象年齢の引き上げについては細かく述べているものの，刑事責任年齢については

---

[54] 265 H.C. Deb. 5 s., col. 2238.
[55] 265 H.C. Deb. 5 s., cols. 2238-2240.
[56] 265 H.C. Deb. 5 s., col. 2240.

単に 8 歳への引き上げに触れただけであった[57]。野党のサンダーソン卿（Lord Sanderson）も刑事責任年齢の引き上げに賛成し，さらに 9 歳への引き上げを提案している[58]。少年裁判所の対象年齢を 17 歳未満に引き上げることについては，17 歳未満の者を扱うことによって少年裁判所の雰囲気が損なわれるとして反対する意見（ロンドン主教）[59]などが見受けられた。

　法案は，1932 年 6 月 9 日に委員会審議に移された。少年裁判所の対象年齢について，16 歳の多くの者が完全に成熟し，性体験を有したり，親になったりすることから，少年にはふさわしくないとして，16 歳以上 17 歳未満の者を少年裁判所の管轄にすることは略式裁判の裁量で決めるという提案（アトキン卿，Lord Atkin）[60]もあったが，拒否されている。

　そして，他の条文案も審議される中で，刑事責任年齢を 8 歳に引き上げることについては議論なく同意されている[61]。第 3 読会の後，下院との修正のやり取りが行われて，1932 年に児童少年法として成立したが，翌年には 18 歳未満の者に関する特定の法令をこの児童少年法に吸収した法案が提出されて成立したため，1933 年の児童少年法として一般的に知られている[62]。

　上記に引用した議会両院の議論の推移を見ると，成熟性に対する認識が刑事責任年齢のキーワードのように思われる。下院では，少年裁判所の管轄に含まれることになった 16 歳の者について，政府側（スタンリー内務省次官）の説明は，1927 年の『少年犯罪者の処遇に関する政府委員会の報告書』の意見を踏襲し，彼らが未成熟であるとした。下院第 2 読会における各議員の少年裁判所や刑事責任年齢に関する発言の多くは，単独の論題ではなく，死刑，むち打ち，児童労働などを織り交ぜたものであったため，それらが改善，すなわち児童少年にとって福祉的な方向へと連動したように思われる。確かに，委員会報告修正審議において，グリーブズ＝ロード議員は今の 16 歳の者が成熟し，彼らを矯正するには不十分として強く反対した。また，カダガン議

---

[57] 84 H.L. Deb. 5 s., col. 455.

[58] 84 H.L. Deb. 5 s., col. 460.

[59] 84 H.L. Deb. 5 s., col. 477.

[60] 84 H.L. Deb. 5 s., cols. 689–690.

[61] 84 H.L. Deb. 5 s., col. 731.

[62] 1933 年の児童少年法第 50 条「8 歳未満のいかなる児童も，犯罪によって有罪にならないと決定的に推定される。」

員は 16 歳の精神的年齢が遅れているとしつつも，彼らが社会的経験で知識を多く習得して善悪を認識できるから少年裁判所にはふさわしくないとし，テート議員は婚姻年齢の基準線であることを理由に，それぞれ反対もしくは否定的な意見を述べた。しかし，その年齢基準を 16 歳未満に戻す修正案は拒否されており，16 歳の者に対する未成熟性の認識は，一定の理解が得られていたと言えよう。

　とはいえ，その 17 歳未満という年齢が選ばれた理由については，具体性に欠けるように思われる。まず，1927 年の報告書は，「16 歳の少年が未熟であり，彼らと 16 歳未満の者にほとんど差異はない」としながらも「その年齢を 18 歳に引き上げることは，従来扱わなかったような多くの凶悪な犯罪を少年裁判所が扱うことによる影響がある」として，18 歳未満への引き上げには消極的である。そして精神年齢を基準にすることは困難だと結論付けているが，17 歳はグレーゾーンになるのであろうか。実際のところは「17 歳未満」で固定化されており，たとえば犯罪の凶悪性について 16 歳と 17 歳に劇的な変化があることは示されていない。

　報告書を受けた下院第 2 読会での政府の説明も同様であり，ラムズボサム教育院政務次官の 16 歳から 17 歳の少年が未成熟であるという発言は，主観的な判断によるものであった。また野党のデイビス議員は，平均寿命が延びたことを理由に挙げて，引き上げに賛成している。つまるところ，これらも主観的な判断によるものである。これは刑事責任年齢の議論にも当てはまる。まず報告書による引き上げの理由は，「児童の犯罪に対する社会全体の姿勢は，それ以来大きく変わっている」という抽象的なものであった。そして「刑事責任年齢を引き上げる時期が来たと考え」た動機に基づき，「それを 8 歳にしても差し支えないと考え」たのである。9 歳への引き上げに慎重なレッキー議員は「教育活動に携わった私の経験」に基づいて「7 歳や 8 歳の児童は，12 歳の児童と同じように，善悪の分別力を完全に持って」いるとしているが，これも個人的な見解の域にとどまっている。

　一方で，ケークウッド，マックガバーン両議員は，14 歳未満への引き上げを提案している。14 歳は，古くから人生における節目の年齢として位置付けられ，肉体的な成熟期にも由来する年齢であるから，その点では比較的合理

的な意見であろう。ただし，年齢引き上げの理由は，労働者階級の児童少年の不遇な生活環境であり，それゆえに犯罪が発生するというものであった。彼らにとって刑事責任年齢の引き上げは，不遇な児童少年を救済するための有力な方法であり，低い刑事責任年齢が社会問題の原因のひとつとして捉えられたのであろう。

これに対してスタンリー内務省次官は，「国家が何らかの方法で14歳未満の犯罪者を取り扱う機会が奪われる」として反対している。内務省次官のこの発言に対し，マクストン議員は14歳未満への引き上げを支持したが，彼の理由は，14歳が労働者階級の学校の卒業年齢であるというもので，これに児童期と学校制度の確立からの視点によるものと考えれば合理的なものであろう。

貴族院における少年裁判所の管轄年齢や刑事責任年齢の議論は，下院ほど多くはなかった。前者については，アトキン卿が16歳の多くが成熟しているとの認識が示された程度で，後者については，サンダーソン卿が9歳への引き上げを勧めたこと以外に特に議論もなく，委員会審議も通過した。法案の審議自体がいい加減であったわけではなく，他の議題の審議に長い時間が費やされたのであって，審議の過程から考えると，貴族院においては，福祉的な意義で両者の年齢を1年引き上げる合意ができていたと考えられる。

長い歴史を有した7歳の刑事責任年齢は，ここにおいて8歳に引き上げられたが，その変更に関する議論は激しいものではなかったように思われる。少年裁判所の管轄年齢の引き上げの理由は，16歳が成熟しているかどうかに関するものが多かったが，それに比べて刑事責任年齢の引き上げの理由は，成熟性よりも不遇な社会にある労働者階級の子どもに着目したものが主であり，議論は短いものであった。このことから，当時の刑事責任年齢の引き上げは，社会問題への対処の一環としてなされたものであり，子どもを取り巻く環境が悪化しているという認識が一般化していたことの表れではないかと推察できるのである。それは，法案審議において，例えば児童労働に関する問題が長く議論されたことともつながり，8歳の児童も，16歳の少年も，不遇な社会環境の影響を受けたために，十分な道徳や社会的な規律を身に付けることができず，逸脱的な行動をすると考えられたのであろう。そのような

彼らを救済するために，刑事責任年齢の引き上げのみならず，児童労働の制限，少年裁判所の改革なども連動させ，総合的に福祉的な方向へ変更しようとしたものと思われる。

5　小　括

　20世紀に入り，イギリスの社会は産業化と資本主義経済の構造を加速させた一方で，都市問題や貧困問題などを悪化させ，社会的秩序は不安定な状況であった。すでに19世紀から児童少年に対する官民の救済策が打ち出され，1908年には児童憲章とも呼ばれる児童法が成立し，一層その姿勢は明確になったが，特に労働者階級の子どもが置かれた環境は十分に改善されなかったのであろう。そこに第一次世界大戦による家族の混乱と社会の不安定さが加わったために，1908年の児童法を抜本的に変更するような大幅な改革が必要とされた。1933年の児童少年法は，刑事責任年齢と少年裁判所の管轄年齢を引き上げることで，幼い児童の犯罪者化を抑止するとともに，子どもの解釈を拡大し，犯罪や非行をする児童少年を少年裁判所の管理下に置くことで，彼らを逸脱させず，彼らに社会的な規律を身に付けさせることを目標としたのであろう。

　このような大改革により，刑事責任年齢の検討は，身体的成長の節目に由来するものから社会問題の政策のひとつに含まれる形になり，子どもに対する解釈・見方も同様になったと思われる。そしてそれは，社会政策を理由とした刑事責任年齢の恣意的な操作の可能性も生んだ一方で，家庭環境の悪化，宗教が担保してきた社会的規範の衰退，そして青少年独自の行動様式の発達に伴う価値観の多様化などによる必然的な結果であったとも思われるのである。

　刑事責任年齢と少年裁判所の管轄年齢の引き上げを行った1933年法であるが，この他の大きな特徴として，非行児童や養育放棄された児童の保護と地方の教育当局との関係を緊密にしたことと，養育放棄された児童の保護を貧民法（Poor Law）から除外したことが挙げられている[63]。また，同法では少年を犯罪者，養育放棄された者，そして犯罪被害者という3つのカテゴリーに

ついて，いくつか差異はあるものの，それらの共通性が強調されたのである[64]。少年裁判所は，恵まれない児童も非行の児童も全てを管轄として，従来の個別的な措置と連携するようになった[65]。そこでの心理学的なアプローチは，家族内の関係と責務を指導することを通して家族を効果的に管理するという目的のために，非行と不遇な環境を結びつけるというものであった[66]。そして犯罪者でなくとも，一般的な少年が非行者や犯罪者を生む社会集団に存在していることから，裁判所は「反社会的」な行動を含む，将来的な犯罪性を防止する存在になった[67]。ただし，この1933年法については，犯罪者と非犯罪者を少年裁判所が同様に扱う姿勢を打ち出したため，刑事裁判所と児童福祉の考えが論理的に両立せず，少年裁判所の組織と矛盾するという指摘がなされている[68]。その矛盾する目的と期待により，少年裁判所は発展の初期段階から悩むことになり，1960年代まで盛んに批判されることになったという[69]。

　既述した通り，1908年の児童法を出発点とする少年裁判所は，成人の裁判とは異なる手続で幅広い処分を行ったが，本質的には刑事裁判所のままであった。そもそもそれは，通常の刑事裁判所から派生させたものとして位置付けられ，根源から全く独立して設置されたものではない。成人に比して寛大な処分と幅広い処分によって，保護・監督を要する児童と少年犯罪者をそれぞれ更生させるものであり，その主軸は，やはり法と秩序への順応であったと考えられる。しかしながら，1908年の児童法の施行後も，都市問題と資本主義経済の発達による劣悪な環境は改善されず，第一次世界大戦へ突入した。そのために社会は一層混迷し，子どもは一層不遇な立場へと追いやられたのである。そして彼らの多くは社会から逸脱した独自の行動様式を形成した。そのような中で福祉的な対応も必要になったことから，1908年法に基づく少年裁判所を1933年法で児童の環境改善のために改正したという経緯が

---

[63]　Hendrick（1994）, op. cit., p. 183.

[64]　Hendrick（1994）, op. cit., p. 186.

[65]　Hendrick（1994）, op. cit., p. 187.

[66]　Hendrick（1994）, op. cit., p. 187.

[67]　Hendrick（1994）, op. cit., p. 187.

[68]　Morris（1976）, op. cit., pp. 21-22.

[69]　Morris（1976）, op. cit., p. 22.

考えられるのである。このことは，そもそも刑事的な性質を持っていた少年裁判所に対して，社会状況の変化に基づく福祉的な存在意義が追加されたと考えられる。しかしながら，独自の福祉的な機関を設置せずに，少年裁判所に様々な機能を持たせたことは，「矛盾」といわれる構造上の悩みを抱える原因になったのである。

　犯罪の有無に関わらず，社会が不遇な状況に追いやった児童少年に対して，国家がある程度親代わりになって予防的な措置を行うという目的から見ると，刑事責任年齢の引き上げは時代的な要請であったと思われる。1933年法は，画期的な変化をもたらす，大きな節目となるものであったが，これ以降の刑事責任年齢の妥当性の評価は，生物学的な成熟期や宗教的な人生上の節目から離れて，政治主導で社会問題と一体的になされる結果をもたらすと推測できるのである。

第5章　戦後における児童の社会的環境とサブカルチャーの出現

1　1940年代後期から50年代における児童を取り巻く環境

　1933年の児童少年法は，児童少年にとっておおむね福祉的な方向で施行され，長らく定着していた刑事責任年齢も引き上げられた。それは，産業革命期以降発生している社会問題への対策とそれに伴う国家の介入として考えられる。ただし，刑事責任年齢の引き上げは結果的に1歳に留まる慎重さを見せ，児童に対する社会的な救済を打ち出しながらも本質的には秩序の維持を重視する姿勢が伺われた。

　この後イギリスは第二次世界大戦に突入し，結果的に戦勝国になったものの，他国同様大きな戦災を受けて国家は疲弊した。すなわち，社会の混迷は一層深刻かつ長期的になり，さまざまな制度が良くも悪くもその影響を受けざるを得なかったのである。その中には刑事責任年齢をさらに改正するという議論も含まれた。そこで，戦後の議会において刑事責任年齢がどのような影響を受け，どのような議論を経て変化したかを検討するに際し，1940年代の児童を取り巻く政治や社会の変化について若干触れることにする。

　1930年代の議論は，少年を刑務所から引き離して，より適切な非施設的代替策を用意するというものであり，当時の保守党政府の内務大臣は，後に規律,重労働,軍隊様式を重視する拘禁的施設である短期収容所(detention centre)として知られる施設の設置案を拒否した[1]。しかし，1940年代になると，戦時中の影響（爆撃，地下鉄駅での寝泊まり，避難問題，家庭の貧困など）が認識されているにもかかわらず，政府は刑罰を主張するようになり，1948年に労働党政府の内務大臣は短期収容所の考えを認めたという[2]。

---

[1]　L. Gelsthorpe and A. Morris, "Juvenile Justice 1945-1992." The Oxford Handbook of Criminology, edited by M. Maguire, R. Morgan and R. Reiner, 1994, p. 954.

82　第5章　戦後における児童の社会的環境とサブカルチャーの出現

　そもそも第二次世界大戦直後の社会状況については，戦災からの復興再建を目標に，社会内のほとんど全ての資源を国家が管理する体制であった。M. ライアン（M. Ryan）によれば，1945 年に政権の座に就いた労働党は，戦争で疲弊した経済と社会を再建しようとしたが，その再建の中心は，大規模な国有化・公有化であったという[3]。それは，労働党政府が長期的な視野で福祉国家の強化に着手したということであり，貧困や疾病に対する強力な政策が必要だと考えられたのである[4]。中央集権的国家の拡大も含め，このような変革のいくつかは，当時の議会で激しい抵抗に遭遇したが，結果として 1951 年に保守党政権になった時にごく一部が拒否されたことを除けば，地方政府を強化させるような重大なものはなかったといわれている[5]。当時の保守党政府は，1951 年から 64 年の 13 年間にイギリス産業連盟（CBI）や労働組合会議（TUC）と連携して，中央から経済を運営しようと一層組合的なアプローチを行ったという[6]。

　戦後の刑事司法政策に対する革新的な解釈は，刑罰的制裁を受ける人も貧困などで苦しんでいるという認識であって，犯罪者に必要なものは，刑罰よりも福祉的な支援であるというものであった[7]。戦後直後の労働党政府は，経済の運営と刑事司法政策，特に刑罰政策を徹底的に見直すための保健・教育事業の改革を強力に推進したという[8]。

　このように第二次世界大戦直後のイギリス政府は，社会に積極的に関与する体制であったが，M. カーティス（M. Curtis）が委員長を務めた，1946 年刊行の『児童保護委員会報告書（Report of the Care of Children Committee)[9]』もまた同様であった。すでに政府は，戦災孤児の問題，公的機関による児童保護，孤児やその他恵まれない児童を救済する社会運動などを認識しており，その結

---

[2]　Gelsthorpe and Morris, op. cit., p. 954.

[3]　M. Ryan, Penal Policy and Political Culture in England and Wales, Four Essays on Policy and Process, 2003, p. 13. Godfrey and Lawrence, op. cit., p. 139.

[4]　Ryan, op. cit., p. 13.

[5]　Ryan, op. cit., p. 13.

[6]　Ryan, op. cit., p. 13.

[7]　Ryan, op. cit., p. 14.

[8]　Ryan, op. cit., p. 14.

[9]　H.M.S.O., Report of the Care of Children Committee, Cmd. 6922, 1946. 以降，Curtis Report と略す。

果としてカーティス委員会が設置された[10]。カーティス委員会は,「最悪なことに,個人の利益や個人への配慮に関する用意が全くできていないことが多い[11]」と指摘したのである。そして,標準的な親の愛情から得る心理的・物理的利益を代用的な家庭が用意すること,個人的連携を構築するための児童保護の枢軸になる児童係官(Children's Officer)の任命,そして任意団体の施設運営に対する国家の管理監督(基準を満たさなければ施設は閉鎖される)などが勧告された[12]。

このように,カーティス委員会の報告書は,児童保護の分野において,戦災からの復興を目指すものであった。すなわちそれは,不遇な児童を国家が親代わりに一元的に管理しつつも,例えば児童係官が児童個人に親身な対応をしたり,任意団体による保護のばらつきをなくしたりして,問題を抱える児童に対処しようとしたのである。この姿勢は,児童の問題の多くが社会の問題に起因するという視点によるものであり,刑事責任年齢に関する記述においても現れている[13]。

　　……当委員会は,年少の児童,たとえば12歳未満の児童については,観護所(リマンド・ホーム,remand home)のようなレセプション・ホーム(reception home)を利用することが求められていると考える。当委員会は,少年裁判所によって拘置される年長の児童が常習的な非行の性格を有するために,別の種類の施設が必要になるかもしれないと認識しているが,そうでないとしても,(例えば彼が学校をずる休みしたり,言うことを聞かなかったり,または泥棒を働いたことによって)自己の腕白さを理由に保護が必要な児童と,養育放棄のために保護が必要な児童との区別をすることは難しいと確信する。少年裁判所は,後日この両者に異なる処遇を与えることができるし,劣悪な家庭から引き離された児童はもちろん,年少の「非行者」に対しても,新しい環境における善良な家庭の状況が最善の処遇という意見を採ることができる。両者を同じ担当局(当委員会の提案ではその分野の児童委員会)の保護下に置くこともできる。いずれの場合も当委員会は,決定を待つ間,当該児童をレセプション・ホームの他の児童と一緒にせず,熟練した観察者による報告が必要であると考える。犯罪をして訴追される児童の年齢(8歳)については,あまりに低いことに注意すべきである。もし

---

[10]　S. M. Cretney, "The State as a Parent : The Children Act 1948 in Retrospect," The Law Quarterly Review, vol. 114, 1998, pp. 420-421.

[11]　Curtis Report, op. cit., para.155.

[12]　Curtis Report, op. cit., paras. 441-446 and 433. Cretney, op. cit., pp. 434-439.

[13]　Curtis Report, op. cit., para. 483.

84　第5章　戦後における児童の社会的環境とサブカルチャーの出現

それが（たとえば12歳に）引き上げられるならば，自己の保護のために，もしくは他の児童の保護の必要性とは別の方法で社会を保護するために，家庭から引き離された幼い「非行者」を取り扱うことに疑問の余地はなくなるであろう。実際，彼らは犯罪の責任を負うことができないような保護が必要な児童であるといえる。……

　委員会は，非行をした児童と養育放棄された児童の原因が，戦災と戦後の社会の混乱によるものであって，両者の区別が困難であるから，彼らに善良な家庭生活を用意したり，彼らを公的機関の保護下に置いたりすることなどを勧めている。しかしながら，当時の刑事責任年齢は8歳であり，委員会は，保護される立場の幼い児童が犯罪者になり得るという矛盾に気付いたのであろう。8歳の刑事責任年齢を低すぎると指摘し，例として12歳への引き上げによる対策を勧めている。ただし，その引き上げの年齢は例示であり，根拠を伴う具体的な年齢は示されなかった。

　非行をした児童と恵まれない児童との同一化は，彼らの行為が社会的要因によるものであるために彼らを非難できないことの表れであるだろう。ここにおいて，それらの責任と非難は発信者を含む社会にあり，その社会を改善させることによって，そのような児童たちは救済され，やがて彼らは社会を改善させる立場になるという循環型の仕組みが存在すると考えられる。

　カーティス委員会の考えは，国家が親になり代わってでも児童を保護し，そのための行政的・社会的システムを構築しようというものであった。このような状況は，1908年の児童法や1933年の児童少年法の時期にも存在し，子どもに着目したシステムは，児童保護の方向で徐々に進化したのである。

　このように考えると，社会が疲弊，混乱の状況にある場合の児童の刑事責任は，保護システムによって軽減されることになり，確実に保護しようとすれば刑事責任年齢を引き上げることで，刑事責任の枠自体から彼らを外すという図式が成立するであろう。これは，都市問題や資本主義経済の発達による社会のひずみ，第一次世界大戦，そして第二次世界大戦におけるそれぞれの社会的混乱に対する，1908年法，1933年法，そしてカーティス報告書に基づく1948年の児童法と呼応していることでも裏付けられるであろう。

　しかしながら，国家管理的で，福祉的な政策が幅広い分野で進められた中で成立した，1948年の児童法と刑事裁判法（Criminal Justice Act）は必ずしも福

祉的なものではなかったようである。例えば刑事裁判法については，死刑や刑務所拘禁を制限する条文[14]がある一方で，14歳以上21歳未満の者を短期収容所（detention centre）に拘禁すること[15]，12歳以上21歳未満の者を短期出頭所（attendance centre）に出頭させること[16]，そして起訴犯罪で有罪宣告を受けた16歳以上21歳未満の者をボースタル式の施設（Borstal institution）に拘禁し，訓練を受けさせること[17]などの条文が置かれた。これらは革新的な措置には程遠く，処罰的政策の継続を示していた[18]。この点については，犯罪者の全て（もしくは大部分）が不遇な環境の被害者であると確信できる証拠がなかったためであるといわれている[19]。それゆえに，当時の世論が犯罪者への福祉を必ずしも重要だと考えていたわけではなく，貧困者や病人に対する福祉は当然としても，刑罰に福祉を結びつけることには，しばしば論争が起こったという指摘がある[20]。

　さらに1948年の児童法について，H. ヘンドリック（H. Hendrick）は，その後の児童保護が全体的に充実したものの，それは少年非行の悪化に対する不安の増大によってすぐに崩壊したとしている[21]。児童保護における予防の考えは，恵まれない環境にあるとされた非行少年から社会を守る上で，その見直しを迫られたのである[22]。つまり，1920年代や1930年代における不良（depravation）と貧困（deprivation）との関連性が再び注目されたのである[23]。

　以上のことから，第一次大戦の影響に引き続き，第二次大戦の戦災による社会的な疲弊や経済状況の混乱によって，子どもの周辺環境はさらに悪化するとともに，彼らの規範意識も希薄になった。それらの要因によって，独自の文化が形成される一方，社会からは異質に扱われた。したがって，彼らを社会に順応させる対策として，例えば1948年の刑事裁判法には制裁的な要

---

[14]　The Criminal Justice Act 1948, ss. 16-17.
[15]　The Criminal Justice Act 1948, s. 18.
[16]　The Criminal Justice Act 1948, s. 19.
[17]　The Criminal Justice Act 1948, s. 20.
[18]　Ryan, op. cit., p. 14.
[19]　Ryan, op. cit., p. 15.
[20]　Ryan, op. cit., p. 15.
[21]　H. Hendrick, Child Welfare, England 1872-1989, 1994, p. 222.
[22]　Hendrick（1994）, op. cit., p. 222.
[23]　Hendrick（1994）, op. cit., p. 222.

素が存在し，児童法についても，少年非行の悪化によって，福祉的な期待は消失した。しかしながら，社会は1933年の児童少年法の背景にならって，子どもの行動様式や規範意識を管理するために，犯罪と貧困の問題を関連付けた包括的な対策を選択したと考えられるのである。この姿勢は，彼らに対する刑事責任の評価にも影響し，刑事責任年齢をさらに引き上げようとする状況に至ったと思われる。

　刑事司法制度をこのような福祉的な方向で改正することによって，子どもが規範を遵守する善良な方向へ発展できる仕組みが求められた。そして，社会は戦後の平和を享受して復興し，次第に豊かになった一方で，価値観が多様化し，余暇を楽しむ消費社会が到来したのである。次に戦後の青少年の行動様式や文化について触れることにする。

2　戦後のサブカルチャーの拡大

(1) 戦後のサブカルチャー

　産業革命以後の社会的変化によって，子どもの立場と周辺環境は劇的に変化した。そもそも従来は，家長の支配に属する子どもと年季奉公のシステムが一般的であったが，次第に学校制度が整備されるとともに，年季奉公が衰退して，子どもを家庭に留まらせて養育するシステムに変わった。そして，学校の教育制度が定着したことで，年齢による区分が重視されるようになり，年齢に基づく，大人とは異質な児童期が認識されるに至った。さらに，その産業化による社会変化は，特に労働者階級における工場勤務の一般化をもたらしたが，幼い年齢からの労働もまた一般的にした。とはいえ，その労働環境は劣悪なものであった。これらのことは，家庭を中心にした生活や家族の結束力を揺るがす要因になったといえるであろう。

　さらに，従来は絶対的な存在であった宗教（キリスト教）の影響力の低下も，家庭や家族を大きく変化させたといえるであろう。法律や社会的規範について，近代以前は各地域の領主や教会が中心になり，家長などの有力者を通して子どもまで強力に浸透させることができたであろうが，社会的な変化と宗教の衰退は，子どもに社会的規範を示す機会を減少させ，価値観の多様化を

もたらしたと考えられる。

第二次世界大戦後の政府の大きな課題は，経済的・社会的な疲弊を回復させることであった。それは絶対的で最優先すべきものであったから，与野党は政策論争によって政治に遅滞を生じさせることは極力回避させなければならなかった。これは，政治的な相違を限定したバツケリズム（Butskellism）として知られる政策的な一致であり，犯罪に関する問題や刑事司法は目立たないもの，特に注意を払う必要がないものとして，1945年から1959年の間の5回の総選挙では大きな存在ではなかったという[24]。その代わり，科学者や専門家——社会経済計画担当者，研究者，ソーシャル＝ワーカー，教員——が国家を支援するために多大な努力をしたことによって，バツケリズムに基づく国家的計画は進んだのである[25]。

バツケリズムによる政策が進められる中では，戦災による孤児や崩壊した家庭の影響を受けた子どもたちは当然救済の対象として扱われ，彼らの逸脱した行動も戦争を原因とするものとして保護的な方向で対処された。終戦と福祉国家の到来によって，犯罪は戦前の水準に戻るであろうという期待もあった[26]。それは，バツケリズムによる政策の時期であり，配給制と賃金制限によって消費が抑えられていた時期であったが，結局は楽観主義と富の増加をもたらした時期でもあったという[27]。

このことは，不遇な子どもに対する救済が主に生活面を中心とするものであり，社会的規範を彼らに教育するなどの内面の救済が後手に回ったことを暗示しているように思われる。確かに，復興優先の社会において，衣食住にわたる生活の安定が第一になることは必然的であろう。逸脱した行動をする子どもたちの福祉的な救済について，国家が特別な施設などに標準的で善良な家庭環境を用意する場合でも，その第一は健全な生活を用意することであった。それらの部分は，国家が親の立場に代わって行うことになるが，結

---

[24] D. Downes and R. Morgan, 'No Turning Back : the Politics of Law and Order into the Millennium,' edited by M. Maguire, R. Morgan and R. Reiner, The Oxford Handbook of Criminology, 2007, p. 203.

[25] T. Newburn, 'Youth, Crime, and Justice,' edited by M. Maguire, R. Morgan and R. Reiner The Oxford Handbook of Criminology, 1997, p. 617.

[26] Newburn（1997）, op. cit., p. 617.

[27] Newburn（1997）, op. cit., p. 617.

88　第5章　戦後における児童の社会的環境とサブカルチャーの出現

局のところ，実際の家庭生活と親の愛情に匹敵する状態を用意することは非常に困難であるように思われる。一方，当時の親の立場においても，戦争の影響を受けて，精神的，肉体的，経済的に苦境の時期であり，社会的規範の再学習よりも生活の維持を優先したことであろう。

したがって，政府はバツケリズムの政策が復興に大きく貢献して，社会が安定し始めた頃を見計らって，素早く社会的規範の確立を唱え，実行する必要があった。しかし，現実は少年犯罪の増加が勝ったことで，子どもに対する社会の見方は，戦災による哀れな子羊から，社会を脅かす狼のような存在へと徐々にシフトしたと考えられる。

例えば，1952年12月のタイムズ紙は，「少年犯罪─主な原因は不幸な家庭」と題して少年非行を嘆く記事を掲載している[28]。

　　非行の主な要因のひとつに恵まれない家庭生活があることは，今や一般的に認められている。不幸な家庭の存在は必ずしも非行の原因にはならず，他にも有力な原因があるものの，それは多くの非行に共通した原因である。
　　非行研究の範囲は幅広く，かなりの分野が未だ研究されていないが，ある一般的な様相は明確になっている。家族の生活や親の影響力は衰退している。両親が自分の子どもを教育する責務を理解しているようには思われない時がある。
　　児童を教育する力は衰退している。法に対する従順や敬意は失われている。警察の過労によって犯罪が見逃されているケースは増えている。
　　一般的に社会の道徳的規範が低くなっている。教会の影響力は衰え，道徳的教訓は不足している。非行者の多くは教育的に標準以下であるが，彼らのための特別な寄宿学校は不足している。年長児童の経済的窮状は深刻になっているであろう。
　　非行がピークに達する年齢は，13歳から14歳である。彼らの年齢別の人数の割合として，起訴犯罪で有罪宣告を受けた14歳は，全体の人数の中で最も犯罪的な年齢を表している。1歳かそれよりも年上の者と親しくし，まだ通学中のような14歳の男子や働いている14歳の男子は，タバコや娯楽の小遣い銭を欲しがっている。一度働きに出ても，稼ぎはごくわずかであり，彼らは15歳，16歳になるにつれて，地域社会における遵法集団の一人となるのである。
　　このような原因の影響は，犯罪統計に反映される。1951年では，人数において全ての若年層は減少したが，起訴犯罪で有罪宣告を受けた人数は，1938年以来，大幅に増加している。1951年のイングランド及びウェールズにおける8歳から14歳未満の集団では，1938年の1万4724人に比べて，2万6561人が有罪宣告を受けた。

---

[28]　The Times, 8 December 1952.

2 戦後のサブカルチャーの拡大　　89

　記事は，少年非行が増加した要因として，必然的ではないとしながらも家庭生活の欠陥を挙げ，家族や親の影響力の低下を指摘する。そして，家族，親子関係の希薄化とそれによる遵法精神の低下が，少年非行の増加をもたらし，社会一般の道徳的規範の低下と教会の影響力の衰退がそれに追い打ちをかけていると思われる。その結果，14 歳未満で有罪宣告を受けた人数は，1938 年と比較して倍増したとしている。この記事は，1950 年代の社会が子どもに対して不安を抱き，家庭の管理能力の低下に対処しきれていないことを示す一例であろう。

　ところで，戦後の復興政策の進行と並行して，富の増加による経済的，時間的な余裕の発生とメディアの発達は，特に青少年グループのサブカルチャー（非行下位文化，subculture）を発達させた。彼らの関心は，消費社会の流れに従った価値観，メディアを通じたファッション，音楽，快楽を追求する生活，そして社会に対する反抗（あるいは拒絶）などに広がり，その多くが，反道徳的・反社会的な価値観や行動であるため，容易に犯罪につながったといえるであろう。一方，大人の社会においても，主流の文化や価値観を守るべく，サブカルチャーを異質なものとしなければならなかった。ここにおいて，両者の関係は反抗し合うものになったといえるであろう。この両者の関係の変化は，少年犯罪者に対する刑事責任の評価を一層厳しくする大きな要因になり得るのである。ここで，サブカルチャーとは具体的にどのようなものであるのかについて述べることにする。

(2)　第二次世界大戦後のサブカルチャー

　既述したように，イギリスにおける青少年のサブカルチャーは，現代特有のものではなく，産業革命の時期にその萌芽を求めることができる。それは都市問題と資本主義経済の進行によって，子どもが不遇・劣悪な環境に置かれたことで次第に定着し，具体化したのである。さらに，学校教育のシステムが発達したことは，年齢による子どもの時期の細分化をもたらし，その中で児童や青少年の時期が明確になり，特に青少年の逸脱的行動が問題視されたのである[29]。すなわち，サブカルチャーは，都市問題，資本主義経済，学校教育の３者による副産物であったといえるであろう。ただし，子どもが青少

90 第5章 戦後における児童の社会的環境とサブカルチャーの出現

年の時期になると必ず逸脱するというわけではなく，サブカルチャー自体が全て反社会的な内容であるとは限らない。彼らの周辺にあるさまざまな環境的な要因が作用することで，彼らがそれに魅力を抱き，一部において反社会的・犯罪的な行動と結びつきやすくなる構造であると考えられる。

　サブカルチャーの発生以降，特に青少年の逸脱的行動が目立つようになってから，社会はそれを都市問題の悪化と資本主義社会の発展における負の産物として捉えていた。そこで，刑事司法制度において彼らを成人の刑罰の厳しさからある程度解放して，その代りに専門の施設などで矯正させる方法が用意された。これは，社会や経済の発展のひずみとして，子どもが不遇な立場に追いやられ，その結果として逸脱的行動が発生したと捉えるものであった。したがって，そのような逸脱的行動に対しては特別に配慮し，非行や犯罪に分類されるような行為についても，彼らをある程度刑罰で対処せずに，社会にも責任があるとして矯正教育に転換させて対処するか，処分自体を免除する構造になったと考えられる。しかもその構造には，コモン・ロー上の責任無能力の推定のシステムが加わり，14歳未満の者の非行や犯罪については，いくぶん有利であった。19世紀以降盛んになった，子どもに対する特別な司法手続や処遇，そして1908年の児童法などの児童少年関係の法制度を見ると，このような構造は福祉的もしくは保護的なアプローチという位置づけであったといえるであろう。ただし，社会は，彼らの行動様式やサブカルチャーの価値観を認めるというものではなく，一般社会の文化と社会的規範を遵守するよう彼らを指導することが狙いであったと思われる。それは，大

---

[29]　サブカルチャーの歴史については，例えば，M. Brake, Comparative Youth Culture, the Sociology of Youth Cultures and Youth Subcultures in America, Britain and Canada, 1985, p. 21 and pp. 74-80. T. Newburn, 'Youth Crime and Youth Culture,' edited by M. Maguire, R. Morgan and R. Reiner, The Oxford Handbook of Criminology, 2007, pp. 575-576. J. Muncie, Youth & Crime, Third Edition, 2010, pp. 68-69. などを参照されたい。なお，マンシーによれば，「yob」という言葉は，19世紀後期を起源とする boy の逆さ言葉で，都市のスラム街のストリートギャングたちを指すものとして幅広く用いられた。ほとんどの都市には有名なギャング，すなわち，マンチェスターの Ikey Boys, Scuttlers, バーミンガムの Peaky Binders, グラスゴーの Redskins, Beehive, そしてロンドンの Hooligans がいた。フーリガンという言葉は，1898年夏に共通した英語の慣用句に初めて加わったという。1950年代や60年代の teddy boys, mods, skinhead のような言葉は，ロンドンの労働者階級の大衆文化から現れた。フーリガンは，パンタロン式のズボン，カラフルなスカーフ，革のベルト，つま先が金属になっているブーツを着用し，レッドスキンは髪を短く刈り込み，赤いヘッドバンドを着用した。(Muncie, op. cit., pp. 68-69.)。

人の社会における体制と利益の安定に必要なことであり，それらを次世代に引き継ぐうえでも必要な措置であった。

　社会が安定維持を図るために青少年のサブカルチャーを問題視する背景には，本来的な文化や社会的構造に対する異質なものへの拒否反応や社会の正当性の誇示があったと考えられる。そして，特に近代以降の発展は，物流のみならず人の移動も世界的な規模にさせ，それまでの地方出身者が都市に流入することによる都市問題に他国の出身者の流入も加わるようになったことで，問題は一層複雑になった。

　M. ブレイク（M. Brake）は，アメリカのサブカルチャーの背景について，次のように触れている[30]。

- ・複雑な産業化社会が直面した問題は，複数の文化の異なる様式がいかに共存できるかである。文化の複数性は，さまざまな文化的集団が政治的権力に平等にアクセスできるという意味ではなく，文化的パターンを社会に押しつけるという意味でもない。
- ・アメリカのサブカルチャーへの関心は，歴史的にアメリカが移民の労働力の問題に直面した事実から引き出せる。異なる文化的背景を伴い，異なる言語を話し，異なる民族出身という，全く異なる集団は，共通の階級意識を発展させることはなく，支配的なアメリカ人エリート，つまりアングロ・サクソン系プロテスタントの白人は，自分たちの文化を押し付けた。
- ・新しい国で新しいアイデンティティを得たい移民にとって，その文化の多くを吸収することは幸運であったが，後継の世代が構造的な矛盾に直面したことで，低い階級のアメリカ化はできなかった。

　このような構造的な矛盾によって，一般社会の文化を吸収できない青少年は独特な行動様式を生み出し，一方で社会は彼らを問題視するようになったと考えられる。その構造的な矛盾について，ブレイクは，例えば彼らを能力主義的な教育システムの低いクラスに置いたことによって生じたとしている[31]。そして彼らは歴史の特定の時期で起こる職業的，教育的，経済的な変化の衝撃を受けるために，明白に逸脱する性質のほとんどのサブカルチャーは労働者階級にあったという[32]。

---

[30] Brake, op. cit., p. 21.
[31] Brake, op. cit., p. 21.

92　第5章　戦後における児童の社会的環境とサブカルチャーの出現

　このような青少年のサブカルチャーの発生過程は，イギリスにも当てはまるであろう。経済的な面で言えば，伝統的な階級制度による貧富の差及び産業革命による都市問題と資本主義経済のひずみによって，結果的に労働者階級の子どもは不遇な環境に追いやられた。中世と異なり，年齢による学校教育のシステムが確立し，児童少年が奉公に出されずに長く家庭内で養育される時代において，彼らは多くの余暇を得るようになったが，社会的に恵まれない環境が加わると，家庭から離れ，反社会的な行動や犯罪を含む行動，もしくは反抗的なサブカルチャーに陥りやすくなったといえるであろう。とりわけ青春期は，知能の発達とともに，身体的な成熟性も発達させるから，行動力が格段に向上する時期である。したがって，その時期と余暇と社会的に恵まれない環境が重なると，反社会的な行動や犯罪の危険性は一層高まることになると思われる。

　少年犯罪は 1955 年から増加し，青少年は前世代より一層自主性を楽しみ，そのサブカルチャーは階級を超えて，青少年全体から関心を集めたという[33]。これは，社会が少年犯罪と彼らの奇抜なスタイルを重ねたことで，彼らに対する不安を強め，彼らの行動に一層注意するようになったということであろう。ブレイクによれば，労働者階級のサブカルチャーは，学校と働き始めた頃や婚期・成人期になった頃の不安定な合間の短い期間において，労働者階級の若者のすさんだ世界に情熱的な興奮をもたらしたという[34]。一方で，戦前までの主な消費力は 20 歳代以上にあり，支配的な文化から過剰に意識して独立しようとする年齢層はなかった[35]。それが 1945 年から 1950 年の間に経済的・人口統計学的な変化が生じたことで，多くの未婚の 10 歳代（15〜21歳）の平均的な実質賃金が成人の 2 倍になったという[36]。この経済的な余裕は，社会的な連帯感や責務をほとんど伴わない集団を作り，中心的な労働者階級の家族はその拡大を止められなかったといわれている[37]。これは，彼らのス

---

[32]　Brake, op. cit., pp. 21-22.

[33]　Newburn（2007）, op. cit., pp. 577-578.

[34]　Brake, op. cit., p. 22.

[35]　S. Cohen, Folk Devils and Moral Panics, 3rd edition, 2002, p. 150.

[36]　Cohen, op. cit., p. 150.

[37]　Cohen, op. cit., p. 150.

タイルや行動様式が，大人の社会から危険で異質なものとして見られるように
なり，統制などの形で大人が彼らの世界に関与しようとせず，彼らと距離
を置くようになったことを示している。

大人の社会から見た彼らの消費行動について，S. ブラウン（S. Brown）は次
のように述べている[38]。

> 1950 年代までに 10 歳代の可処分所得が上昇したことは，レコード，化粧，衣服，雑
> 誌の市場を巨大化し，若者の間で大衆文化的活動を爆発させた。これは，必然的に若
> 者の生き方，具体的には生活様式に対して大人が注視するきっかけになった。さらに
> この注視によって，若者の「問題」が生まれた。若者は，商業化された「ポップな」文
> 化（おそらくはポップカルチャーのセールスマンによってばらまかれる，理性のない
> 快楽主義的な価値観の軽率な採用と洗脳工作を含んでいるために，問題的だと解釈さ
> れているもの）の受動的な消費者として見なされた。あるいは「スタイル」の演出にお
> いて，若者が商品や商業的サービスを使用することによって，彼らが大衆文化を能動
> 的に構築していると見なされた。それらは，破壊活動（道徳的規律に関する「確立し
> た」（つまり大人の）考えに対する反抗）を含んでいるために，不穏なものであった。

マンシーによれば，街頭で青少年が視覚的に存在することで生じる，彼ら
に対する反社会的行動の不安は，青少年全般に対してではなく，労働者階級
の青少年に対してであったという[39]。この不安には恐怖感も含まれたであろう。

このような彼らのスタイルや行動様式には，次のような分類がなされてい
る。

(a) テッズ

消費者需要の一要因として，そして政治的基調を揺さぶるものとして，若
者の文化の急激な拡大は不安の原因であり続けた[40]。その独特なスタイルや
行動で最初に注目を集めたのは「テッズ（Teds)」のグループであった。ロッ
クンロールが出現し，アヒルの尾のように髪を額の上に固め，ベルベットの
襟があるロング・ジャケット，細長いネクタイ，細長いズボン，スエードの
靴のスタイルが定番であったという[41]。道徳的な不安は，主にロックンロー

---

[38]　S. Brown, Understanding youth and crime, 1998, p. 26.
[39]　Muncie, op. cit., p. 69.
[40]　Ryan, op. cit., p. 45.
[41]　Newburn（2007), op. cit., p. 578.

ル映画で散発する暴力，テッズのグループ同士の抗争，そして 1950 年代後期の，いわゆる「人種暴動」に集中した[42]。しかしながら，性的・犯罪的行動に集中した戦後のイギリス社会における若者の一般的行動，少年非行のイメージ，そして一般化した反抗の形態は密接に絡み合っていた[43]。したがって，テッズは，暴力だけでなく，露骨な性的関心とも結び付けられ，年長の世代を怖がらせたという[44]。

(b) モッズ，ロッカーズ，スキンヘッズ

　白人の労働者階級のサブカルチャーはテッズの後も続き，その進化のスピードは増したといわれている[45]。テッズの後にロンドンで現れた「モッズ(Mods)」は，ぜいたくな衣装を身につけたのに対し，ロッカーズ (Rockers) は，暴力的であった。モッズの文化は，彼ら自身の影響よりも，むしろテレビや雑誌を通じて，1964 年ごろから 1967 年にかけて全国の 10 歳代を熱狂させた[46]。一連の現象は，モラル・パニックを引き起こし，それをメディアがさらに煽動する形になり，大人の社会が抱く彼らのイメージは一層厳しくなった。

　モッズの文化は，メディアによる情報拡散の他に，若いモッズが各地のダンスホールに現れたことで，全国的な動きになったといわれている[47]。彼らの文化は，彼らが知っている地域や集合場所に浸透し，親密な友人関係によって形成されていた[48]。しかし，モッズの文化の地理的な中心は，1964 年までにロンドン郊外から主にイングランド南東の沿岸リゾート地に移ったという[49]。そして 1964 年ごろの沿岸リゾート地のモッズは，今までとは違い，全く文化的なものではなかった[50]。すなわち，社会は，当初モッズとロッカーズを新しい社会的タイプの出現としてではなく，集団行動の特定の出来事における行為者として捉え，その現象は 1964 年から 1966 年のイングランドの海

---

[42]　Newburn（2007），op. cit., p. 578.

[43]　Newburn（2007），op. cit., p. 578.

[44]　Newburn（2007），op. cit., p. 578.

[45]　Newburn（2007），op. cit., p. 578.

[46]　D. Fowler, Youth Culture in Modern Britain, c. 1920-c. 1970, 2008, p. 128.

[47]　Fowler, op. cit., p. 131.

[48]　Fowler, op. cit., p. 136.

[49]　Fowler, op. cit., p. 136.

[50]　Fowler, op. cit., p. 136.

岸リゾート地で定期的に騒動として発生する形になった[51]。モッズとロッカーズの服装やバイクは，最初のうちは伝統的なイングランドの海岸の休日を乱すだけのものと考えられたが，次第に一層破壊的で，邪悪なものを示すと考えられた[52]。そして彼らに対する社会の害毒（folk devils）というイメージは，彼らの出現で連想される多くの極めて視覚的なシナリオ——海水浴場で走り回り，デッキチェアを頭上で振り回し，歩道を走り，道路をスクーターやバイクで走り，海水浴場で寝そべるなどの青少年——と常に結び付けられたという[53]。

　さらに，このような彼らの行動の危険性を大きくさせたのもメディアであった。ブラウンは，次のように述べる[54]。

　　　ニュースは，それぞれスクーターとオートバイの集団として見られていたモッズとロッカーズによる敵対グループとの抗争事件を報じた。つまり，その「ギャングたち」は，地域住民や「無害な」休日の行楽客を意識的に威嚇するものとして，そして周囲に大規模な荒廃と破壊（特に放火）をもたらし，その他の深刻な刑事的損害を引き起こし，武器を使って暴行をするものとして描かれた。メディアは，若者が時間と金をもてあまし，ポピュラー音楽と消費の価値観によって退廃し，野放しでしつけられていないために騒動を引き起こすのだと紹介したのである。

　　　社会は，モッズとロッカーズ（mods'n'rockers）のサブカルチャーが実在し，それが強大なものになり，「何らかの対応をしなければならない」ことを認識した。結果的に警察の監視と逮捕が増加し，裁判所が「新しい」恐怖に怯える事件を処理するという認識が高まったことで，メディアの予言の「正確さ」が証明されることになった。

　メディアがモッズやロッカーズのスタイルと過激な行動を一種の興味本位で報道することは，社会への問題提起の他に，彼らの行為を一層悪化させる危険性を生じさせることになる。さらにはその報道が，彼らに興味を抱く若者の騒動を誘発させることは容易に推定できる。この点，S. コーエン（S. Cohen）は，次のように述べる[55]。

---

[51]　Cohen, op. cit., p. 10.
[52]　Ryan, op. cit., p. 45.
[53]　Cohen, op. cit., p. 10.
[54]　Brown, op. cit., pp. 40-41.
[55]　Cohen, op. cit., pp. 136-137.

96 第5章 戦後における児童の社会的環境とサブカルチャーの出現

　　マス・メディアの累積的な効果は，単に事件を公表前に漏らすよりも，あるいは関係者の注目に応えるよりも，一層潜行的で有力である。マス・コミュニケーションの研究者が未だ完全に理解していない複雑なプロセスによって，1件の単純な報道が，特定の状況において，同種の事件を引き起こす効果を持つ。この効果は，逸脱さの状態というよりも，集団的な妄想や病的興奮などの一時的な熱狂，流行，その他の集団的行動の分野で一層理解でき，より十分に証明される。……
　　1件のニュースを大量に伝達することは，「新しい」大衆（もしくは逸脱者個人）の初期もしくは現在の行動について，素早く，そしてたやすく識別できるシンボルが用いられることによって認識されやすくなり，敵意ある思考の発達を構造的に助けることになるのである。

　文字使用以前の社会では，青春期は児童期の終わりと成人期の始まりを示す儀式によって置き換えられたが，産業社会では，この過渡期は複雑になり，青少年は経済の中枢ではなく，従属的で経済的に不利な存在として孤立するといわれている[56]。彼らの反社会的な行動や犯罪は，その強いアピールであり，サブカルチャーへの共感や社会の文化への反抗は，孤立に対する防衛反応であるかもしれない。ただし，彼らの反社会的な行動や犯罪の多くは，故意的ではあるものの，年齢の若さや社会的経験の少なさゆえの，無思慮で不十分な予見性に基づくものであり，サブカルチャーや同輩集団の中では褒められる行為もあるであろう。ここにおいて社会は，彼らの行動を認めることなく，彼らの行為を危険視し，社会的秩序の維持のためにそれを取り締まる方向に進むものと考えらえる。

　さて，人の移動は，国内のみ，もしくは近隣国に限られていた時代から，植民地拡大の影響，交通手段の発達，政治経済的な事情によって，世界的な規模になり，世界各国からさまざまな人種がイギリスにも流入し，その多くは定住し始めた。したがって，イギリスの労働者階級の中には，他国からの移民が増えるようになり，労働者階級を中心とした社会構造は複雑になった。これは，ひとつの共同体の中に，さらにさまざまな共同体が発生したことになり，それが次第に膨張したといえるであろう。結果的に，社会の価値観は，ひとつの方向に収斂されにくくなり，人種，出身地，生活レベルなどに基づく，多様で独特な価値観や行動様式が共存することになったのである。

---

[56] Brake, op. cit., p. 25.

そのような中で，モッズとロッカーズに続いて 1960 年代後半に現れたのは，スキンヘッズ（skinheads）のサブカルチャーであった。これは最も過激なサブカルチャーとされ，直ちに社会の害毒 ^(フォーク・デビルズ) として扱われた[57]。彼らのスタイルは，ハードなモッズを基礎としており，熱烈なサッカーファンでもある彼らは，観客席でライバルのサポーターに暴力を振るったという[58]。彼らは，伝統的な反動主義的価値観，肉体労働，愛国主義，地域防衛への支持を通じて，ヒッピー，ゲイ，マイノリティを攻撃したという[59]。犯罪や反社会的行動以外の面では，かつて労働に追われていた彼らの世代の多くは，戦後の経済復興により可処分所得が増え，経済的・時間的な余裕が生じた。それにより，彼らは独特な行動様式，ファッション，音楽などを楽しむことができたのである。世論，豊かさ，消費者運動は，金銭，商品，ファッションの浪費という不安を解消するどころか，その逆に，道徳に関する深刻な不安感をもたらしたという[60]。皮肉なことに，そのような豊かさが彼らを危険な存在として扱うようになり，取り締まりの理由になったのである。

1960 年代の青少年の行動様式を見ると，その大部分は労働者階級を起源としたが，60 年代末には自由放任と薬物使用の流行により，社会から完全に敵視された中流階級の反体制文化が活発になったといわれている[61]。これによって，青少年は全体的に問題視されるようになり，社会問題としての青少年に対する司法的な統制が求められたのである。

3　小　括

第二次世界大戦からの復興政策を優先させた 1940 年代後期以降，経済の発展とともに新しい文化，思考，行動様式が現れた。以前からサブカルチャーの主な発生源であった労働者階級の青少年も当然その影響を受け，可処分所

---

[57]　Newburn（2007），op. cit., p. 578.
[58]　Brake, op. cit., pp. 75–76.
[59]　Brake, op. cit., p. 76.
[60]　S. Hall, C. Critcher, T. Jefferson, J. Clarke and B. Roberts, 'Policing the Crisis, Mugging, the State, and Law and Order,' 1978, p. 233.
[61]　Newburn（2007），op. cit., p. 580.

98　第5章　戦後における児童の社会的環境とサブカルチャーの出現

得の増加による独特なスタイルと彼らの余暇に引き起こす騒動は拡大した。戦後のサブカルチャーは，反社会的な行動を除き，そのスタイルや好まれる音楽の分野においては，青少年の全般から注目を浴びて，一種の社会的流行にまで高められ，若年層とサブカルチャーを商機とする産業で一定の理解があったように思われる。その一方で，彼らの反社会的な思考や行動が全国的に報道されるようになり，彼らに対する危機意識もまた広まった。スキンヘッズのサブカルチャーに至っては，1960年代において社会的な恐怖の極致であった。これは，大人の社会と彼らとの距離を遠ざけることになり，社会が彼らの行動様式に対して寛容や同情よりも，嫌悪，敵視の感覚を高め，秩序や道徳の尊重と回復を求める発端になったと思われる。

　これを刑事責任のシステムにあてはめると，彼らの行為に対する社会的非難が強まり，社会的規範の遵守が一層求められ，その範囲は年少者に広まるという傾向が考えられるのである。しかし，そのような社会の厳しい捉え方に対し，政策の面における1960年代の様相は，彼らを保護し，教育することを強く打ち出すものであった。

第6章　1963年の児童少年法の議論

　1960年代の青少年の行動に関する変化やサブカルチャーは，主流の社会に大きな影響を与えたが，主に青少年が各地で起こす騒動や彼らの反体制的で過激な思考は，次第に社会から嫌悪や恐怖の感覚で捉えられるようになった。このような彼らの独特な行動は，反社会的，反道徳的な性質を帯びており，その多くは社会的非難の対象になった。イギリス社会の多数を占める白人のキリスト教徒は，自己の社会や伝統を脅かす存在になった彼らの行動に何らかの対策が必要だと考えたのである。

　そもそも戦災の影響と戦後の混乱によって家庭と社会が複雑化したことは，社会的規範を不明確にさせ，特に労働者階級における規範遵守の意識を薄れさせた。したがって，児童少年に不遇な環境とそれに対応しきれていない社会こそが，彼らを逸脱する方向へ導いているという考えがあった。このことは，資本主義社会の発達によるひずみや第一次世界大戦の影響が児童少年の周辺環境を悪化させ，彼らを堕落させたという理論の仕組みと同じであろう。第二次世界大戦後も同様に，彼らの周辺環境の変化は社会にとって不安材料になった。それが後のサブカルチャーに対する社会の嫌悪感や恐怖感につながったと考えられる。

　すでに1956年には，政府内で少年裁判所などの施設やイングランド及びウェールズの法的な構造について調査する委員会が設置されている。イングレビィー子爵（Viscount Ingleby）を委員長とする「児童少年に関する省内委員会（the Departmental Committee on Children and Young Persons）」は，一般的にイングレビィー委員会と呼ばれており，1960年に報告書[1]を内務省に提出している。ここでは，イングレビィー委員会の勧告を通して，児童少年に対する当時の政府の考え方を考察するものである。

---

[1]　H.M.S.O., Report of the Committee on Children and Young Persons, Cmnd. 1191, 1960. 以下，Ingleby Report として引用する。

1 イングレビィー委員会の報告書

　刑事責任年齢に関して，イングレビィー委員会の報告書の第53パラグラフでは，大きな影響力を持つコモン・ロー上の原理として，責任無能力の推定のルールを挙げている。

　刑事責任年齢に関して「刑事責任の最低年齢」の項目があり，委員会に提出された資料の全てが年齢の引き上げに賛成するものであったとしながらも，年齢が高くなるほど児童の善悪の理解力も高まるから，彼らを許すべきではないという意見があることも併記している[2]。その上で，第79パラグラフは次のように続ける[3]。

> 「罰を受けずに済むこと」と刑罰を受けることの境界線を特定の年齢で決めることは，第53パラグラフで述べたように，コモン・ローにとって不可欠であるが，それはもはや重要ではない。現行法において，人の年齢は，適用される法的手続の種類を決定するものであって，決してあらゆる手続から完全に除外されるものではない。窃盗の場合，8歳未満の児童は起訴されないが，状況によっては，保護・監護の必要性もしくは管理不能（beyond control）の状態にあるとして，彼を裁判所に出頭させることは可能である。8歳以上は起訴され得るが，裁判所や訴訟手続に関する特別な規定が8歳から14歳そして14歳から17歳の段階を管理している。さらに年齢は，裁判所が命じる刑罰やその他の処遇方式を決定する。……多くの国で，「刑事責任年齢」は，人が「普通の」もしくは「完全な」刑罰を受ける年齢を示すものとして用いられている。その意味では，イングランドの刑事責任年齢は明言しづらいが，8歳よりもかなり上であることは確かである。（傍点筆者）

　かつての刑事責任年齢に関する法律は，年齢を基準にして処罰の有無やその寛厳を決定する明確な分岐点であった。すなわち，7歳未満であれば犯罪に問われず，手続から除外されるのが一般的であった。一方で，社会的に不遇な環境の児童や逸脱する児童を救済するのに年齢制限はなく，むしろ幼いほど必要になるという考え方があった。児童に対する国家の介入には，刑事法的な分野において年齢制限があったが，そこに社会的な変化によって福祉

---

[2]　Ingleby Report, op. cit., para. 78.
[3]　Ingleby Report, op. cit., para. 79.

的な介入が生じたのである。そのような介入が伴うことで、厳格な年齢制限の意義は薄れたといえるであろう。19世紀以降、児童に対する福祉的な政策が発達し、コモン・ロー上の刑事責任年齢に関係なく適用可能な手続などが用意されたことで、社会が児童を総合的に救済し、管理することになったと言える。

そうであれば、特徴的な刑事責任年齢のシステムである責任無能力の推定が問題となる。すなわち、責任無能力の推定を覆すには善悪の理解力を示す証拠が必要であったが、そのような善悪の理解力の有無を判断すること自体が、児童を管理する福祉的な政策に反すると考えられたと思われる。イングレビィー報告書では、8歳以上14歳未満の児童の理解力に関して、第81及び82パラグラフで次のように述べている[4]。

> 81. 児童の善悪の理解力に基づいた議論を検討することは一層困難である。児童を取り扱う際にこの概念を当てはめることは極めて難しい。なぜなら、われわれは、児童の身体的な状況のみならず、彼の家族や集団内での評価を含む環境の点から常に彼について考えねばならないからである。環境が異なれば、児童がその理解力を持つようになる年齢も異なるから、固定的な年齢に基づく規則は確実な根拠を持ち得ない。さらに、環境的な要因は、さまざまな指導をもたらすであろう。例えば、11歳の児童は盗むことが悪いと十分に理解できるが、集団での行動には従うであろう。もちろん、児童は2つの対立する価値判断に悩むのが普通である。学校が教える基準を知能的に、そしていくらかは感情的に理解できても、一方で、彼は集団の基準に従って行動するであろう。児童が「善悪を認識する」ことは、成人と同様の理解力に相応するような個人的な責任を有すると見なすことにはならない。……委員会は、半永久的な個人的責任を背負わされる児童を長期的に取り扱う上で役立つような「善悪の認識」を主張をする。
>
> 82. 結論として、児童の保護、統制、教育に関するような裁判所のシステムや法的手続の一部を除いて、刑事責任年齢を定めることはできない。（傍点筆者）

そもそも児童の善悪の理解力を判断することは、内心に立ち入ることであり、常に困難を伴った。古代の法律以来、刑事責任年齢に相当する基準が存在したが、正確な年齢を算定するシステムが発達しなかったため、当時の司法は、暦年齢を基礎にしつつも内心の状況や理解力を探り、処罰の是非を判

---

[4] Ingleby Report, op. cit., paras. 81-82.

断しようとした。その判断の根拠は，言い訳や逃亡などの善悪の理解力を示す証拠であった。

　しかし，都市問題の深刻化，資本主義社会の発達によるひずみ，宗教の衰退，そして戦争による社会の混乱は，社会的規範の影響力の低下や価値観の多様化をもたらした。これらはサブカルチャーの発達と青少年に対する社会的な不安の要因でもある。さらに，国内の人の移動に加えて海外からの移民も増加したことは，価値観のみならず，行動様式も一層多様化し，地域社会に少なからぬ変化を生じさせたと考えられる。これは，ひとつの地域社会に同じ系統や出身地域などでまとまったコミュニティーが複数存在するようになったということである。つまり，ひとつの地域社会でありながら，構成員をまとめるべき規範や価値判断が複数存在するか，主流な規範が不明瞭になったのである。したがって，児童が成長の過程で身に付ける規範は，複雑になり，千差万別という状態になったといえる。このような流れは，イギリスに限らず，世界的な規模となっているであろう。

　この点，第81パラグラフは，「環境が異なれば，児童がその理解力を持つようになる年齢も異なるから，固定的な年齢に基づく規則は確実な根拠を持ち得ない」としており，地域社会の構成と社会的規範が多様化し，年齢で子どもの善悪の理解力を測ることが難しくなったことを反映していると思われる。そして「学校が教える基準」が主流な社会的規範を示すならば，「集団の基準」はもうひとつの，子どもの世界における社会的規範である。この「集団の基準」は，内容によっては社会のものと符合するが，一方で独特なものがある。さらにその中には，反社会的，反道徳的なものであっても，子どもの社会の中で当然なものがある。この複雑さは，特に戦後から顕著になったサブカルチャーが拍車をかけていると思われる。

　第82パラグラフで刑事責任年齢を定めることができないとしたのは，そのような状況で社会の善悪の基準を示す影響力が衰退したことを表しているであろう。このために彼らの反社会的行為について，必ずしも刑事法的問題だけで処理できず，福祉的な問題としても扱う必要性が一層高まったのである。そして，彼らが児童期を過ぎて大人になった際に逸脱しないよう，国家には子どもを総合的に管理する必要性が生じたのである。そのための新しい

対策として，委員会は第89パラグラフで次のように述べる[5]。

89. 保護・監護の必要性がある児童，または学校に行かない児童への対応として，裁判所は次のことを行使できる。すなわち，

(a) 彼を認可学校へ送致する命令，または，

(b) 親戚かどうかを問わず，彼の保護を引き受ける意思があるフィット・パーソン（fit person）に彼の保護を付託すること，または，

(c) 彼の親もしくは保護者に対し，適切な保護・監護を実行する誓約書を提出させる命令，または，

(d) 他の命令を行使することなく，もしくは(b)か(c)の命令に加えて，3年を超えない特定の期間，彼を保護観察官やその他の人物の監督下に置くこと。

　無秩序な児童は，たとえ刑事法上の責任がなくとも，親やその他の機関が機能しない限り，裁判所の処分によって統制される必要がある。委員会は，たとえ無秩序の原因が児童の外部にある要因の直接的な結果としても，そして児童に関する手売が刑事法から分離されているとしても，児童の個人的な責任を高め，両親にそのようにさせる努力が必要だと考える。そこで委員会は，定義の拡大を図るため，保護もしくは教育の必要があると判明した児童に対して，少年裁判所が観護所への収容もしくは短期出頭所への出頭を命ずる権限まで持つべきだと勧告する。（傍点筆者）

　子どもの非行や犯罪を社会的な問題によるものとして捉え，その問題を改善することで非行や犯罪が抑制されるという立場において，行為者に対する社会的非難は，ほとんど社会が社会を非難するに等しいといえるであろう。その立場では，社会的非難を否定しないまでも，社会が行為者のさまざまな分野の状況を見極めて，教育的および総合的な指導によって，彼の誤った行動を改善させることが優先される。そのような対応は，複雑化した社会とそれを統制する政府が成立する正当性を国民に対して示すことでもある。したがって，問題ある子どもを総合的に管理する際に，彼の保護者にその機能が期待できない場合は，それを理由に国家が彼に介入し，主に非刑罰的な何らかの処分を行うことが望まれたのであろう。また，刑事責任年齢を引き上げることによって，ある程度まで刑事責任や刑罰の問題を考慮する必要なく，より一層国家が政策の一環として広範囲に，容易に介入できることが望まれたのであろう。

---

[5]　Ingleby Report, op. cit., para. 89.

104   第6章　1963年の児童少年法の議論

　そして委員会は，刑事責任年齢の固定化の問題に基づき，第93パラグラフで新しい手続の性格を示している[6]。

> 93. 新しい手続における司法制度は，成人の法律とは異なり，「刑事法的」や「民事法的」な分野での仕切りでは十分に説明できない。例えば，盗みをした児童がいて，彼の対応には保護や教育の必要性が明らかにある場合，彼が犯罪をしたから，しつける必要があるのか，または彼が年長者であれば犯罪になるために彼をしつける必要があるのかは，ほとんど用語法の問題である。つまり，刑事責任年齢の問題は，裁判所の管轄を示す最適な方法の問題に過ぎない。刑事責任は，起訴されて刑事裁判所で有罪宣告を受ける義務を示すことが普通だから，委員会の勧告の結果として，刑事責任年齢は12歳に引き上げられるであろうし，新しい手続が拡大すれば，それは13歳や14歳になる可能性もある。ただし，それは決して「放免する」要素ではないことに留意しなければならない。その年齢未満の児童は起訴されず，有罪宣告を受けなくて済むが，なお犯罪をする可能性はある。したがって，法律は，そのような彼を出廷させる新しい方法を定めるであろう。（傍点筆者）

　この段落で言及している12歳の刑事責任年齢が実現すれば，従来の8歳以上14歳未満における責任無能力の推定のシステムは短縮され，ほぼ形骸化される。なぜなら，すでに触れたことではあるが，17世紀のヘイルが具体的に示したように，14歳の成熟年齢に近いほど刑事責任は認められやすくなるからである。そして，14歳に引き上げられれば，成熟年齢と一致するから，基本的に責任無能力の推定を考慮する必要はなくなる。そもそも委員会は，この段落の冒頭にもあるように，刑事法的なシステムという枠組みをできるだけ外して総合的に子どもを取り扱うことを目指したから，刑事法的なシステムのひとつである低い刑事責任年齢や責任無能力の推定は一種の障害物になったと思われる。したがって，第94パラグラフでは，責任無能力の推定の廃止について触れている[7]。

> 94. 委員会は，責任無能力の推定を廃止すべきだと考える。委員会は，それが2つの異なる分野において有害な影響を及ぼすと考える。裁判所は，その推定をどのように適用すべきか悩んでおり，犯罪の意思に必要な証拠の程度もさまざまであるから，法律の執行において一貫性がなく，ある裁判所で有罪宣告を受けた児童が，同一の

---

[6]　Ingleby Report, op. cit., para. 93.

[7]　Ingleby Report, op. cit., para. 94.

内容で別の裁判所に行けば無罪になるかもしれない。この推定を厳密に利用すると，犯罪の意思は立証されないから，多くの起訴はできないし，起訴のいくつかは理由が成り立たなくなるであろう。これは，多くの児童が必要な処遇を受けないか，不十分な処遇しか受けない結果をもたらす。委員会の見解として，このルールは，いかなる年齢の児童に対しても疑わしいものである。したがって，新しい手続において，このルールは12歳未満の児童に対して適用されず，12歳以上14歳未満の児童に対してのみ適用されることになる。法律がこの推定を支持するならば，児童が14歳に近づくほどその推定は弱まると高等法院が示しているから，それは12歳以上の児童にとって常に強力なものではない。いずれにせよ，この推定は，法律の奇配さから児童を守る必要性があった時代の遺物であり，それを一貫して公平に適用することが困難であると考えると，委員会は，法令によってそれを排除することを勧告する。

先に国家が子どもを総合的に管理する方向へ進んでいることを述べたが，その上限は拡大されたのであろうか。この点，1927年の『少年犯罪者の処遇に関する政府委員会の報告書（Report of the Departmental Committee on the Treatment of Young Offenders)』では，少年裁判所の管轄年齢を17歳に引き上げる勧告とともに，将来的に18歳への引き上げも示唆していた[8]。これに対して，イングレビィー委員会は，少年裁判所の特別な処遇方法が17歳以上の若者にはふさわしくないと考え，18歳の引き上げについては否定した[9]。その主な理由として，少年裁判所に送付される事件数の増加によって，処理が遅れることが挙げられている[10]。したがって，委員会は，刑事責任年齢を12歳や14歳に引き上げることを勧告したものの，少年の上限は従来の基準を維持し，刑事法的なシステムの対象年齢を12歳以上17歳未満に短縮した一方で，国家が福祉的な理由で子どもの行動に介入できる余地を拡大させようとしたといえるであろう。そこでは，福祉的な対応は年齢による区別に勝ることを示しているのである。

第93及び94パラグラフは，刑事責任年齢と責任無能力の推定に関する内

---

[8] H.M.S.O., Report of the Departmental Committee on the Treatment of Young Offenders Cmd. 2831, 1927, p. 24.

[9] Ingleby Report, op. cit., para. 103.

[10] Ingleby Report, op. cit., para. 103. なお，この段落では，一部の参考人が，17歳から20歳，場合によっては21歳までの若者を対象とする「青年裁判所（youth court)」の設置することを委員会に証言したが，委員会は，勧告する理由は見当たらないとして拒否した（ibid.)。

106　第 6 章　1963 年の児童少年法の議論

容であったが，刑事責任年齢の留保意見（reservations）として，R.H. ブランド
ル（R.H. Blundell）委員は次のように述べている[11]。

　　　　現在のところ，犯罪をした 8 歳以上 12 歳未満の児童を「保護もしくは教育の必要性
　　　がある」として取り扱うことは適切ではないというのが私の意見である。私は，現在
　　　の手続の代替策に承服できない。
　　　　現在の少年裁判所は，保護・監護の必要性がある児童を取り扱うことができるから，
　　　反社会的な児童及び犯罪をした児童，そして教育の必要がある児童を十分に取り扱っ
　　　ている。ほとんどの児童は，8 歳までに善悪の区別の理解力を身に付けており，誤審を
　　　防ぐ適切な手段もある。私は，コモン・ローの責任無能力の推定を十分な保護策だと
　　　考えており，弁護士と少年裁判所の裁判官としての経験から，その推定が裁判官に何
　　　の混乱も与えていないと考える。

　ブランドル委員の意見は，8 歳の刑事責任年齢の維持と責任無能力の推定
の有効性を認めるものだが，従来主流の位置にあったと思われるこのような
意見が留保とされたのは，子どもへの対応における刑事法的な色彩を薄める
代わりに，国家が児童を総合的に管理する姿勢の強さを示したのであろう。
　一方で，彼の主張にある「ほとんどの児童は，8 歳までに善悪の区別の理解
力を身に付けて」いることや「弁護士と少年裁判所の裁判官としての経験か
ら，その推定が裁判官に何の苦労も与えていない」という理由は，どちらも
完全に個人的な意見によるものであったといえる。主観的に児童の状況を判
断し，刑事責任年齢の基準を決めることは，長期的に見て，それが変動する
要素を残し，不安定なものになる。イングレビィー報告書の内容は，「児童の
善悪の理解力に基づいた議論を検討することは一層困難である。児童を取り
扱う際にこの概念を当てはめることは極めて難しい」から，「環境が異なれば，
児童がその理解力を持つようになる年齢も異なるから，固定的な年齢に基づ
く規則は確実な根拠を持ち得ない」としており，年齢を細かく操作すること
なく，本来の 14 歳の基準を目指し，安定的な基準を求めようとしたことは評
価できるであろう。
　章末に掲載した図は，裁判所が行使できる命令と年齢を対応させた，イン
グレビィー報告書の付表 II を和訳作成したものである（一部省略）。従来のシ

---

[11]　Ingleby Report, op. cit., p. 166.

ステムは，年齢によって行使できる命令が異なり，一般的には年齢とともに一層刑罰的になる内容であった。イングレビィー報告書が勧告する新しい方式は，図の矢印が示すように，16歳未満の児童少年については従来の複雑なシステムを包括的なものへ変更しようとした。その一例として，第293パラグラフでは次のように述べられている[12]。

> 293. 12歳未満の児童に対する新しい手続が採用された場合，10歳もしくは11歳の児童は犯罪をしても告発されない。しかし，委員会が第89パラグラフで述べたように，犯罪になり得る行動により，保護もしくは教育の必要があると判断される12歳未満の児童は，その年齢を別にすれば，刑罰を受ける立場にある。そうであれば，短期出頭所は対象年齢を最低10歳にすることで，そのような事件に対応できる。これを考えると，短期出頭所の対象について，成人なら自由刑に相当する犯罪に限定することは大きな問題ではないと考え，委員会は，児童少年に関する法律が適宜修正されるべきだと勧告する。これによって，裁判所は，教育を必要とする児童少年に対し，たとえ彼が犯罪をしていなくとも，適切であれば，そのような命令をすることができるであろう。

ここでいう第89パラグラフとは，「無秩序な児童は，たとえ刑事法的な責任がなくとも，親やその他の機関が機能しない限り，裁判所の処分によって統制される必要がある」という文章を指すであろう。第239パラグラフでは，委員会が提案した12歳の刑事責任年齢に満たない児童に対して，教育の措置として短期出頭所命令などを挙げている。勧告通りに12歳の刑事責任年齢が実施されれば，そのような命令の対象年齢を引き下げることで対応できるとしており，さらにそのような命令は，「教育を必要とする児童少年に対し，たとえ彼が犯罪をしていなくとも，適切であれば」可能とした。委員会に，国家が児童の生活に積極的に介入して，秩序を身につけさせることで彼が逸脱しなくなると考えたのであろうが，一方でそれは，家庭を含む社会自体が秩序維持の力を失い，反社会的行為に対して非難する力が弱まりつつあることを示すものでもあった。

イングレビィー報告書は，刑事責任年齢を12歳，将来的に13，14歳にまで引き上げる考えを示したが，結局のところ12歳の基準年齢が選ばれた理

---

[12] Ingleby Report, op. cit., para. 293.

由は具体性に欠けるように思われる。すなわち，第79パラグラフにもあるが，刑事責任年齢が「普通の」もしくは「完全な」刑罰を受ける年齢を示すという意味において，「イングランドの刑事責任年齢は明言しづらいが，8歳よりもかなり上であることは確かである」とし，刑事責任年齢の引き上げを示唆するが，そこでは年齢が明確にされていない。しかしながら，刑事責任年齢未満であれば国家は何も介入できないというわけではなく，同パラグラフでは「現行法において，人の年齢は，適用される法的手続の種類を決定するものであって，決してあらゆる手続から完全に除外されるものではない」として，介入を肯定する。第二次世界大戦の戦災の影響，サブカルチャーの発達，そして経済発展の影響により，家族のつながりは希薄化し，大人は特に青少年を異質で不安な存在として見るようになり，生活環境や価値観も多様化した。それは，社会が複雑化し，その社会が明確な規範を示しにくくなったことであり，国家が積極的に規範を示すようになったことは，当然の成り行きであったように思われる。そのような中で低い刑事責任年齢を示しても，社会的非難の効果は不十分であって逸脱の抑止には結びつかないであろう。

　したがって，第81パラグラフでは，「環境が異なれば，児童がその理解力を持つようになる年齢も異なるから，固定的な年齢に基づく規則は確実な根拠を持ち得ない」とまで述べている。これは，刑事責任年齢が不要というよりも，当時の8歳という低さを問題視し，刑事責任年齢を大幅に引き上げることで，厳格な刑事手続にまつわる問題を除外し，より一層国家が柔軟に介入できるように考えたと思われる。その引き上げの目安として，12歳が挙げられたが，14歳まで引き上げることも視野に含まれていたのである。このように考えると，報告書に示された12歳の刑事責任年齢は，大幅な引き上げを主眼にした，単なる目安的なものであるように思われる。

2　議会に現れた刑事責任年齢の改革
──アビンジャー女男爵の提案

　刑事責任年齢の大幅な変更については，終戦直後から，ごく一部で議論が行われていた[13]。その後の大きな議論は，後記で紹介する1963年の児童少年

法においてであるが，その前に貴族院では 1961 年 5 月 15 日の刑事裁判法案 (Bill of Criminal Justice) の委員会審議において，次のような 12 歳引き上げ案が提出されている[14]。

アビンジャー女男爵（**Baroness Wootton of Abinger**）……次の新しい条文の追加を提案します。

刑事責任年齢について——「（刑事責任年齢を固定した）1933 年の児童少年法第 50 条における ʻ8 歳ʼ は，ʻ12 歳ʼ に置き換えられる。」

……確かに，少年を専門に扱う裁判所がない場合，刑事裁判所に出廷する年齢という意味での刑事責任年齢は，わが国のように少年専門の裁判所がある場合よりも高くなる傾向にあります。しかし，この委員会で示したいことは，わが国で刑事責任を負う最低年齢が，ほとんどのヨーロッパ諸国，そして文明国の大部分と比較してかなり低いということです。わが国では，8 歳で略式裁判権の対象になり，刑事責任を負います。イスラエルではこの年齢が 9 歳，ギリシャは 12 歳，フランスは 13 歳，ポーランドは 13 歳，西ドイツ，オーストリア，ベルギー，イタリア，ノルウェー，スイス，チェコスロヴァキア，ユーゴスラヴィアは 14 歳，スウェーデンとデンマークは 15 歳，フィンランドは 16 歳です。これ以上の説明は控えましょう。私は 12 歳にするよう求めていますが，皆さんもお分かりのように，紹介した国では 14 歳が一般的です。

もちろん，法を破った 12 歳未満の児童には何らかの規定が必要でしょう。私は規定

---

[13] 早くは 1946 年 4 月 11 日の下院の口述回答（Oral Answers）で，刑事責任年齢が取り上げられている（421 H.C. Deb. 5s., Oral Answers, cols. 2073-2074.）。ヘイスティングズ（Hastings）議員が，他国と比較して低い刑事責任年齢を修正する考えの有無を質問したのに対し，イード（Ede）内務大臣は次のように述べている。

イード内務大臣 ……適切な時期を待ったうえで，さらなる刑事責任年齢の変更を検討すべきです。

ヘイスティングズ議員 しかし閣下は，8 歳という幼い年齢が正しいと本当に考えているのですか？

イード内務大臣 その質問に同意することよりも，現状で最低年齢として適切なのは何歳なのか，それを決めることの方が難問です。それは，本院に刑事裁判法案が提出された際に検討しなければならない問題でしょう。

ヘイスティングズ議員 少年犯罪者への対応は喫緊の問題です。そのような犯罪者が犯罪人生を送らないようにする考えに，閣下は特別な注意を払っていますか？

イード内務大臣 まさにその通りだと思います。本院に刑事裁判法案が提出されたら，この点に関して，内務大臣の管理権を強化するべく，本院の支持を得たいと思います。

ここでの刑事裁判法は，結果的に 1948 年の法律に至るが，刑事責任年齢は変更されなかった。その代わり，国家管理的な方針のもと，刑の制限規定などが置かれたが，拘禁的な訓練施設なども規定され，果たして少年犯罪者が「犯罪人生を送らないようにする」内容とは言えないものであった。

[14] 231 H.L. Deb. 5s., cols. 445-449.

110　第 6 章　1963 年の児童少年法の議論

が必要と申し上げます。わが国は，就学年齢のさまざまな児童に対して，すでに非常に優れた仕組みを持っていることに留意しましょう。まず，情緒障害児の相談所（child guidance clinic）があり，普通の学校教育に適応しない児童に対しては，教育法（the Education Act）に基づき，寄宿学校で教育を行います。……わが国は，寄宿学校，知能障害対象の学校，環境不適応児対象の学校，情緒障害児の相談所，そして精神障害，重度の知能障害，精神病の施設が，8 歳以上 12 歳未満の児童に対して刑事手続なしに十分に機能しています。

　社会保護のために，このような児童に刑事裁判を受けさせることはできないと思います。このような裁判を受けて，実際に矯正施設や認可学校に送られる児童の数は極めて少ない。……われわれは，16，17，18 歳の不良たちの保護を求めるのではなく，12 歳未満の児童にはどんな保護が必要かを考えているのです。

　そのような児童が単独で犯罪をすることは極めて例外的であり，彼らは，いつも徒党を組んで逸脱行為をします。もし，裁判所が責任無能力の推定を厳格に適用すると，彼らが 12 歳未満で逸脱行為に参加した場合，連帯責任をなかなか理解できないから，かなりの割合で彼らは無罪になるでしょう。……

　法を破った 8 歳以上 12 歳未満の児童の多くは全く裁判を受けていないと思われます。……われわれは自分の子どもをしつけていますが，その他のごく一部の子どもには，なお刑事法的手続が必要に思えます。私はそのような児童を何百人も見てきました。……彼らを出廷させることによって，それが最適な少年裁判所であっても，矯正や抑止どころか，さらなる犯罪者を製造していたと私は強く確信しました。なぜなら，われわれは彼らを逸脱した集団に送り込んでいるからです。……彼らは独自の階層集団の一員になるのです。その集団の児童は自己を異質な存在と考え，われわれは彼らに異質な存在というラベルを貼るのです。

　私の経験によると，彼らの学校や家族の指導以外に何もせず，彼らを裁判所から除外すれば，少年非行は増えるどころか，おそらく減ると思われます。しかし，彼らに何もする必要はないと言っても，すでに述べたように，12 歳未満の問題ある児童については，教育システムや精神保健施設で対処する仕組みがあります。……

　……私は，13 歳や 14 歳の児童について話しているのではなく，他の文明国のように，8 歳から 12 歳の児童を刑事法的手続の対象としないことについて話しているのです。

　アビンジャー女男爵の提案を見ると，12 歳の刑事責任年齢を示した理由は，問題を抱える児童について，裁判所の手続を排除する代わりに既存の教育的・医療的システムで対処することが可能というものであった。裁判所の関与を徹底的に排除するには刑事責任年齢の引き上げが有効であると考えた一方で，刑事責任年齢未満の児童には何も公的な関与をしないとは考えず，

非刑事法的な対応で十分としたのであろう。とりわけ年少の児童を裁判所の手続に関わらせることは、かえって彼の犯罪傾向を高めてしまうという危惧があったからである。とはいえ、その基準線を 12 歳とした根拠は不明である。彼女が紹介する諸外国の刑事責任年齢と比較すれば、目立って低いことが確認でき、それにならって引き上げるという考えは十分な理由があるが、その比較で彼女は 14 歳が一般的としながら、14 歳を選択していないのである。特に文末の「私は、13 歳や 14 歳の児童について話しているのではなく」という発言には、14 歳をあえて選択しなかった意図がうかがえるのである。

このように 14 歳を提案しなかったのは、イングレビィー報告書の勧告に従ったという理由が大きいのではないかと思われるが、一方で、勧告で触れられていた 14 歳への引き上げの可能性を否定したのは、彼女の妥協の姿勢も考えられるし、非刑事法的な対応の効果が年少の児童において大きく発揮されるものと考えたのではないかとも思われる。

なお、この理由には、彼女の過去の個人的な経験に基づくものがあり、「彼らの学校や家族がしていることを除き、彼らに対してわれわれが何もしない場合、彼らを裁判所から除外することで、少年非行は増えるどころか、おそらく減ると思われます」という推測はかなり独断的であり、議論の説得力とは別に、ここでは刑事責任年齢が個人的な経験で左右される危険性を示しているといえよう。いずれにしても、彼女の発言には、刑事責任年齢の選定理由として客観的に確実なものは見当たらなかったといえる。

彼女の後に、ロングフォード伯爵 (the Earl of Longford) が次のように発言した[15]。

> **ロングフォード伯爵** 確かに、わが国の 8 歳という刑事責任年齢は、イングランドのほとんどの人が正当と考えていないことのひとつだと思います。……裁判所になじみがない多くの人は、この国が刑事責任年齢を 8 歳に定めていることを正当と考えないでしょう。しかし現実に 8 歳なのです。われわれが見るところ、それは自分の子どもに教えるような心理的・道徳的判断力とは全く別のものです。……
> もし、自分の子どもが 8 歳や 9 歳で裁判所に行く場合、彼を犯罪者と見なすことは断固拒否すべきです。私は、階級的な主張をすべきではないと思います。それは、ほん

---

[15]　231 H.L. Deb. 5s., cols. 449–451.

のわずかでも，転化した上流気取りになります。

　……私は，アビンジャー女史の発言の通りだと思います。成熟と未成熟の段階の間に犯罪者はいません。8歳から12歳の児童がかなり成熟しているなどと言う人はいません。彼らにとって善悪の区別が難しいことは，皆さんが知るべきであり，知ることができるし，知っているでしょう。私もそう思います。彼らが持つ善悪の概念は，年長者のものとは異なるでしょう。刑事法に違反することの道徳的な重大性を児童が認識しているとは思えません。8歳や9歳の児童が盗みをした場合，人によってはそれを少年や成人の窃盗と同等に考えますが，私は全くそのように考えません。それは全く別の心理的なものです。……8, 9, 10歳の幼い児童を犯罪者などと呼ぶ人はいません。……

　児童に貼るラベルが，抑止どころか有害だという，アビンジャー女史の発言にも同意します。ラベルを貼られた児童は堕落しがちです。私は，イングレビィー報告書の立場を主張しますが，その児童の犯罪行為に関する対処法がうまく処理されるかについては言えません。私が見るところ，それは極めて不十分で非効率的な方法です。児童に何らかの犯罪歴がついた場合，社会的な考えから，そして将来の雇用主が探索可能であることを考えると，後でそれを抹消することはほぼ無理です。……その児童は堕落した心境になりがちです。……

　……政府がアビンジャー女史の提案とイングレビィー報告書に同意し，異常で恥ずべきこの基準が廃止されることを望みます。

　ロングフォード伯爵の賛成意見は，8歳の刑事責任年齢が児童に与える社会的な悪影響を取り上げ，基準の低さを問題視していることが分かるが，12歳の刑事責任年齢を選んだ理由は特に示されていない。さらに，サマースキル女男爵（Baroness Summerskill）は，大通りで交通を取り締まる警察官や監視員がいるのは，幼い児童が理性のない行動をするからだという理論を示し，次のように述べた[16]。

　　サマースキル女男爵　……その行動は故意的なものではなく，命の危険を冒して道路を飛び出ることは十分あり，それがこの国の死傷者を増やしているのでしょう。われわれが話している児童は，最大限の保護を必要とする児童のことです。なぜなら，そのような児童は，行動の影響を予見できないからです。

　これは，交通取り締まりという独特な視点に基づき，8歳の児童が行為の結果を予期できないにもかかわらず，児童に刑事法的な処分で対応するシス

---

[16]　231 H.L. Deb. 5s., cols. 451-452.

テムを批判したものであった。

オークランド卿（Lord Auckland）は，12歳未満の児童が裁判所の手続から除外されることに同意し，今回の提案を支持した上で，その年齢層にある強情な児童の親の責任を検討するよう求めた[17]。

これに対し，ヘイルシャム子爵（Viscount Hailsham）は次のように述べた[18]。

> **ヘイルシャム子爵** ……8歳以上12歳未満の児童が，成人なら犯罪になるような行為を頻繁にすることはよく知られています。確かに8歳よりも低い年齢の児童なら，完全に犯罪をなし得ないと見なされます。それには社会的な根拠がありますが，時によっては，何らかの方法で当局が関与しなければなりません。……女男爵閣下は，彼らの家族や社会的機関だけが関与できるよう望み，……裁判所を完全に拒否しました。もちろん，その機関は存在しますし，適切でしょう。ただし，全ての事件にそれが適切かと言うと，疑問です。
>
> ……今や公的機関が問題行動に対処しなければならないことは当然になりました。ただし，どのような公的機関が，どのような状況で，どのように対処すべきか　それが問題なのです。

さらにヘイルシャム子爵は，この提案がイングレビィー委員会のものよりも急進的であることを指摘し[19]，次のように続けた[20]。

> **ヘイルシャム子爵** ……イングレビィー報告書は，女男爵閣下の提案と全く一致していませんが，その提案が認められるなら，われわれは，イングレビィー報告書を拒否することになります。……イングレビィー委員会の提案は，法的手続において，そして実体法の問題として，8歳以上12歳未満の児童が道徳的に有罪とされないか，例えば窃盗法（Larceny Act）によって有罪と評決されないことになります。……
>
> 女男爵閣下の提案は，そのような児童が常に家族や社会的機関で取り扱われ，裁判所では決して扱われないというものです。それは，イングレビィー委員会が求めたものではありませんし，実際に大きく異なります。……イングレビィー委員会は，12歳未満の児童が犯罪で訴追され，有罪の評決を受けるべきではないと勧告しました。……

そして，ヘイルシャム子爵は，12歳未満の児童がその年齢以上であれば有

---

[17]　231 H.L. Deb. 5s., col. 453.
[18]　231 H.L. Deb. 5s., cols. 453-455.
[19]　231 H.L. Deb. 5s., col. 455.
[20]　231 H.L. Deb. 5s., col. 456.

114　第6章　1963年の児童少年法の議論

罪になる行為をした場合に保護・教育の必要性に基づいて処遇されるとした，イングレビィー委員会の勧告を引用して今回の提案を批判した。そこで彼は，保護や教育の必要性がある8歳以上12歳未満の児童に対して，なお裁判所が関与すべきだと主張し，サマースキル女男爵の意見も批判したのである[21]。もちろん，彼が言う裁判所の関与は，そのような児童を犯罪者として扱うものではなく，保護と教育の必要性に基づき，彼に適切な介入を行うものであった[22]。このようにして，ヘイルシャム子爵は，ロングフォード伯爵が今回の提案を支持するためにイングレビィー委員会の意見を利用したことの誤りを指摘した[23]。ロングフォード伯爵は，今回の提案とイングレビィー委員会の勧告がどちらも刑事責任年齢の引き上げであると反論したのに対し，ヘイルシャム子爵はなお彼の誤りを主張した[24]。

> **ヘイルシャム子爵**　……私が見たところ，委員会の勧告は，女男爵閣下が提案したようなことを考えているのではなく，現行の制度を継続しながら，児童に有罪の記録を残さないという唯一の例外を置こうとしたものです。……女男爵の演説にあるように，諸外国の刑事責任年齢は，わが国よりも高く，年齢も異なります。諸外国の「刑事責任年齢」の文言は，わが国とは根本的に異なる意義で使われています。すなわち，諸外国の刑事責任年齢は，本来の刑事裁判所の手続に服し，法の完全な刑罰を受ける年齢です。わが国でそのような年齢は，ある場合は14歳であって7歳ではなく，別の場合は17歳であって7歳ではない。これらの数字は，諸外国と同一です。
>
> 　……それは，犯罪をした多くの児童が，非行を扱う権限のない親や社会的機関の手に委ねられるという意味です。その数は約3万人でしょう。これは1959年に犯罪をしたとされる12歳未満の少年少女の数であり，彼らは有罪を認めて裁判所から注意処分を受けたり，有罪の評決を受けたりしています。今やこの問題は，私から見れば，重大なことです。イングレビィー委員会は，刑事責任年齢に関する勧告と「保護・監護」の措置に関する勧告，そして犯罪で告発された児童に対する新しい手続を結びつけるという，根本的に異なる方向を示しました。イングレビィー委員会の勧告は，明らかにこの法案の範囲を超えており，なお検討が必要なものです。……

彼の発言は，諸外国の刑事責任年齢が自国よりも高めであるが，刑事責任

---

[21]　231 H.L. Deb. 5s., col. 457.
[22]　231 H.L. Deb. 5s., col. 457.
[23]　231 H.L. Deb. 5s., col. 457.
[24]　231 H.L. Deb. 5s., cols. 458-459.

2 議会に現れた刑事責任年齢の改革 *115*

年齢の意義が異なることを指摘し，それが「本来の刑事裁判所の手続に服し，法の完全な刑罰を受ける年齢」であれば，現行の 14 歳と少年裁判所の管轄年齢である 17 歳の基準線は諸外国と差異はないというものであった。それゆえに，彼は 8 歳の基準を引き上げる必要がなく，さらに，イングレビィー委員会の勧告がこの刑事裁判法案になじまず，検討が必要だという論理を主張した。

　これに対し，提案者のアビンジャー女男爵は次のように述べ，さらに両者の応答があった[25]。

> **アビンジャー女男爵**　……皆さんは，刑事裁判法案の委員会審議の議論よりも，むしろイングレビィー委員会の報告書を議論しているような印象を受けているのではないでしょうか。子爵閣下が先の修正を支持するイングレビィー委員会の勧告を早々に片づけたからと言うだけで，私はイングレビィー委員会の件にこだわっているわけではありません。したがって，イングレビィー委員会の件については，子爵閣下にとって便利であれば取り上げればよいし，不都合であれば気にしなければ良いものであることは明らかです。
>
> 　私の考えでは，子爵閣下は刑事責任年齢の引き上げに反対する確固たる主張をしています。そして，私が非常に重要だと認め，かつて治安判事として微力ながら長く務めた時代に納得していた主張があります。それは，無邪気な児童——法律上の意味での「無邪気」——が出廷すれば，無罪の機会を与えるというものです。それは法律上の意味で正当ではあるが例外的なものである一方で，その無罪が司法の本質に全く反する場合が多くあるという結論に至りました。だからといって，私は，家族や社会的機関が児童を取り扱う主張よりもこれが重要だとは思わないのです。
>
> 　ともかく，無邪気な児童は，別の状況なら実行しなかったことで処罰の危険性を冒すのです。彼らは学校でその危険を冒し，家庭でもその危険を冒します。必ずや両親や教師は，児童が問題の行為を実際にしたかどうかを確かめるべく最善を尽くしますが，個人的な感情と解釈を除いて，独自の方法で真実に関係するものを入手します。一般的に私は，それが非行少年を扱う公式的な裁判所と全く同じくらいの効果を持っていると思います。
>
> **ヘイルシャム子爵**　大人とともに盗みをしていることを本当に気付いていない 9 歳の児童は，実際は盗んでいなくても，窃盗をしたという仮定で，親の同意に反して寄宿学校に送致されるべきだという，そのような立場に閣下は賛成しているのですか？
>
> **アビンジャー女男爵**　単純な原因で盗んだだけで，9 歳の児童を寄宿学校に送致する

---

[25]　231 H.L. Deb. 5s., cols. 459-462.

116   第6章　1963年の児童少年法の議論

ことに賛成するなどと決して言っていません。

ヘイルシャム子爵　この修正はそういう結果になるでしょう。

アビンジャー女男爵　全く違います。私は，特定の原因で有罪を認定することの問題を主張しているだけです。9歳の児童は，極めて特殊な事情においてだけ，寄宿学校に送致されるべきであり，そうであれば，彼にとって家庭よりも通学型の学校が適していることは明白ですが，情緒障害児の相談所（child guidance clinic）では，それをうまく処理できないでしょう。9歳の児童は，単純な窃盗行為だけで送致されないが，児童が完全に環境不適応である場合だけ送致されるでしょう。……

ヘイルシャム子爵　9歳の児童を強調した私が間違っていたかもしれません。しかし，閣下は，その児童が9歳でも，10歳でも，11歳でも，12歳でも，盗みをしたという仮定で，彼を寄宿学校に送ることが正しいと考えているのでしょう？

アビンジャー女男爵　……私は窃盗罪だけを扱っているわけではありません。それは，現在の立場を支持するための有力な主張であると思います。児童が非難され，……何らかの方法で処罰される機会が稀であることは，裁判を受けて，地域で非行者として扱われる多くの児童が受けるダメージほど重大なことではないと私は何度か申し上げています。

　この時点で，アビンジャー女男爵の提案について採決が取られ，賛成21名，反対44名で否決された[26]。

　彼女の一連の発言によると，12歳という刑事責任年齢は，イングレビィー委員会の勧告に倣ったもののように思われるが，ヘイルシャム子爵が指摘しているように，勧告を完全に受け入れたものではなく，むしろそれよりも急進的なものであった。彼女は，12歳未満の児童について，既存の教育施設や相談機関で対応することを考えており，12歳の刑事責任年齢を主張したのは，勧告の他に，非刑事法的な処遇の有効性を考えていたと思われる。ただし，このような理論を12歳の選択理由とするならば，処遇機関のレベルや内容によって刑事責任年齢が変動する潜在的な可能性をもたらすであろう。

　これに対して，ロングフォード伯爵は，児童の成熟性に基づいて12歳の刑事責任年齢を支持し，ヘイルシャム子爵は，そのような年齢でも犯罪に相当する行為を頻繁にするとして，刑事責任年齢の変更に反対した。これまで述べてきたように，成熟性に着目し，未成熟で善悪の区別が困難であるために刑罰上の配慮を行うというシステムは，古くから存在していた。それは強力

---

[26]　231 H.L. Deb. 5s., col. 462.

な理由になり得るものだが，キリスト教の普及によって，一般的な成熟年齢である 14 歳未満であっても，ある程度の善悪の分別力が可能であり，またそれを備えることが求められた。したがって，成熟性に着目する刑事責任年齢の意義が薄まり，代わりに知能や教育制度の発達に基づく刑事責任年齢が重視され，善悪の分別力があれば完全な処罰が可能という考え方が定着したように思われる。責任無能力の推定のシステムがコモン・ロー上で維持されてきたことは，それを表していると言えよう。この一連の議論では，ロングフォード伯爵の意見が本来的な意義での刑事責任年齢の主張であるのに対し，提案者であるアビンジャー女男爵はじめ，その他の議員は，制度，知能，社会的環境などに基づく刑事責任年齢の主張に分けられる。後者の主張では，その根拠が時代によって変動する構造であるために，不安定な要素を含む刑事責任年齢ということになるが，それが一般的な主張であり，有力な主張になったことが読み取れるのである。

　今回のアビンジャー女男爵の提案による議論は，刑事裁判法の議論の中ではごく一部であったが，1932 年の児童少年法で刑事責任年齢が 7 歳から 8 歳に変更される際の議論に比べると，内容は深められている。国際的な比較がなされ，自国の低い刑事責任年齢が問題視され，福祉的・非刑事法的な処遇が重視される時代になったことを表しているように思われる。

　結果的に，この刑事裁判法案は刑事責任年齢を引き上げなかったが，彼女の提案は，その端緒になったと言えるであろう。1961 年 11 月 28 日の下院書面回答（Written Answers）では，イングレビー報告書に関する政府の計画について，R.A. バトラー（R.A. Butler）内務大臣は次のように述べている[27]。

　　　1961 年の刑事裁判法は委員会の勧告を多く取り入れています。児童が自宅で養育放棄される被害を防ぐために地方当局が新しい権限を持つことを含む，ほとんどの勧告について，政府は同意しています。しかしながら，私は，今が刑事責任年齢を引き上げる時期であると考えていません。……

政府は，イングレビー勧告の多くに同意しながら，刑事責任年齢の引き上げを明確に否定している。その理由はこの書面答弁では示されていないが，

---

[27]　650 H.C. Deb. 5s., written anwers, col.38.

118　第6章　1963年の児童少年法の議論

法案審議後もそれを全く予定していない。アビンジャー女男爵の提案だけでなく，イングレビィー勧告も認めない政府の姿勢は，青少年のサブカルチャーが台頭する中で，そして社会的価値観が多様化する中で，秩序を維持するための司法的アプローチを明確に残す必要性を示していると思われる。しかしながら，この問題は翌年も引き続き取り上げられ，大きな議論になったのである。

3　1963年の児童少年法の成立

イングレビィー報告書では，犯罪や刑事責任の有無よりも，保護や教育の必要性を重視し，その必要性があれば，国家が児童を総合的・福祉的に取り扱うことを考えた。その結果，年齢による区分は二次的なものになり，刑事責任年齢については12歳への引き上げが勧告されたのである。先に述べたように，1961年の刑事裁判法案の審議では刑事責任年齢の変更案が取り上げられたが，認められなかった。政府は，刑事責任年齢に関する勧告について，その時点では否定的であった。

イングレビィー委員会の勧告に基づき，新たな児童少年法案が審議されることになったが，ここで再び刑事責任年齢の問題が議論されることになった。ここでは，議事録の中から，刑事責任年齢に関する部分を取り上げて検討を加えることにする。

(1)　1962年11月20日　貴族院第2読会

内務担当大臣・ジェリコー伯爵（The Minister of State, Home Office, Earl Jellicoe）は，犯罪と要保護の児童数の現況を述べた上で，新しい児童少年法案の主な部分の概要説明を行っており，そこで刑事責任年齢について触れている。

内務担当大臣・ジェリコー伯爵[28]　……まず現在のわが国には，17歳未満の幼児，児童，少年が1200万人います。彼らは，イングランド及びウェールズの人口の約4分の1を占めており，当然ながら若者の健康と幸せを図るための方法を考えるべきで

---

[28]　244 H.L. Deb. 5s., cols. 803-811.

す。……

　……現在，わが国の 8 歳から 17 歳までの子どもの人口は，1938 年と比較して 7％増加しています。しかし，この期間において，起訴犯罪で有罪を宣告された数は，120％も増加しています。1961 年に起訴犯罪で有罪を宣告された，この年齢層の男子の割合は，1938 年の場合と比べて 2 倍以上になっており，女子については 3 倍になっています。さらに，1948 年の児童法が成立して以来，社会が繁栄しているにもかかわらず，地方当局の保護を受ける児童数は約 6 万人のままであり，そのうち 4 分の 1 から 3 分の 1 は，犯罪のおそれや保護・監護の必要性がある，もしくは親が管理できない状態とされています。……われわれが抱える問題である，少年の貧困と少年非行の解決策を見出すことはなかなかできません。……この法案は，その大部分において，現在の積極的な機能を強化するための新しい手段を含んでいます。

　……法案第 29 条は，12 歳未満の者に対する有罪の評決について，彼が 21 歳に到達してからは過去の有罪宣告の中で引用されないと規定するものです。これは，刑事責任年齢の引き上げに好都合であり，おとなげない悪事が，立派な大人の市民となる段階で妨げにならないことでもあります。

　……法案のイングレビィー勧告の部分から離れる前に，「白状」しないと不誠実になるでしょうから，われわれが除外したイングレビィー勧告の重要な部分を明確にしたいと思います。その最も目立つ規定は，刑事責任年齢を 8 歳から 12 歳に，そして将来的に 14 歳に引き上げる提案だと思います。もちろん，この提案は，昨年の刑事裁判法案の審議の際に両院で議論になりました。

　ここで内務担当大臣は，政府がイングレビィー委員会の勧告をすべて受け入れなかったことを明確に示し，前年の刑事裁判法の審議に引き続き，この時点でも政府は刑事責任年齢の引き上げを予定していなかったのである。ただし，その問題が継続していることは認識しており，刑事責任年齢の引き上げが再び議論になるという示唆はそれを表している。その一方で，大臣は，12 歳未満の犯罪は 21 歳以降に影響を及ぼさないという条文を提案している。これは，12 歳の刑事責任年齢を法案に含まないものの，引き上げ案の代替的な存在であり，8 歳の刑事責任年齢維持との折衷案のようにも思われる。

　大臣の説明に対して，アビンジャー女男爵は次のように発言した[29]。

　アビンジャー女男爵　……わが国に少年裁判所が導入されて 54 年，その設置は確かに勇敢で想像力豊かなものでした。当時は，児童少年を刑事裁判所から除外し，成人

---

[29]　244 H.L. Deb. 5s., cols. 815–822.

の犯罪者に科せられた刑罰の対象から彼らを除外することが第一に考えられました。少年裁判所の設置が初めて議会に上程され，その結果として「少年犯罪を大幅に減少させる」ことが約束されたのです。その約束が不十分であることは改めて言うまでもないでしょう。少年犯罪は大幅に減少しておらず，実質的に増加しているのです。

　非行を減少させることなく半世紀が過ぎたことは，その悩ましい社会現象を扱うシステム全体を抜本的に見直す時期に来ていると考えるべきです。そのような抜本的な見直しは，この法案には見受けられません。……

　もちろん，法案の大きな罪は怠慢の罪であり，中でも最も大きなものは，伯爵閣下が半ば認めているように，刑事責任年齢を引き上げないことです。イングレビィー委員会の勧告は，もの好きと詭弁で刑事責任年齢を12歳に引き上げておきながら，どの年齢の児童に対しても保護や教育の理由で民事的措置が取れるようにしているから，事実上の年齢の引き下げでしょう。われわれの多くは，この法案がそれを受け入れなかったことを喜んでおります。盗みをして出廷した児童と，児童に関係のない事情のために保護や教育を行う必要で出廷した児童の区別をしないことを政府が受け入れなかった，これは喜ばしいことです。しかし，法律上も事実上も，刑事責任年齢を引き上げないことは，この法案の大きな悲劇です。就学年齢の児童の訓練が根本的に教育的なものであって，刑罰的なものではないことをわれわれが認識できていないから，この怠慢が現れるのです。……

　結局，児童は自分で自分の人生を決定しないが，大人は大部分を決定できます。児童は家庭で教育を受けたかどうかで，または全寮制学校に行っていたかどうかで自分に有利な解決をしません。……

　私の考えでは，就学年齢の幼い児童は出廷でダメージを受けますし，裁判所の待合室に入った瞬間から，非行の世界に案内されているのです。就学中の児童が裁判所から完全に除外されることは重要だと強く感じます。無防備な社会に野蛮人の群れを解き放つわけではなく，私は就学中の児童，8，9，10，11，もしくは12歳の児童のことだけを言っています。私は15歳を適切な上限だと思います。……

　……裁判所に頼らなくても，問題児については，情緒障害児の相談所（child guidance clinic）が対応できるし，環境不適応児には寄宿学校や同種の非寄宿学校があります。彼の教育が普通以下であれば，教育的な学校，特殊学校（subnormal school），寄宿学校や非寄宿学校に彼を送ることができます。……8歳の児童に刑事責任を負わせる必要は全くありません。……

　……8歳の児童は，今のところ，法的に刑事裁判所で刑事責任を問われたり，逮捕した警察官から厳しい取り調べを受けたりします。あるいは宣誓した上で証言をして反対尋問を受けるか否かを決定しなければなりません……。

　……われわれがヨーロッパ共同市場に参加するのであれば，その市場の隣人が，ほとんどのヨーロッパ諸国で主流になっている基準にわれわれをいくらかでも近づけさ

3 1963年の児童少年法の成立 *121*

せようとしているのは本当に恥です。ヨーロッパ諸国のほとんど全ては，8歳の刑事責任年齢を19世紀の汚点のように見なしています。……

次いでアムルリー卿（Lord Amulree）が発言した[30]。

アムルリー卿 ……女男爵閣下は，刑事責任年齢が8歳から12歳に引き上げられていないと非難していますが，私もそれを支持します。私には政府がそれを変更しないように強く思えますが，8歳を維持する特別な理由はないように思われます。しかし，それは委員会段階で時間をかけて議論する問題であるので，ここでさらに論じるつもりはありません。
　12歳未満の行状について，彼が21歳になってからは不利に引用されないという案は，非常に好ましいことと思います。頻繁にあることではないが，悪行を完全にやめる上では良い点です。……

　アビンジャー女男爵及びアムルリー卿は，政府案に対して刑事責任年齢の引き上げを求めたが，その理由について，前者は，少年裁判所を設置したのに犯罪が減少していないこと，そして後者は，前者に賛同しつつ，8歳を維持する理由がないというものであった。少なくとも前者は，イングレビィー勧告による刑事責任年齢の引き上げについて，保護や教育を理由とする民事法的措置を伴うために反対している。すなわち，前者は，刑事責任年齢未満の児童に対する国家の介入が，たとえ非刑事的なものであっても問題だとするものであり，そのような児童には各種の教育機関等が対応すべきだとしている。これは，前年の刑事裁判法での議論と同様である。彼女は，少年裁判所であっても，幼い児童が裁判所と関わること自体を問題視しており，純粋な刑事責任年齢の引き上げを求めたのである。そこで前者は，刑事責任年齢についてはヨーロッパ諸国並みに引き上げることを求め，就学年齢に合わせて15歳を示唆している。

　この意見に対し，「児童少年に関する省内委員会」の委員長であったイングレビィー子爵は，前年の刑事裁判法案に盛り込まれなかった項目のひとつとして，アビンジャー女男爵が指摘した刑事責任年齢の引き上げについて触れ，11月10日付けのタイムズ紙の記事を紹介した[31]。次はその記事の該当部分

---

[30]　244 H.L. Deb. 5s., cols. 822-823.
[31]　244 H.L. Deb. 5s., col. 829.

122 第6章 1963年の児童少年法の議論

である[32]。

　……昨年の刑事裁判法で事実上置き去りにされたイングレビィー報告書を取り上げ
ると，2つの勧告，すなわち，刑事責任年齢を引き上げることと，全国児童虐待防止協
会の現行の主導権を剥奪することについて，予想通り，政府は厄介払いしようとした。
前者については極めて残念なことであり，後者はそれほど重大なことではない。しか
し，イングレビィーの計画で放置されているものは，今でも重要で貴重なのである。

その上で，イングレビィー子爵は次のように述べた[33]。

イングレビィー子爵　……私はこの記事の内容を完全に支持します。しかし，この論
説が見逃していることは，当時の内務大臣が，刑事責任年齢を引き上げる委員会提案
について，昨年11月28日の議会答弁で拒否したことでしょう。
　……委員会の勧告は，膨大な資料によって裏付けられており，大部分の委員は，さ
らに高い刑事責任年齢にも賛成しました。一見すると，刑事責任年齢の引き上げは，
少年非行に厳しく臨む方針に十分対応できないように思われます。表面上，その引き
上げについては，誤解され，間違った説明がなされています。しかし，委員会は，12歳
未満の児童を犯罪者として刑事的手続で扱うのではなく，腕白な児童として民事的に
扱うことを提案しました。……
　委員会の提案によって，児童は裁判所に出廷しやすくなります。なぜなら，刑事責
任は関係なくなり，犯罪は記録されず，恥辱は生じないからです。……
　……委員会の提案によれば，14歳未満の児童が善悪を分別できないとする責任無能
力の推定は時代遅れであり，完全になくなるでしょう。この法的な推定は，国外追放
や極刑を含む刑法を7歳以上の児童に完全に適用しないよう，法律家が人道的に作っ
たものです。母親のひざ元で教わったことを除いて，人口の98%が教育を受けなかっ
た時代にそれは合理的な推定でした。この推定は，少年裁判所によって異なる解釈が
なされ，時々に高等法院がその判断をしています。しかし，委員会の提案が採択され
れば，このあいまいな推定はなくなりますし，現在の法的な混迷は全てなくなります。
　委員会の提案によれば，12歳未満の者は腕白な児童として扱われ，12歳以上の者は，
14歳未満に適用されるその推定によって，これから善悪の区別ができるとされます。
これは，義務教育が導入されてからの年数を考えれば，無理な結論にはならないでしょ
う。……
　委員会は，措置に関する新しい境界線として，そして折衷案として，12歳を勧告し
ました。1，2歳高めの年齢を主張する証人や委員もいましたが，この年齢は，治安判

---

[32]　The Times, 10 November 1962.
[33]　244 H.L. Deb. 5s., cols. 829-833.

事協会の支持を受けました。さらに，12歳の境界線は，警察の善意と協力が得られます。今やそれは重大なことです。警察が協力しない限り，この国で刑事法を変更することはできません。警察は，法を守らせるための最後の手段です。警察は，12歳未満の者を民事的手続で扱い，それ以上の者を引き続き現行の刑事的手続で扱うことについて，受け入れる覚悟と準備ができています。

　したがって，昨年の11月に当時の内務大臣がこの勧告を拒否したことは理解に苦しみます。……この法案の90%は，われわれの望むものですが，怠慢は重大で，少年に最も必要な年齢で素早く効果的な処遇と指導を確実に行うこの改革の機会を逃すなら，それはさらに何年か遅れることになるでしょう。……

　この発言によれば，裁判所は，刑事法的な問題や手続を除外することにより，一種の福祉的な支援機関になり，問題を抱える児童が負の影響を受けずに容易に保護を得られるようにするものと思われる。そのために刑事責任年齢を引き上げるとともに，もともと保護策であった責任無能力の推定も排除しようとした。責任無能力の推定は，行為者の意思や付随行為によって刑事責任を負う可能性を残すため，イングレビィー勧告の遂行には障害になったのである。彼は，そのような結論に至った要因のひとつとして，教育制度の発達を挙げており，不十分な教育システムの代償として責任無能力の推定が有効に機能したことを示している。しかしながら，教育制度が発達した一方で，宗教の影響力が衰退し，サブカルチャーに対する社会的不安が高まり，多様な人種が流入し，生活スタイルや価値観は複雑になった。学校や家庭で児童が習得する社会的規範の内容も多様化し，複雑になってきたのである。そのような社会の中で，単純に教育制度の発達と刑事責任年齢の基準に結びつけて考えることは拙速のように思われる。歴史的に見れば，刑事責任年齢のうち，完全に刑事責任を負う14歳の基準線は，一般的な成熟性に基づくものであった。したがって，刑事責任年齢の変更にあたっては，その変化に沿って考えるべきであるが，結局のところ，イングレビィー勧告が刑事責任年齢の大幅な引き上げを求めたことにより，このような問題は隠れてしまったように思われる。

　そして，イングレビィー委員会は，刑事責任年齢を14歳まで引き上げる可能性を示したものの，勧告では12歳であった。12歳が選ばれた理由は，上記

124 第6章 1963年の児童少年法の議論

の発言によると，治安判事協会や警察の理解を得るためであり，妥協の産物
であった。ここにおいても，12歳の刑事責任年齢が成熟性に基づくものでは
なく，政治的な理由による，極めて不安定なものであったことを示している
のである。

さて，イングレビィー子爵の発言には，サウスウェル主教 (the Lord Bishop of
Southwell) が宗教家として刑事責任年齢引き上げに同調し[34]，ロングフォード
伯爵は，次のように述べた[35]。

> **ロングフォード伯爵**　……この法案が，刑事責任に対して何も手を着けずに成立する
> ならば，当分めぐってこないようなチャンスを逃すことになり，1歩進んで2歩下が
> ることになるでしょう。……特に，女男爵閣下が表明した刑事責任年齢の引き上げに
> 関する提案は，本院から強く主張するべきだと思います。……われわれは，刑事責任
> 年齢を引き上げないことに対して激しい嫌悪を表すために，この法案に反対票を投じ
> ようかと思います。
> 　……イングレビィー子爵閣下が刑事責任年齢に関して述べたことについて，私は改
> めて主張しようと思います。なぜなら，われわれは，間違いなく委員会審議で再び取
> り上げるからです。……私は，閣下が政策決定で警察の影響力に配慮したことに最大
> 限の抗議を申し上げたい。……

これに対して，イングレビィー子爵は，次の発言をした[36]。

> **イングレビィー子爵**　……非行少年を取り扱う上で，採択される制度を運用する警察
> の覚悟と準備は極めて重要です。彼らの協力があってこそ，それがうまくいくのです。
> 伯爵閣下もご存じのはずですが，個々の事件で手続を取るかどうかの判断は，警察に
> あります。したがって，運用される制度に警察の支持は不可欠なのです。

ロングフォード伯爵は再び発言し，「私の理解では，それは警察に社会改革
の絶対的な拒否権を与えている」として，イングレビィー子爵の考えと，刑
事責任年齢を引き上げようとしない政府を批判した[37]。その上で，彼は前年
の刑事裁判法の議事録を取り上げ，委員会審議で改めて刑事責任年齢を取り
上げるよう訴えたのである[38]。

---

[34]　244 H.L. Deb. 5s., col. 834.
[35]　244 H.L. Deb. 5s., cols. 857-858.
[36]　244 H.L. Deb. 5s., cols. 858-.
[37]　244 H.L. Deb. 5s., cols. 859-862.

別件の議論が続いた後，ジェリコー伯爵（Earl Jellicoe）が刑事責任年齢について発言した[39]。

> **ジェリコー伯爵**　当然でしょうが，数名の方は政府が刑事責任年齢引き上げに関するイングレビィー委員会の勧告を受け入れないことを非難しました。今後，この件についてはさらに詳しく議論されるでしょうから，私は，ロングフォード伯爵閣下が確実で公平に検討した部分だけ述べましょう。
> 　第一に，委員会が提案した重大な変更は，いくら強調してもしすぎることはないほど重要だと思います。報告書の第79パラグラフでも指摘されているように，いわゆる高めの刑事責任年齢を持つ多くの国は，その年齢をもって成人と同じ手続と刑罰を受けることを示す表現を使っています。しかしわが国では，この議論でご存じのように，17歳未満は独立した少年裁判所で扱われるのが通例であり，17歳以上21歳未満は特別な方式で扱われます。この点に注意すべきです。
> 　第二に，委員会も述べているように，改革の勧告は「本質的に手続の問題」です。そうであれば，委員会が提案したように，手続を変更すべきだとわれわれが議会に勧告してはいけないのでしょうか。法律家ではない私は，注意深く立ち入らねばなりませんが，私は，学術雑誌で2つの記事をとても興味深く読みました。ひとつはベテランの少年裁判所判事，もうひとつは有名な前少年裁判所判事のものです。どちらも専門家ですが，両者とも委員会のこの分野の勧告について，明らかに疑問視しています。
> 　この有名な前少年裁判所判事は，イングレビィー案を「最も不満足な妥協」と述べています……。
> 　両者とも，イングレビィー案の妥協が，現在の手続による保護，つまり検察が合理的な疑いを超える有罪の立証をしなければならないという保護を児童から奪う場合があると主張しています。……政府があわてて動くことは賢明ではないと思います。しかし，最終的は，イングレビィー卿がこの点に関して述べたことについて，きわめて注意深く読む必要があるでしょう。……

　この日の議事はこれで終了したが，結果的に刑事責任年齢の引き上げを予定していなかった政府の立場，警察の支持を得るために妥協した勧告に基づいて年齢を引き上げる立場，そしてその勧告を非難し，純粋な引き上げを主張する立場の3種類に分かれた状況であった。

　ジェリコー伯爵の発言の前半部分によると，多くの国が刑事責任年齢を高めに設定しているが，イギリスでは17歳未満を管轄する少年裁判所制度と

---

[38]　244 H.L. Deb. 5s., col. 863.
[39]　244 H.L. Deb. 5s., cols. 871-873.

21 歳未満までの特別な配慮によって，その不均衡をある程度補填するという考えが示されている。また後半では，刑事責任年齢の引き上げを単純な手続的な問題として，具体的な年齢に言及していないものの，妥協案のイングレビィー勧告を批判して，独自に引き上げ案を提出する考えが示されている。前半について，そこで触れられている刑事責任年齢は，成人と同じ手続と刑罰を受ける年齢としているから，歴史的に見れば，一般的な成熟年齢である14 歳のあたりを基本にしているのであろう。しかしながら，イギリスではさらに 7 歳の刑事責任年齢が生まれ，7 歳から 14 歳までの間で適用された責任無能力の推定は，その低さの批判に対応するシステムであったと言える。結果的に，ジェリコー伯爵の立場は，刑事責任年齢の低さを問題とするが，だからといって高ければ高いほどよいというものではなかった。すなわち，彼は，少年裁判所をはじめ，児童少年に対する多くの公的システムが発達したことにより，過度な引き上げを不要とする一方，刑事責任年齢の始点だけを引き上げる効果が生じ，14 歳の基準線に向かうという仕組みを期待したと思われる。

(2) 1962 年 12 月 10 日　貴族院委員会審議

　児童少年法案の審議は，第 2 読会から委員会方式による審議に移され，最初にアビンジャー女男爵から刑事責任年齢に関する条文の追加が提案された[40]。

　　アビンジャー女男爵　……次の新しい条文を追加するよう提案します。
　　刑事責任年齢について──「先行の法第 50 条における '8 歳' の文言は '12 歳' に置き換えられる。」
　　……刑事責任年齢を 8 歳から 12 歳に引き上げるだけを求める，それだけで十分なこの修正案は，本院から提出される全ての修正案の中で最も重要なものです。……わが国が刑事責任年齢を 8 歳で固定している中で，ヨーロッパ諸国のほとんどは，それを 13 歳，14 歳，15 歳にしており，われわれがその路線から大きく外れているのです。
　　刑事責任年齢は明確な概念を持たず，多くの意味を持っていると言えます。まず，それは，われわれが考えているように，児童が善悪の区別を認識できる，または認識できると考えられる年齢という意味でしょう。次に，何らかの種類の刑事裁判所の裁

---

[40]　245 H.L. Deb. 5s., cols. 397-404.

判を受ける，または刑事的手続に従う最低の年齢という意味でしょう。さらに，児童が投獄刑などの，大人が受けるような刑罰を受ける年齢という意味でしょう。なおまた，特別な裁判所ではなく，成人が出廷するような裁判所で裁判を受ける年齢という意味でしょう。このように，この用語には，少なくとも4つの意味があります。しかし，皆さんがどの意味を選ぼうと，わが国は，ヨーロッパのほとんどの国と全く調和していないことが分かるでしょう。

特別な少年裁判所を持たない国は，それを持つ国よりも刑事責任年齢が高めになること，それは普通です。しかし，少年裁判所を持つドイツですら，14歳未満の児童に刑事手続に服さないのです。……少年裁判所を持たないスウェーデンを例にとると，15歳未満の者は刑事手続に服しません。……皆さんがどのように考えようと，今の時代に犯罪をなし得るとされる児童の最低年齢が，そして何らかの刑事裁判所で裁判を受ける児童の最低年齢が8歳の低さにとどめられるというのは，極めて異常です。

私は，幼い児童を取り扱う正しい方法がこれだとか，効果的な方法がこれだとかを言いたいのではありません。……彼らに対する訓練は，刑罰的なものではなく，教育的であるべきです。……

イングレビィー委員会は，出廷による有益的な効果について触れていましたが，このような幼い児童には当てはまりません。幼い児童が出廷して有益的な効果を受ける証拠はほとんどありません。悪影響を受ける証拠はいくらでもあります。……

12歳未満の児童を裁判所から完全に離して扱うことが非常に重要であると思います。現在の刑事責任年齢である8歳から修正案である12歳の間の人数はそれほど多くはありません。……8歳から12歳の犯罪率，それは人口に占める有罪の評決を受けた少年の数という意味ですが，それは，25歳までの年齢層の犯罪率よりも低いのです。

現在そのような児童が社会から引き離されていることは正しくありません。彼らを社会の外に置いてはいけません。……この修正案は，すでに問題なく拘禁されている軽微な不作法者を社会に解放するものではありません。そのような児童の大多数は，極めて単純な方法で扱われています。彼らは，保護観察官の指導を受け，条件付きで釈放されるか，絶対的に釈放されるでしょう。ごく一部の者が認可学校に送られます。しかし，年間2000人弱，いや1800人弱の14歳未満の児童が認可学校に送られており，その半分弱が12歳未満であるはずです。

少年裁判所が初めて設置された頃，そして最初は7歳の刑事責任年齢が8歳になった頃にはなかった，委員会の広範囲にわたる教育的な用意が，今や問題を抱える児童に示されていることを考えなければなりません。現在は，学習能力が標準以下である児童向けの学校があります。環境不適応児の学校があり，多くの児童が通っています。地方当局が設置する寄宿学校があります。重度の知的障害児には作業所（occupational centres）があります。われわれは，多くの種類の教育的施設を持っているのです。したがって，幼い児童の反社会的行為は，刑事的問題としてではなく，教育的問題と

128 第6章 1963年の児童少年法の議論

して捉えるべきです。……

　児童が犯罪をして告発され，……無罪と評決された場合に，裁判所が誇示する福祉的規定（保護観察所や認可学校）など全てが効力を持たなくなること，これが現在の手続の大きな欠点です。なぜなら，法律的な面では，その児童の経歴は，彼が告発された犯罪をしたかどうかという単純な事実で決定されるからです。

評議会議長・科学担当大臣（ヘイルシャム子爵）　それは児童に限りません。

アビンジャー女男爵　確かに児童に限りません。しかし，子爵閣下は，私が成人について議論すれば規則違反だと指摘するでしょう。児童はよく他人の自転車を使いますが，そうすれば，彼らは一般的に悪いことをしているという意識を強く持ちます。しかし，自動車を奪って運転する犯罪と比較して，他人の自転車を運転するという犯罪はないので，自転車を返そうとしなかったことが明らかでない限り，自転車窃盗で有罪にはなりません。もしかすると，彼らは自転車を返そうとしたかもしれませんし，それが有利な抗弁だと気付かなかっただけかもしれません。結果的に裁判所は，彼を釈放せざるを得ません。

　このようなことは，児童にとって不可思議で，非論理的で，理解不能なものであり，彼らを扱う正しい方法はないのです。……私は，多くの少年，とりわけ幼い児童に対する刑事的手続を除外したいと思います。少年裁判所が刑事事件を扱う限り，間違いなく児童は，その経験で悪に染まりますし，そもそも裁判所の待合室や法廷で悪に染まります。現在のわが国には多種多様な教育機関があることを踏まえ，児童が非行歴で始まることなく，非行から抜け出すようにする最善の方法は，家庭や学校がそのような児童を扱うことであると考え，本委員会がそのように理解することを望みます。……

　アビンジャー女男爵は，上記の理由を説明して，刑事責任年齢の引き上げを求めた。彼女の説明は，他国の刑事責任年齢と比較してイギリスが低いこと，そして12歳未満の児童の非行に対しては，家庭や各種教育機関が対処すべきだというものであり，前年の刑事裁判法案における刑事責任年齢の引き上げ案の内容とほぼ同じものであった。彼女は，刑事責任年齢と各種の教育制度を結び付けることで年齢の引き上げを正当化しようとした。この提案について，イングレビィー子爵が発言した[41]。

イングレビィー子爵　……私の委員会で勧告した刑事責任年齢の引き上げは，少年犯罪者もしくは腕白な児童を一層効果的に処遇するために考えられた，3部編成の計画の半分に過ぎません。今日の委員会は，単純に刑事責任年齢を引き上げ，今までの文

---

[41]　245 H.L. Deb. 5s., cols. 405-410.

言を削除することを予定していません。さらに，われわれは，腕白な児童を教育当局が完全に扱うことを求めたアビンジャー女男爵の提案を支持できません。結局，そのような児童に対する最終的な制裁は，彼らが犯罪者と呼ばれようが，保護・監護の必要性の存在とされようが，彼らの自由を奪って，認可学校に送るものであるべきです。私の委員会で，その決定権を学校の教員に委ねるような提案は，誰からも支持されていません。……

われわれの計画は何であったか？　第1は，刑事責任年齢を8歳から12歳に引き上げること，第2に，保護・監護の必要性のある児童の定義を保護もしくは教育の必要性のある児童に変更したこと，第3に，保護・監護，教育，統制などの事件を扱う裁判所の権限を拡大したことです。……

われわれの計画を採用する利点は，12歳未満の児童に対して課される刑事責任が全くなくなることであり，特に強調したい点は，12歳未満の児童に対して刑事的告発が極めてしにくくなることでしょう。……もちろん，わが国の刑法のシステムは，人間的見地において，悪意のない者は有罪にならないことになっていますが，その必然的結果として，罪を犯した多くの者が無罪放免になります。成人の場合ではこれが認められています。しかし，児童の場合では，犯罪の概念を別にすれば，1933年の児童少年法第44条に基づき，少年裁判所は児童の福祉に最適な，一層明確で徹底的な方法を考慮しなければなりません。

刑事法的な手続の代わりに民事法的な手続が採られた場合，悪意のない，真面目な児童が認可学校に送致される危険性があるとする主張の批判には承服しかねます。認可学校は，少年裁判所の裁判官にとって最後の手段です。彼らは，断腸の思いでそれを適用しています。……誰も自分の子が刑事的告発されて出廷することを望まないでしょう。

告発を抑制するためには，……有罪宣告を抑制しなければなりません。したがって，裁判段階に至った多くの児童は，告発に合理的な疑いを超える立証を必要条件とすること，または14歳未満の児童が責任無能力，つまり犯罪をなし得ないという法的な推定のどちらかによって有罪を逃れます。……

刑事責任年齢を引き上げる提案に対して，ある種の反対意見があります。すなわち，12歳以上の児童と12歳未満の児童が共同で告発された事件において，12歳以上の児童は，その年齢のために刑事責任を問われるのに対し，12歳未満の児童は，民事的手続で裁判を受けることになるというものです。しかし，決して必然的なことではありません。現在，わが国は8歳の児童について同じ区分けをしています。8歳未満の児童は，保護・監護の必要性があるとして扱われ，8歳以上は刑事的犯罪によって告発されます。……

刑事責任年齢を引き上げることによって，保護観察機関やその他の社会的機関が一層幼い年齢で介入できるようになるでしょう。

ストナム卿（Lord Stonham）[42] ……最低の刑事責任年齢としての8歳を支持できるような経験を持つ人はほとんどいないと思います。私は，仕事と政治活動のほとんどをロンドンのイーストエンドで過ごしています。私の周囲では，8歳は幼稚園を出て，プレパラトリースクールに通い始めたばかりだといわれています。……

ハーウッド女男爵（Baroness Elliot of Harwood）[43] ……刑事責任を負う年齢と負わない年齢の分岐点が小学校から中等学校に進む時点にあることを十分に検討すべきでしょう。連合王国内でも小学校の卒業年齢は異なり，イングランドは11歳以上，スコットランドは12歳以上であり，必ずしも同じ年齢ではないので，刑事責任年齢をそこにするのは困難でしょう。したがって，12歳にするこの修正案やイングレビィー報告書は，教育制度の改革が行われたら極めて正当な年齢になります。

　その年齢の児童に大きな影響を与える2つの存在は，教育と親だと思います。私は，教育問題として，特別な処遇の問題として，刑事責任年齢を考えたいと強く思います。……あまりにも低い刑事責任年齢の8歳を続けてはいけません。

リングレン卿（Lord Lindgren）[44] 私は，少年裁判所の裁判長を長年務めています。……子どもが聖書を手にする時，私は彼に宣誓の意味を知っているかをよく尋ねます。……たいてい私は，子どもに「言うだけだよ」と言います。なぜなら，子どもは宣誓して証拠を与える意味を理解していないと思えるからです。宣誓して証拠を与えることを理解していない児童を告発するならば，私は，刑事責任年齢を12歳に引き上げるべきだと思います。……

マックネア卿（Lord McNair）[45] ……現状では，犯罪を構成するのに必要な事実と悪意の認識が認められれば，8歳以上14歳未満の児童は有罪になりますが，14歳以上の者に科される刑罰の代わりに，児童福祉の考慮が優先されます。彼は，保護・監護の必要な児童，または統制に服さない児童として扱われ，対策が講じられます。……現在の8歳以上12歳未満の児童は，14歳以上17歳未満の少年や成人とは別に扱われるものの，有罪になる場合があることは強調したい。

　8歳以上12歳未満の幼い児童が有罪を認定され得るという考えを寛大に扱えるのかについては，われわれにとって大きな問題です。私の考えでは，それは全く認められません。わが国は，かなり前から8歳以上17歳未満の児童を成人と同じように扱っていません。そこで12歳未満の児童を起訴したり，「有罪」を記録したりする実務をなくすべきです。……

　私は，有罪の認定や起訴手続がどのようなものであろうと，何の利益もないと思います。本当に重要なことは，裁判所が命令する矯正的な処遇です。……この修正案が

---

[42]　245 H.L. Deb. 5s., col. 420.
[43]　245 H.L. Deb. 5s., cols. 423-424.
[44]　245 H.L. Deb. 5s., cols. 424-425.
[45]　245 H.L. Deb. 5s., cols. 426-428.

採用されたら，児童に必要な指導や管理が主な責務になり，親の責任も明確になるでしょう。手続の重点が変わり，犯罪は，裁判所の裁量による矯正の措置や制裁の適用に必要な資料になるでしょう。……

大法官（the Lord Chancellor）[46] ……私の理解が適切であれば，女男爵閣下の修正案のテーマは，12歳に至るまでの児童を教育的に扱うべきで，裁判の対象にすべきではないということです。一方で，イングレビィー卿のテーマは，彼らを裁判の対象にすべきであるが，その裁判には新しい仕組みが必要だというものです。私は，この2つがうまく連携しているようには思えません。

　　……児童の訓練については，基本的に教育的なものであるべきで，刑罰的であってはならないという彼女の主張に全く同感です。しかし，犯罪行為をした8歳以上12歳未満の児童がその行為によって処罰されることなく，裁判を受けることもないという彼女の結論には同意できません。もともと，イングレビィー卿の提案は，犯罪行為をした学齢期の児童がその行為に基づいて少年裁判所の裁判を受けるとしています。

　　8歳以上12歳未満の幼い児童は，その行為によって裁判を受けないという彼女の意見について，イングレビィー委員会の大多数が同調しなかったことは正当だと思います。確かに難問ですが，どのような意見であろうと，児童が犯罪行為によって少年裁判所の裁判を受けることは，最後の手段として極めて重要だと思います。……

大法官[47] ……1961年に女男爵閣下は，児童が裁判所の待合室に入った瞬間から，非行の世界に案内されていると発言しましたが，私は承服しかねます。犯罪の年齢制限を引き上げる合理的理由は見当たらないと思います。裁判所の待合室は何も被告人だけのものではなく，証人などあらゆる人が利用します。……留意すべきは，修正案が認められたとしても，保護や統制の手続のために裁判所が使われるのならば，非行などをした児童は待合室を使うことになるのです。……女男爵閣下の主張を容認することは難しいと思います。

　　……この問題に対する政府の立場を明確にすれば，……女男爵閣下が代替的な仕組みを示さない限り，それを認めることはできません。……

大法官[48] ……女男爵閣下は，現時点で適用されない年齢層，すなわち8歳未満の児童にまで権限を拡大しようとしています。それは正当だとは思えません。

　　……われわれは，幼い児童を裁判所に連れ出すという考えを嫌います。それが保護や統制であろうと，彼らが道徳的な危機にあっても，親の行為を原因としても，彼ら自身の行動を原因としても，彼らを連れ出す理由がどのようなものであっても　です。……現在のわれわれが検討すべきことは，8歳以上12歳未満の児童の極めて悪質な行動に対する最後の手段としての制裁を残すかどうか，そして認可学校に送致する権限，

---

[46]　245 H.L. Deb. 5s., cols. 431-432.

[47]　245 H.L. Deb. 5s., cols. 434-435.

[48]　245 H.L. Deb. 5s., cols. 438-439.

132　第6章　1963年の児童少年法の議論

親に罰金を科す権限，保護観察に付す権限を含む，裁判所の裁判権を残すのかどうか
です。現時点で，私はこれらの代替策を思い付きません。……

リングレン卿（Lord Lindgren）[49]　……大法官閣下は，「宣誓をする」意味を本当に知らない少年が少年裁判所で裁判を受けるという問題を考えていません。宣誓できない，あるいは宣誓を理解できない彼が，告発によって裁判にかけられるということは間違っていると思います。

大法官[50]　……児童が宣誓をして当惑することは，極めて望ましくないと思います。彼らが宣誓を理解できなければ，宣誓を要しないとする規定があります。……

オグモア卿（Lord Ogmore）[51]　……12歳未満の児童に刑事責任が本当にあるという人は，どれだけいるでしょうか？　普通の人なら，9歳，10歳，あるいは8歳半の児童が刑事責任を負うべきだと言わないでしょう。われわれは，刑事責任年齢が何歳であるかを決定すべきであり，それに必要なことを決定しなければなりません。……

イングレビィー子爵[52]　……1933年に刑事責任年齢は大きな反対もなく7歳から8歳に引き上げられました。8歳未満は保護・監護の必要性があるものとして扱われます。この年齢が12歳になれば，12歳未満の児童は保護及び統制の必要性があるものとして扱われます。それは難しい問題ではありません。この修正が採決にならないよう願いたいものですが，もしそうなれば，私はその修正に賛成せざるを得ないと思います。

ヘイルシャム子爵[53]　……実際のところ，刑事責任年齢というものは，イングランド法で認められる概念ではなく，ヨーロッパ大陸の概念であり，イングランドの概念ではありません。問題は，全ての年齢の児童に適用できる処遇類型を決定することです。……

アビンジャー女男爵[54]　……われわれは，12歳未満のいかなる児童も有罪にはならないとする修正案を提出しました。それは，12歳未満なら，どんな処遇も受けないということです。児童が12歳以降になってから，処遇を行うことができるということです。

　この後，修正案の採決が行われ，賛成42名，反対41名で，修正案は同意された。委員会審議での議論を見ると，各議員の主張はおおむね3種類に分けられよう。すなわち，第1は，アビンジャー女男爵の「幼い児童の反社会的行為は，刑事法的問題としてではなく，教育的問題として捉える」に代表されるような，12歳未満の児童から裁判所の関与を完全に排除する主張であ

---

[49]　245 H.L. Deb. 5s., col. 440.
[50]　245 H.L. Deb. 5s., col. 440.
[51]　245 H.L. Deb. 5s., cols. 441-442.
[52]　245 H.L. Deb. 5s., col. 442.
[53]　245 H.L. Deb. 5s., col. 443.
[54]　245 H.L. Deb. 5s., col. 443.

る。その代わり，12歳未満の児童の行動を犯罪として捉えず，社会的・教育的問題として捉え，「非行から抜け出すようにする最善の方法は，家庭や学校がそのような児童を扱う」ことを提案した。刑事責任年齢の引き上げを支持する他の主な意見として，周囲の意見・印象（ストナム卿），学校制度（ハーウッド女男爵），裁判官としての経験（リングレン卿），個人的・主観的な意見（オグモア卿）などが続いた。

　第2は，イングレビィー子爵の「刑事責任年齢を引き上げることによって，保護観察機関やその他の社会的機関が一層幼い年齢で介入できる」に仁表されるような，刑事責任年齢を引き上げつつも裁判所を含む諸機関の関与を一層積極的に促す主張である。ただし，イングレビィー子爵自身は，修正案が採決されれば賛成せざるを得ないとしており，第1の主張とはある程度の関係性が認められる。その差異は，裁判所の関与を認めるか否かであろう。

　そして第3は，大法官の「児童が犯罪行為によって少年裁判所の裁判を受けることは，最後の手段という性質として極めて重要」に見られる反対論である。大法官（すなわち当時の政府）は，児童の矯正方法として，刑罰的ではない教育的な手段に同意していたものの，社会的秩序の維持のために，児童の行為を犯罪として裁判所が扱う余地を残したかったのである。イングレビィー子爵が裁判所の介入に積極的であったことを政府としては利用したいところであるが，刑事責任年齢の引き上げを含むために独自に反対論を打ち出したと考えられる。

　上記の3者の論拠を見ると，刑事責任年齢に関するこれらの議論においては，おおむね引き上げ賛成論の発言が多数を占めたのである。諸外国との比較で8歳の刑事責任年齢を不当とした主張（アビンジャー女男爵）は，世界的な潮流に合わせる姿勢を表したもので，当時としては画期的なものであったと言えるであろう。しかし，それ以外では，12歳未満の児童の責任能力の程度や有無について具体的に主張した議員は見当たらなかったのである。また，児童の年齢による成熟性の程度についても同様であり，結局のところ，彼らの主張の本質は，児童よりも当時の社会的制度や個人的な印象に基づくものであった。刑事責任の法的な議論よりもこれらの主張が多くなされる背景には，ヘイルシャム子爵が言うように「刑事責任年齢というものは，イングラ

134　第 6 章　1963 年の児童少年法の議論

ンド法で認められる概念ではなく，ヨーロッパ大陸の概念」という，一種の「他山の石」の意識がある。国際的に極めて低い 8 歳の刑事責任年齢を特殊なものだと理解しつつも，一般化し続けようとする政府の姿勢は，それを示しているように思われる。

　結果的に採決ではアビンジャー女男爵の修正案は僅差で認められたが，これは，政府の頑なな姿勢をいくぶんか揺るがし，対案をもたらすことになったのである。

(3)　1963 年 1 月 24 日　貴族院報告修正審議

　前年の委員会審議で刑事責任年齢を 8 歳から 12 歳にするアビンジャー女男爵の修正案は僅差で同意されたが，この修正に対して大法官から再修正が提議された[55]。

> **大法官**　この「12 歳」の文言を削除し，「10 歳」に置き換えるよう提案します。……私の修正案は，熟慮の結果です。
>
> 　女史は 12 歳未満の児童が犯罪によって裁判を受けるべきではないことを明確にしました。……彼女はそのような児童を取り扱うことが適切で賢明だと考えていません。彼らが他の非行者と接触することで大きな害悪を受ける可能性があるというのが彼女の意見です。彼女は，裁判所の介入なしに，社会的機関や教育システムで彼らを扱うべきだと考えています。……私は，女男爵閣下の意見を全面的に認めることはできませんし，採用すべきではありません。同時に，議員各位の発言を十分に検討したうえで，政府は，刑事責任年齢を 8 歳から 10 歳に引き上げる結論に達し，その範囲内で女史の意見と一致することになるでしょう。……
>
> 　……ある議員閣下は，刑事責任年齢の引き上げと児童の出廷を結びつけ，裁判所が児童を扱う範囲を広げるべきだと主張しました。彼は，12 歳未満の児童に対して刑罰的処遇を命ずる裁判所の権限を維持した上で，有罪宣告の恥辱を避けることを求めました。……
>
> 　周知の通り，犯罪で告発された者は，当該犯罪について合理的な疑いを超える立証がなされない限り，無罪になります。現在の法律もそれに基づいているため，裁判所は，犯罪を構成する行為が合理的な疑いを超えて立証されない限り，8 歳以上の児童に刑の宣告ができません。彼の主張によれば，裁判所は，合理的な疑いを超える立証がなされる犯罪ではなく，蓋然性の比較に基づいて，児童が告発された行為をしたと

---

[55]　246 H.L. Deb. 5s., cols. 204-213.

思われるならば処分ができることになります。

　……彼の主張では，蓋然性の比較に基づき，児童が非行をしたと考えられる場合裁判所は，現在有罪の認定後に実行できる権限，つまりイングレビィー委員会が刑罰的権限として認めているような，1ヶ月間のリマンド・ホーム収容や短期出頭所の出頭命令に似たような権限を持つでしょう。……女男爵閣下と彼は全く異なる理由で12歳への引き上げを求めていますが，彼は，提案する新しい手続が伴わない限り，刑事責任年齢の引き上げに賛成しないものと思います。……

　……イングレビィー委員会の主張は，非行の初期段階の児童でも黙認すべきではないというものでした。検討すべき問題は，刑事責任年齢が引き上げられると，彼が提案する手続が認められるかどうかです。政府の見解としては……それは認められません。……

　政府は，児童の悪しき行為に対する裁判の非刑事的手続を考慮するよりも，8歳以上のある年齢までの児童に対して，教育的・社会的サービスを適切に与えることができるかを考慮する方が賢明だと考えます。……刑事責任年齢を引き上げるかという問題に対して，政府はこう答えます。「はい。ただし，12歳ほど高くはなく，かといって現在の年齢でもありません」と。

　……現在，毎年約18000人の12歳未満の児童が有罪を宣告されています。そのうち約13400人が10歳か11歳で，4700人が8歳か9歳です。……

　1961年には，10歳以上12歳未満の児童13300人が有罪を宣告され，そのうち約32％が条件付き釈放，27％が保護観察，25％が罰金，3％が認可学校送致，2％がフィット・パーソン命令の処分を受けました。……

　本法案第2条は「保護・監護」の範囲を拡大しますが，それほど大きくはありません。この新しい定義は，管理不能な児童を対象にするでしょうが，彼らのほとんどは，深刻であり，措置を考慮すべき不適切な家庭で暮らす者でしょう。それは，かなり非行が進んだ者というよりも，まだ非行の性癖が定着していない者を対象とするでしょう。……手遅れになる前にそのような児童を救い出す必要があります。そして政府は，この種の児童が12歳まで裁判を受けられないことを遅すぎると考えます。……

　……私は，学校が非行をチェックする重要な役割を持つと信じます。学校は，多くの潜在的な非行や実際の非行を確実にチェックできますが，その全てをチェックできるというわけではありません。……

　政府は，8歳や9歳の児童に対する刑事的手続を不適切だと考え，そのような児童の非行については，学校，情緒障害児の相談所，新たな予防的機能を有する地方の児童担当局といった社会的機関が担当する問題だと考えるべきです。これらの社会的機関は，8歳，9歳の児童とその親に対して，児童の行動に必要な対応を用意することができるはずです。

　……比較的少数である8歳以上10歳未満の児童について，政府が裁判を受ける義

136　第6章　1963年の児童少年法の議論

務から解放し，他の手段で柔軟に対応するとしたことは正当と思います。刑事的手続が不適切で避けられるべきだという考えに私は深く同意します。

　　……私は，10歳以上12歳未満の多くの児童が裁判を受けることに利益があるものと考えます。なぜなら，社会的機関や教育的手段は，彼らを十分に扱えないと思われるからです。

　大法官は，このように述べて，一旦同意されたアビンジャー女男爵の修正案の12歳の刑事責任年齢を10歳にすることを提案した。これに続く発言は主に次のものである[56]。

　　アビンジャー女男爵　……委員会審議での私の主張は，わが国の刑事責任年齢が，近隣諸国，特にヨーロッパ大陸よりもはるかに遅れているというものでした。それを12歳にしてもなお，わが国は遅れています。……

　　10歳に固執する政府の主張の要旨は，社会的・教育的メカニズムの代行では10歳以上の児童を扱えないというものでしょう。それは歴史的に影響し続けているように思われます。その主張は，窃盗をした児童を死刑や流刑にする年齢を引き上げない理由として利用されました。10歳や11歳の児童を扱えないというのは，どうあろうと極めて貧弱な主張です。現在の対応がうまくいっていないとしても，それは実に貧弱な主張です。……

　　……幼い児童の大多数の非行は完全に裁判所外で対処されています。非行は極めて広範囲にわたる問題であり，私は少年にとって極めて一般的な問題だと思うのです。……

　　……結局，政府が極めて消極的で，裁判所が関与しない限り児童を扱うことができないと考えるならば，そして児童が刑事責任を負うことに強い反対があることを政府が認識しようとしないのならば，政府には，その問題を処理する手段として社会的・教育的サービスを発展させる十分な余裕があります。政府がそれを考えないのであれば，利益よりも害悪が多い手続に代わるサービスを生み出すべきです。……

　　イングレビィー子爵[57]　……大法官閣下の不安は，12歳未満の児童の手続が非刑事的で，民事的なものであれば，矯正的処遇を受ける現在よりも一層児童が危険にさらされるというものでしょう。……われわれが直視すべきは，1933年法以来，少年裁判所の判事は，法的に児童福祉を最優先に考えているということです。……現在の少年裁判所は，刑事裁判所ではなく，極めて福祉的な機関なのです。

　　そもそも，民事的手続は刑事的手続よりも立証の基準が低いのです。裁判所は，告発された犯罪の場合，合理的な疑いを超える立証を求めます。少年裁判所の職務経験

---

[56]　246 H.L. Deb. 5s., cols. 214-217.
[57]　246 H.L. Deb. 5s., cols. 218-221.

のある人なら，少年裁判所が単に合理的な疑いを超える立証がなかった事実だけで，児童のために何らかの救済や助力などをせず，全く時代遅れの責任無能力の推定……を児童に適用しなければならないことを知っているでしょう。

そもそも，1933年法の仕組みでは，保護・監護の必要性があると判断された児童少年，統制に服さない児童，起訴犯罪をした児童少年に対して，同様の処遇が規定されています。民事・刑事両方の手続による処遇は同じ種類で規定されています。ということは，民事的手続の立証の基準が低くても，刑事的手続ではなく，民事的手続によって必要な矯正的処遇を児童に用意することは十分可能です。……

刑事的手続に代わる民事的手続が望まれます。12歳未満で犯罪をした児童に裁判を受けさせ，裁判所が彼を処分できる定義を拡大すべきです。……私はかつて，犯罪が告発され，それを立証するには，特に児童の事件においては，立証の基準を最も厳しくすべきだと認めました。しかし，その犯罪の考えから離れて，児童の福祉を具体化すべきだと思います。それは私の委員会が求めているところです。

「保護・監護，統制」の分野の定義を広げずに刑事責任年齢を8歳から10歳に引き上げ，9歳半で凶悪な犯罪をしそうな「保護・監護，統制」の分野の児童に何ら対処できないという修正案には不安があります。幼いフーリガンたちの間で，8歳未満は刑事責任を負わないどころか，今度は10歳未満まで刑事責任を負わないで済むことが有名になれば，……干し草への放火，故意的な損害，動物などへの残虐な行為といった凶悪な犯罪をする少年たちが，堂々と法律を無視するのではないかと私は心配します。……

フェヴァーシャム伯爵（the Earl of Feversham）[58] ……少年非行の背後には，児童の個性・性格の形成に大きな責務を負う人，つまり親に対して国家が大きな圧力を加えることができるかどうか，という問題があります。……イングレビィー委員会の報告書の傾向を見ると，幼い児童の非行について，教育と監督が不十分な親がその責任を完全に負うべきだと強調している姿勢は重要です。……

……この対案は，結果的にうまくいかないと思います。なぜなら，多くの親が子どもを躾ける態度は，治安判事や少年裁判所の判事のような立場ではなく，教育当局の立場によるものと思われるからです。親が子どもの善行や福祉に責任を負うことなく，8歳から12歳の児童の親の責任を考えないことは，児童の行動を一層悪化させるでしょう。……

刑事責任年齢を検討する上で皆さんに質問があります。8歳，10歳，あるいは12歳という年齢は，親が自分の子どもの教育に責務を負うような流れになるのでしょうか？　私の答えとして，イングレビィー委員会の勧告は……このジレンマに対する唯一の実務的な解決法であると思います。……

チョーリー卿（Lord Chorley）[59] ……個人的には，女男爵閣下が14歳ではなく12歳

---

[58]　246 H.L. Deb. 5s., cols. 222-225.

138　第6章　1963年の児童少年法の議論

に固定したことを残念に思いました。なぜなら，わが国も世界のほとんどの国の賢明な基準にできるだけ近付くべきだからです。われわれは，わが国の刑事法が悪評高いことに気付くべきです。……

ストナム卿[60]　……委員会審議の段階で到達した決定を政府が取り消したいとするならば，それは間違っています。……

　この議論では「裁判所が11歳の児童を扱えないならば，何が彼を扱うことができるのか？」ということが問われています。もちろん，政府の場合も同様に，9歳11ヶ月の児童を扱いたいのです。政府の修正案は，手に負えない児童を善良な市民にするためではなく，短期間では経費を抑えつつ，長期間ではかなりの費用をかけるためにあります。……

　ここで教育を担当する地方当局の関係者を取り上げます。私は，この問題に極めて関係する最も大きな組織のひとつである，ロンドン・カウンティ議会の職員で，事務弁護士でもある方からの手紙を持っています。……彼は，最低の刑事責任年齢を12歳にすべきだとしています。アビンジャー女史が発言したように，ヨーロッパ諸国のほとんどの刑事責任年齢がこれよりも高いのです。これを引き下げることは，時代に逆行することになるでしょう。……

ノリッジ主教（the Lord Bishop of Norwich）[61]　私は，刑事責任年齢を引き上げ，児童に対する刑事的手続を避ける主張に賛成します。……私は，その年齢を12歳に引き上げ，さらにはできるだけ速やかにそれ以上に引き上げることが利益になると思います。

　……必ずや皆さんの心の奥には，全国に強力な道徳的指導者と明確な道徳的指導が必須であり，老いも若きも身体的に健康で社会的に好まれることはもちろん，道徳的にも立派に成長する必要があることを感じているはずです。……

大法官[62]　……少年裁判所の裁判を受けることで，児童は多くの利益を得ることができるという，イングレビィー子爵閣下の意見に私は同調します。……政府が児童による犯罪やその関係のものに怯えているとする女男爵閣下は全く間違っています。それは全く認められません。政府が考慮し，そして本日の皆さんが考慮していることは，児童と地域社会にとって最善の利益になる規定は何かということです。

　なぜならば，イングレビィー委員会も勧告しているように，実際のところ非行で裁判を受けさせるための代替的な手続はなく，12歳に引き上げれば，大きなギャップが生じると思います。昨年で言えば，その年齢層で裁判を受けた13300人の児童を扱える権限がなくなることを意味します。それは，政府の利益ばかりでなく，児童の利益においても深刻な問題です。女史は同意しないでしょうが，その年齢層の児童が適切

---

[59]　246 H.L. Deb. 5s., cols. 226-227.
[60]　246 H.L. Deb. 5s., cols. 229-232.
[61]　246 H.L. Deb. 5s., cols. 232-233.
[62]　246 H.L. Deb. 5s., cols. 233-236.

3　1963年の児童少年法の成立　139

な時期に裁判を受ければ，本物の犯罪者にならずに済むと思います。……

　……この修正案では，イングレビィー勧告と10歳の議決を選択するものではありません。この修正案で決めるべき問題は，10歳未満の児童を告発して，何らかの犯罪で有罪にすることから除外するかどうか，またはそれを12歳未満にするのかどうかであり，そして，昨年に裁判を受けた13300人の10歳以上12歳未満の児童を取り扱える規定がこの法案に全くないことを認識しているのかどうかです。それは単純な問題です。

　……警察はイングレビィー計画に賛成していません。警察署長協会（the Association of Chief Constables）は完全に反対しています。ロンドン市警察本部長は10歳に変更することだけを考えています。

　この後，採決が行われ，賛成41名，反対27名で政府側の修正案は同意された。これにより，当初8歳から12歳へ変更される予定であった刑事責任年齢は，10歳に再修正されることになった。貴族院での児童少年法案の審議はさらに続くが，刑事責任年齢を主題とした議論はこの段階で決着し，法案は下院へ送られたのである。

　もともと刑事責任年齢の引き上げに消極的であった政府は，アビンジャー女男爵の修正案が僅差で認められたことにより，政府側の変更の可能性を見出し，その上で，引き上げ論が多くを占めている状況を鑑みて，10歳の折衷案を示したのではないかと思われる。政府が刑事責任年齢の引き上げに消極的であったことは，厳罰志向であったためというよりも，比較的刑事責任年齢が高い諸外国とは異なる少年裁判所という特別な機関が存在し，福祉的な機関でありながら司法的措置をも含む少年裁判所の好都合な存在意義を維持したかったためであろう。

　貴族院での一連の議論を見ると，児童に対する福祉的な対策としての引き上げ論が多いが，その着眼点は，他国との比較論であったり，教育制度に年齢を一致させるものであったり，教育的な施設処遇で対応できるがゆえに裁判との関わりをなくそうとするものであったりした。多角的な議論はなされているようだが，教育制度にしても，施設処遇にしても，いくら児童にとって利益的で効果的なものであろうと，それらは普遍的なシステムではあり得ない。議論の中にもあったように，それ自体が地方や国によっても大きく異なるのである。

140　第 6 章　1963 年の児童少年法の議論

　刑事責任の判断において，かつては公的な出生記録のシステムが未発達で
あったことにより，暦年齢に対する信頼度は高いものではなかった。そこで，
7 歳以上 14 歳未満の区分においては，暦年齢だけで判断せずに，個別的に刑
事責任の有無を判断していた。そこでは個人的な成熟度が重視されたのだが，
宗教教育及び学校教育の発達も相まって，身体的な成熟期よりも前に，社会
的非難を受けてもやむを得ないほどの善悪の分別力を持つ可能性が現れたの
である。そのような流れの中で，検討すべき成熟度の問題や善悪の分別力の
発達の問題はほとんど触れられないままに，審議は進んだのである。ここに
おいて，教育的・福祉的な理由であれば，刑事責任年齢をたやすく変更でき
るというような論調が垣間見えるのだが，つまるところそれは誤解であり，
普遍的なものではない理由による変更は，引き上げ論であっても危険性をは
らむものと思われる。

(4) 1963 年 2 月 27 日　下院第 2 読会

　貴族院で刑事責任年齢が 10 歳に修正された法案は，下院ではどのように
扱われたのであろうか。引き続き，議事録から関係する部分を抜粋し，議論
の流れを見ることにする。なお，刑事責任年齢の修正条文（1933 年の児童少年法
第 50 条の修正）は，貴族院で法案第 2 条として触れられていたが，別件の追加
条文があったため，ここでは第 16 条に繰り下がっている。

ウッドハウス内務省統合次官（the Joint Under-Secretary of State for the Home
Department, Mr. C.M. Woodhouse）[63] ……イングランド及びウェールズの法律には，
4 つの関係する規定があります。第 1 は，8 歳未満の児童が犯罪をなし得ないというこ
と。第 2 は，8 歳以上 14 歳未満の児童が責任無能力の推定……を受けること。……第
3 は，特別に設置され，特別な処遇方法を行う裁判所が少年犯罪者を扱うこと。第 4
は，各事件で特定の年齢未満の児童に対して，苛酷な刑罰を科さないことです。
　諸外国の状況を説明するために「刑事責任年齢」という用語を使うならば，その水
準は 17 歳のあたりになるかもしれません。しかし，私は諸外国の状況比較が適切で，
必要だとは思いません。実際，法案の第 16 条は，……犯罪をしても有罪にならないと
最終的に推定される年齢に関する複合体の主な要素だけを表しています。その決定的
な問題は，すなわち，その年齢を 8 歳かそれ以上にするのかということです。イング

---

[63]　672 H.C. Deb. 5s., cols. 1273-1275.

レビィー委員会は12歳，さらには14歳への引き上げを勧告しました。……

　12歳未満の児童が犯罪をしても有罪にならないという推定は，法律上のフィクションであって，現在の仮説よりも一層事実と矛盾することが明らかなフィクションに過ぎないでしょう。残念ながら，8歳以上12歳未満の児童は必然的に悪いことをするようになるでしょう。彼らは，他人の物を奪ったり，窓を破ったりすることが悪いことだと知るようになるでしょう。そこで，彼ら自身の利益と他人の利益の両方の分野で彼らを効果的に扱う必要があります。……

　イングレビィー委員会の提案は，要するに，非刑事的な手続で裁判所が関与すべきだというものです。その年齢以上の者ならば有罪になるような行為をしたことに基づき，当該児童が「保護及び教育」の必要性があるとして裁判を受けるというものです。責任無能力の推定はイングレビィー委員会の勧告では見当たりませんでした。手続は民事的なものになり，児童の行為に対して合理的な疑いを超える立証は必要なく，窃盗罪のように，犯罪に不可欠な要素である犯罪的な意思に対しても合理的な疑いを超える必要がないのです。

　イングレビィー委員会の計画にはいくつかの長所があります。まず，12歳未満の児童は刑事的手続の恥辱を回避できます。第2に，児童に裁判を受けさせる煩わしさと裁判所が権限を行使する根拠の厳格さが軽減されることで，少年裁判所が矯正的手段を行う前に，非行の常習性が付きつつある幼い犯罪者を社会的機関に送ることができます。

　政府は，児童及びその親の立場から，有罪の認定という影響力を持つにもかかわらず，犯罪に必要な要件である合理的な疑いを超える完全かつ公式的な立証のない制度，そして有罪の認定に対する現在の保護策をも奪うような制度を正当だとは考えません。……

　……いかに裁判所の意図が優れていても，いかに児童の利益にかなっていても，児童や親が，手続に対して全く公平ではない処遇を適用するものだと見なせば，その処遇はうまくいかないと政府は考えます。……

ウッドハウス内務省統合次官[64]　……社会的な機関や学校は，児童の非行をチェックし，問題児にならないようにする重要な役割を果たすことができるし，またそうしなければいけません。しかし，現在矯正的な措置を受けていない13000人の10歳以上12歳未満の児童が裁判所のバックアップなしに処理されていることからすると，それを期待することは非現実的だと政府は考えます。とはいえ，11歳，12歳の児童と8歳から10歳の児童を区別することはできるものと思います。

　彼らの数はそれほど多くなく，彼らの非行はそれほど凶悪ではありません。彼らは社会的機関や学校の影響を受けやすい。したがって，政府は，犯罪をなし得ないと見なされる年齢を10歳未満に引き上げることが安全で合理的だという結論に至り，第

---

[64]　672 H.C. Deb. 5s., cols. 1276-1277.

142　第 6 章　1963 年の児童少年法の議論

16 条第 1 項に示しました。

ベイコン議員（Miss Bacon）[65]　……刑事責任年齢を 12 歳に引き上げる修正案が提出された際，理解のない議員の何人かが激しく非難し，その年齢は 12 歳から 10 歳に戻されました。本法案の審議にあたって，われわれはその年齢を少なくとも 12 歳に戻すべきです。

　われわれは，刑事責任年齢をどのような意味で言っているのでしょうか。……ほとんどの親はそれを理解していませんが，私は裁判を受けることがない児童の年齢だと確信しています。現在の法案では，それは刑事責任年齢未満の児童が裁判を受けないことを意味していません。彼は受けることがあるのです。それは，刑事責任年齢未満の児童が，犯罪によって告発されて裁判を受けることがないという意味です。児童は保護・監護，統制の必要性によって裁判を受けることがあるのです。……

　私は，幼い児童が犯罪をしても告発されないだけでなく，できるだけ裁判所から隔離すべきだと考えます。……出廷によって，幼い児童は大きなダメージを受けるでしょう。……出廷すれば，彼は自分を幼い犯罪者だと考えます。多くの児童は，過去の償いで出廷すると考えず，恥じずに行動するため出廷すると考えています。……

ウィルズ議員（Sir G. Wills）[66]　……刑事責任年齢を 8 歳から 10 歳に引き上げるという提案についてですが，それは，イングレビィー報告書よりも低いものです。ある議員閣下は，10 歳未満の児童を裁判所が扱わず，腕白な児童として扱うべきだと考えています。児童をそのように取り扱うべきなのは，確かに 10 歳未満です。私はその年齢基準が 10 歳に引き上げられることをうれしく思います。そのような児童については，彼らの親が躾けるべきであるし，必要であれば，罰するべきだと思います。その親が義務を果たせないならば，教育的もしくは社会的機関による措置が講じられることになるでしょう……。私は，治安判事及び少年裁判所の判事として，間違っているかもしれないが，10 歳という基準を現時点で妥当だと思います。

ワイツマン議員（Mr. Weitzman）[67]　……8 歳の児童を犯罪者として話すことは馬鹿げています。10 歳の児童を犯罪者として話すことも馬鹿げていますし，12 歳未満の児童の有罪歴が残されることも全く馬鹿げています。泥棒をしたり，損害を与えたりする児童は腕白なのです。彼らは叱責され，罰せられるべきですが，幼い犯罪者として見なされるべきではありません。彼らの行為は，対処すべき家庭的・家族的問題を生んでいますが，彼らを刑事法的訴追の対象にすべきではありません。幼い児童を起訴することは，児童を傷付けるだけでなく，両親に深い苦悩を与えます。……

ガードナー議員（Mr. Gardner）[68]　……イングレビィー報告書は，12 歳未満の児童につ

---

[65]　672 H.C. Deb. 5s., cols. 1287-1289.
[66]　672 H.C. Deb. 5s., col. 1297.
[67]　672 H.C. Deb. 5s., cols. 1313-1314.
[68]　672 H.C. Deb. 5s., cols. 1319-1320.

いて，保護もしくは教育の必要がある場合に裁判で扱うことを提案しました。……私見として，この主張は，結局のところ見事にバランスが取れていると思われますが，私は，1年以上前から責任無能力の推定を維持すべきだという意見に転向しており，イングレビィー委員会の勧告には完全に賛成できないのです。

　児童は8歳に到達するまで犯罪の意思を形成できないというルールは，全く人工的であり，ほとんどの児童の場合，全く非現実的です。……親であり，完全な子育てをしているわれわれなら，普通の児童が極めて幼い年齢で犯罪が何であるかを十分に　劇的に理解できることをよく知っています。……

　……私は，責任無能力の推定のルールが今なお児童の保護策になっていると考えずにはいられません。これは，検察側に合理的な疑いを超える立証負担があるというルールとともに，犯罪をして裁判を受ける児童の追加的な保護策です。もしこのルールが廃止される場合，少年裁判所の手続をある程度民事的な手続に変化させる必要があると思います。……

イード議員（Mr. Ede）[69]　……通常の児童教育は，小学校，中等学校，そしてその上と3段階に分かれます。小学校は，11歳，12歳のあたりまでで，その年齢以上の者は，新しい教育環境に移り，新しい責任に直面することになります。私は，それを児童の人生上の変化にできる限り合わせることが良いと思います。私は，この法案で特定の責任については14歳よりも15歳にするよう主張しています。なぜなら，今の義務教育は15歳で終わり，それ以上の少年は，さらなる責任を負うことになるからです。

　小学校を卒業する児童は，児童として話し，教えられて，中等学校に進学するのであり，中等学校では小学校以上の責任を教育的に負うことができると期待されるのです。私は，刑事責任年齢を8歳以上に引き上げるならば，そのような年齢にすることが望ましいと思います。それを義務教育が終了する15歳に引き上げるべきだという主張もあるのです。……

マップ議員（Mr. Mapp）[70]　……私は，刑事責任の最低年齢を学校の卒業年齢にすべきだと思います。

フィッチ議員（Mr. Fitch）[71]　……イングレビィー報告書は適正な刑事責任年齢を12歳とし，政府は10歳としています。議論をかき回すつもりはありませんが，私は13歳を適正と考えます。その理由はイード議員が主張しています。もし13歳が採用されれば，わが国の初等段階の教育システムは刑事責任年齢から外れることになります。……

マッコル議員（Mr. MacColl）[72]　……8歳以上の児童は善悪の認識ができるから，彼う

---

[69]　672 H.C. Deb. 5s., col. 1322.
[70]　672 H.C. Deb. 5s., col. 1338.
[71]　672 H.C. Deb. 5s., col. 1345.
[72]　672 H.C. Deb. 5s., cols. 1365-1366.

144　第 6 章　1963 年の児童少年法の議論

は自己の行為に責任を負うとの発言を多くの方から聞きました。親の経験のある方なら，自分の子どもに「思っているだけでは，物事は進まないよ」と言わなかったことはないでしょう。本当に難しい問題は，いつ子どもに厳然と善悪を教えるのかではなく，彼が少年ギャングと付き合っている場合に，彼が教えられたことを常に思い出すかどうかです。

……裁判所の関心事は，意思の正確な内容ではなく，また何が犯罪か，何が単純ないたずらかを区別する能力の正確な程度でもありません。裁判所は，当該行為について，その児童に対して援助や場合によっては刑罰も含む処遇が必要なタイプに当てはまるかどうかを問題にします。……

ブルック内務大臣（the Secretary of State for Home Department, Mr. Brooke）[73]

……13 歳と 11 歳の 2 人が一緒に窃盗をしたとしましょう。イングレビィー報告書によれば，11 歳の児童は「保護もしくは教育」の必要性によって裁判を受けます。13 歳の児童は，犯罪の告発によって裁判を受けることになりますが，彼は 12 歳を超えるため，刑罰を科す場合は……合理的な疑いを超える立証が必要とされます。

……2 人の犯罪は同じで，証拠も同じです。イングレビィー勧告の手続では，11 歳の児童は保護もしくは教育の必要性によって扱われ，立証の基準も刑罰を科す場合よりも緩やかになるでしょう。イングレビィー報告書は，犯罪で告発された者が法的な抗弁や保護を主張できないことを率直に認めています。つまり，同じ証拠で年上の児童は，合理的な疑いを超える立証がなかったために，刑罰を受けずに済む一方で，年下の方は処罰されるかもしれません。「処罰」という言葉を強調しているのは，イングレビィー勧告には刑罰が考えられているからです。……

結果的にこの第 2 読会で刑事責任年齢は修正されることなく，法案は常任委員会へ送付された。

⑸　1963 年 7 月 15 日　下院常任委員会審議

マッコル議員[74]　……法案には 1933 年の児童少年法第 50 条の修正として，刑事責任年齢を 8 歳から 10 歳に変更することが盛り込まれています。私は，この修正案をさらに修正します……。1944 年の教育法には，「教育不可能」と呼ばれる児童と教育を受けていない児童の部類がありました。彼らに対する地方の教育当局の責務がなくなる代わりに，保健局（the public health department）が責務を負いました。この部類については，1959 年の精神保健法で変更され，「教育不可能」の言葉は削除されました。この言い方は，われわれが検討する種類の児童を指すのに最適ではないでしょうか。

---

[73]　672 H.C. Deb. 5s., cols. 1375-1376.

[74]　681 H.C. Deb. 5s., cols. 268-269.

3　1963 年の児童少年法の成立　　143

　　刑事責任年齢を考える際に常に付きまとう問題は，精神年齢の方が本当は重要なのに，暦年齢で考えようとすることです。児童が犯罪行為に責任を負わない年齢をどこにするか，その完璧な基準を見つけることは困難です。なぜなら，特定の年齢の児童と言っても，起きている事象を把握する理解力に大きな幅があると思われるからです。ともかく一度，出生証明書で判別できるような暦年齢から離れて，精神年齢という不安定な領域を考えましょう。なぜなら，知能指数は，非常に重要視すべき不安定なものだからです。知能指数は，児童の精神状態に応じて変化し，彼が受ける教育によっても変化します。いずれにせよ，児童の理解力の程度を前もって知ることは不可能です。……

　　これは，かなりの不公平をもたらします。裁判所によっては，児童が特殊学校に通っていることをウィンクとうなずきで裁判所事務官に知らせることを認めていますが，いつもそれができるわけではありません。さらに言えば，学習能力が標準以下の児童が全員そのように確認されるわけではなく，特殊学校に通っているわけではありません。……

　　……この種の児童は，深刻な問題行動を起こすでしょうが，彼らに対しては，刑事責任以外の手段で扱うことが確実です。……

ブルック内務大臣[75]　……14 歳未満の児童の場合，裁判所は，彼が犯罪の意思を形成できたかを見極めなければなりません。それは極めて困難でしょうし，閣下が考えている種類の児童の場合でも，同様の見極めが必要です。……

　　学習能力が標準以下の児童少年に関する問題は，できるだけ裁判所に頼らない方法で扱われるべきです。それはもっともなことですが，全ての事例を裁判所の管轄から完全に外すことは，結局児童にとって最善の利益にならないでしょう……。

マッコル議員[76]　……14 歳以上の場合なら事実認定は可能でしょうが，そこでも彼が 4 歳か 5 歳ぐらいの精神年齢で，非常に知恵遅れの児童の場合であれば問題が生じると思います。幼い児童は能力を備えていないから，犯罪をしても告発されるべきではないと認識されています。暦年齢では 15 歳であっても，精神年齢が 4 歳か 5 歳の場合，彼を有罪にすることは裁判所の悪用です。……

　この後，マッコル議員の修正案は反対多数で否決された。結果的に下院は刑事責任年齢の 10 歳引き上げ案を修正することなく第 3 読会を終え，法案を貴族院へ送付したのである。この部分においては貴族院も最終段階で修正を行わず，法案は 1963 年 7 月 31 日に成立した。これにより，刑事責任年齢は法律的に 10 歳以上と定められることになり[77]，完全な刑事責任を負う 14

---

[75]　681 H.C. Deb. 5s., cols. 270-272.
[76]　681 H.C. Deb. 5s., cols. 272-273.

146   第 6 章　1963 年の児童少年法の議論

歳未満までは引き続き責任無能力の推定を受けるシステムになった。したがって，10 歳という法定上の基準とコモン・ローに基づく 14 歳の基準が両立する事態になったのである。

4　小　　括

　政府側は「12 歳未満の児童が犯罪をしても有罪にならないという推定は，法律上のフィクション」とし，「8 歳以上 12 歳未満の児童は必然的に悪いことをする」ために，10 歳引き上げ案を維持し，児童を裁判所で扱うべきだと主張した。ここでも，それは身体的な成熟度よりも善悪の分別力の成熟度が早いという前提による主張であった。政府は，家庭の生活スタイルの多様化とサブカルチャーに対する社会的不安により，犯罪をする児童の対応に裁判所は不可欠とし，学校や家庭にその対応を任せられないと考えていたと思われる。ただし，妥協的に 10 歳までの児童は社会的機関や学校による対応で可能だとした。政府としては，12 歳未満でも裁判所の司法的・刑罰的な対応が必要な問題行動をする場合があるという認識であった。

　とはいえ，価値観が多様化し，サブカルチャーに対する社会的不安のある中で，児童の規範意識や犯罪意思の有無の判断は困難になると思われる。それは議事録でも発言者によって犯罪と見るか，単なる「腕白」な行動の結果と見るか，そして裁判所の対応か，学校・家庭の対応かに分かれていることにも現れている。そのような中で，できるだけ裁判所が対応するべきだとする姿勢は，国家が児童の事後的な処理だけでなく，予防的に規範意識を教育すべき役割を積極的に進めることも意味していると思われる。

　今回の児童少年法案の審議の中で，10 歳の再修正を提議した下院のマッコル議員の発言は独特な視点によるものであった。彼は，刑事責任年齢の検討にあたって，暦年齢よりも精神年齢を重視した。「特定の年齢の児童と言っても，起きている事象を把握する理解力に大きな幅がある」ために，「児童が犯罪行為に責任を負わない年齢をどこにするか，その完璧な基準を見つけるこ

77　1963 年の児童少年法第 16 条第 1 項「先行の法第 50 条における ’8 歳’ の文言は ’10 歳’ に置き換えられる。」

とは困難」という考えは，コモン・ローの時代から続くイギリスの刑事責任
年齢のシステムの存在理由であった。児童の理解力が「精神状態に応じて変
化し，彼の教育によっても変化」することは，価値観が多様化し，規範意識
も多様化した現代においてこそ当てはまると思われる。しかし，現実にはマッ
コル議員の提案に対して，ブルック内務大臣は14歳未満の児童を裁判所の
管轄外にすることに反対し，提案は退けられている。結局のところ，イギリ
スに限らず，世界的に宗教，人種，価値観が多様化した社会では，規範意識
も多様化するために，国民の遵法意識や秩序の維持には政府の積極的な介入
が必要になることを示していると思われる。そして，その政府や関連する組
織が一定の価値観を共有する人物で占められれば，その価値観がその国の刑
事法や刑事政策を決定することになり，それとは異なる価値観のグループが
社会的な不安や批判の対象になり得ると思われるのである。

イングレビイ報告書の付表 II

裁判所の命令が適用可能な年齢

	児童 (CHILD)							少年 (YOUNG PERSON)			成年者 (ADULT)														
年齢	0-7	8	9	10	11	12	13	14	15	16	17	18	19	20	21	22	23	24	25	26	27	28	29	30	31

- いかなる犯罪をしても有罪にならない（0-7）
- 責任無能力の推定
- 罰金（略式的に審理された起訴犯罪について）／絶対的もしくは条件付き釈放あり
- 最高2ポンド ｜ 最高10ポンド
- 保護観察
- 条件への同意不要 ｜ 条件への同意必要
- しかし、保護・監督の必要性もしくは管理不能の状態にある場合は、少年裁判所への出廷を求めることができる。
- フィット・パーソン (FIT PERSON) による保護
- 認可学校 (APPROVED SCHOOL)（制限あり）
- 観護所（リマンド・ホーム、REMAND HOME）（短期収容所が利用できない場合）
- 短期出頭所
- 短期収容所
- ボースタル
- 刑務所（21歳に至るまで制限あり）
- 巡回及び四季裁判所／治安判事裁判所
- 絞首刑
- 矯正的訓練

	児童 (CHILD)							少年 (YOUNG PERSON)			成年者 (ADULT)														
年齢	0-7	8	9	10	11	12	13	14	15	16	17	18	19	20	21	22	23	24	25	26	27	28	29	30	31

保護・監督の必要性もしくは管理不能の状態にある場合・・・・監督、フィット・パーソンによる保護、認可学校、1959年の精神保健法 (Mental Health Act) による入院もしくは後見

H. M. S. O. Report of the Committee on Children and Young Persons, Cmnd. 1191, p. 169 をもとに作成。一部省略、また注記を表に含めた。

第 7 章 「法と秩序」という基軸

1 児童に対する労働党の立場

(1) 労働党のアピール

1963 年の児童少年法では刑事責任年齢が 10 歳に引き上げられ，幼い児童の問題行動に対する非刑事的な対応の範囲は拡充されたが，10 歳以上の児童は依然として犯罪者として有罪宣告を受ける立場にあった。法案段階では刑事責任年齢を 12 歳や 14 歳に引き上げる意見も多く，当初引き上げに消極的であった政府も 10 歳の引き上げ案を提出し，それで落ち着く形になった。ただし，決着というわけではなく，刑事責任年齢をさらに引き上げ，児童を非刑事的処分もしくは学校・家庭の指導に任せるという意見は存続していた。そのような主張を強固にし，実現するためには，代替的な犯罪対策を社会にアピールする必要があった。

1964 年 10 月に政権が保守党から労働党に交代したが，その前に労働党の研究グループによる報告書『犯罪—社会への挑戦 (Crime—a Challenge to us all)』[1] が公表されている。その最も重大な提言は家庭裁判所の設置である。労働党は，児童の反社会的行為が，家庭での苦境や学校での不満など，彼に責任のない原因から生じる場合があると捉えた[2]。そのために党は，両親，学校，保健局の非行防止活動に対し，家庭局 (Family Service) が支援・補助することを打ち出したのである[3]。

家庭裁判所については，少年裁判所を変形させることで創設すべきだと考えており，それはまた，家事に関する治安判事裁判所の司法的機能も引き継

---

[1]　Labour Party, Crime—a Challenge to us all, Report of the Labour Party's Study Group, 1964.
[2]　Labour Party, op. cit., p. 21.
[3]　Labour Party, op. cit., p. 21.

ぐことが考えられていた[4]。家庭裁判所であれば，犯罪行為だけでなく，その前段階の問題をはじめ広範囲に対処できることになり，最終的に非行・犯罪を防止できるという仕組みである。その処分は非刑事的なものであるため，低い刑事責任年齢を引き上げざるを得なくなる。したがって，裁判所の重点や雰囲気は人間的なものを基調として家族全体の福祉が第一に考慮され，その管轄は18歳未満の保護・監督事件などを対象とするものであった[5]。

　さらに報告書は，刑事責任年齢と刑事的手続に関して次の事項を述べている[6]。

- 「刑事責任年齢」は様々な意味で用いられる。法的には単純に犯罪で訴追される年齢を意味するが，実際には，裁判所に出廷する児童の種類を決定するものである。
- 親であれば，児童がどのような犯罪をしようと，彼が思春期の早い段階で犯罪者の烙印を押されることを嫌だと思う。
- 犯罪で訴追されて裁判を受けることは，児童の苦境を悪化させ，犯罪歴の第一歩になるであろう。
- 児童を公平に評すれば，社会の健全性と幸福のために，いかなる児童も思春期の早い段階で刑事的手続にかかわるべきではなく，彼らは恥辱や刑罰システムに関わることなく，必要な種類の処遇を受けるべきである。
- 特定の身体的な年齢の児童における成長段階や不足する部分は多種多様であるが，ある程度の分割線がなくてはならない。われわれは，この線を法定の学校卒業年齢で引くべきだと考えており，この年齢未満の児童は決して刑事的手続を受けないものと考える。社会は，当該児童を通学させるならば，彼が公教育だけでなく，社会的責任で訓練を受けられるようにすることが求められるであろう。

　報告書は，児童に対する社会的非難と刑罰が彼を悪化させるものとし，非刑事的手続と教育的処遇によってそれらを回避しようと提言した。そのために低い刑事責任年齢を学校の卒業年齢，すなわち16歳未満まで引き上げる必要を説いたのである。

　その労働党が1964年10月に政権の座に就いてからも，そのような姿勢は

---

[4]　Labour Party, op. cit., p. 23.
[5]　Labour Party, op. cit., p. 23.　従来の少年裁判所も17歳未満の保護・監督事件を扱っている。この他，家庭裁判所の管轄として，15歳以上18歳未満の少年に対する刑事的訴追，養育放棄や虐待事件から夫婦間の問題まで広範囲の事項が挙げられている（ibid.）。
[6]　Labour Party, op. cit., pp. 24-25.

たびたび公表されている。1965 年に公表された白書『児童，家族，少年犯罪者（The Child, The Family and The Young Offender)』では，義務教育の上限年齢である 16 歳を基準に，16 歳未満及び 16 歳以上 21 歳未満の 2 つの部類に区切ることが示されている[7]。「急進的な改革」として，16 歳未満の児童少年に刑事的な恥辱を与えないようにすることが提言されており[8]，実質的な刑事責任年齢を 16 歳未満にすることを暗示した。白書は，彼らをできるだけ裁判所から隔離して，地方の児童担当部局に権限を持たせた上で対応することを目指したのである[9]。

(2) 少年への対処に関する提言

　1965 年の報告書では 16 歳未満と 16 歳以上 21 歳未満の者に関して，非刑事的処遇や裁判所からの隔離などが提言され，1963 年法の刑事責任年齢を実質的に無力化するような考えが示された。1967 年に公表された『成人年齢に関する委員会報告書（Report of the Committee on the Age of Majority)』[10]は，題名通り，成人年齢の在り方を検討したもので，婚姻，被後見人，契約，財産処分等の民事法的な分野における適正な年齢を勧告している。

　この中で，例えば成熟性に関しては，現在の若者のほとんどが昔よりも早く成熟するために，21 歳を成人年齢とするコモン・ロー上の根拠は現代とそぐわないとして，法的な行為能力が完全に備わる年齢を 18 歳に引き下げることを勧告した[11]。一方で，今日の若者は昔よりも裕福で，身体的に成熟しているが，彼らの情緒的な成熟度は昔とほとんど変わらないと指摘した[12]。

---

[7]　H.M.S.O., The Child, The Family and The Young Offender, 1965, Cmnd. 2742, para. 9.

[8]　The Child, The Family and The Young Offender, op. cit., para. 10.

[9]　The Child, The Family and The Young Offender, op. cit., para. 11.

[10]　H.M.S.O., Report of the Committee on the Age of Majority, 1967（reprinted 1969), Cmnd. 3342.

[11]　Report of the Committee on the Age of Majority, op. cit., para. 134.　イギリスでは 0 歳から 25 歳まで年齢別に行使可能な権利・能力が細かく定められている。コモン・ローに由来するものと法律で明文化されたものが入り混じっているため，複雑であり，混乱の様相を呈している。特にコモン・ロー由来の年齢基準は，刑事責任年齢に限らず，時代によって左右される対象になる。1966 年当時のイギリスにおける各分野の主な年齢基準については，同書 161 頁以降を参照。

[12]　Report of the Committee on the Age of Majority, op. cit., para. 560.　この段落は婚姻の適正年齢に関する部分である。それゆえに委員会は，成年を 21 歳に維持することなどを勧告している。これは若者に対する福祉的・保護的なアプローチであろう。

152 第7章 「法と秩序」という基軸

　このように報告書では，刑事責任年齢について直接論じられていないが，現代の若者の身体と情緒における成熟度に差があることが示されている。このことは，民事的な分野に限らず，刑事的な分野においても，精神的に未成熟なまま，成人並みの行動力を発揮する場合があることを暗示しているように思われる。刑事責任年齢の引き上げ論に見受けられるような，非行・犯罪をする子どもの環境が社会的な要因から悪化しているために彼らを福祉的に救済するという考えは，身体的には成人並みに成熟しながらも，悪い環境が精神的な成熟度を遅らせているという考えに結びつくと思われる。それゆえに，犯罪をした少年が完全な刑事責任年齢である14歳を超えていても，なお非刑事的な手続や教育的な指導をもって対処すべきだとの理論はそれと関連性があることになる。この報告書は間接的ながら，1965年の報告書における政府の年齢区分の立場を補強し，労働党の福祉重視の刑事政策を一層推進させる役割もあったと言えるであろう。

　1968年には白書『問題児たち（Children in Trouble）』が公表された[13]。この白書は，非行には多くの原因が影響し，非行を含む行動が広範囲にわたるとした[14]。したがって，児童の行動は，遺伝的・感情的・知的要因と彼の成熟性，彼の家族，学校，隣人関係，その他の社会環境に影響されるとし，間違った行動をせずに成長する児童は少数であろうとしている[15]。白書における児童の問題行動は，社会的な環境によって一般的に発生するものとして，一種の通過儀礼のように考えられており，早期発見と保護的・教育的対応で善良に成長させることが重要とされている。同書の第6パラグラフでは次のように述べられている[16]。

　　そのような行動は，児童の正常な成長段階で頻繁に発生するものである。しかし，場合によっては，それが不十分な家族的・社会的環境の反映であり，学校に退屈した結果であり，適応障害・未成熟の兆候であり，逸脱した個性・傷ついた個性・異常な個性の兆候である。早期に認識し，正確に評価することは，このような事件では特に重要である。社会が多種にわたる非行の様相を効果的そして適切に取り扱える場合，多

---

[13]　H.M.S.O., Children in Trouble, 1968（reprinted 1973）, Cmnd. 3601.
[14]　Children in Trouble, op. cit., para. 6.
[15]　Children in Trouble, op. cit., para. 6.
[16]　Children in Trouble, op. cit., para. 6.

1　児童に対する労働党の立場　　153

様で柔軟な措置を講ずることは重要である。

　この観点によれば，彼らの問題行動は外部からの影響で発生しているために，彼らもまた一種の被害者ということになる。そのため，彼らを非難し，刑罰で抑止することは正当ではなく，刑事的手続で真実を解明するよりも彼らを危険な社会的環境から救済することが優先されるのである。
　その上で，少年非行に対する保護的な対応が合理的である理由として，例えば第7パラグラフでは次のような記述が見受けられる[17]。

> 　少年非行は，社会に大小様々な危害をもたらす。刑事法の重要な目的は，そのような結果から社会を保護することにあるが，一方で社会は，幼さゆえに自分を守れない者に対する保護の重要性も認識している。この数年の間に，このような少年の社会的対応についての全く異なる2つの立場が着実に近づきつつある。少年の有害な行動に対する社会的管理と，少年を援助・保護するための社会的措置は，別個の手続でないことが明らかになりつつある。少年非行から社会を保護する目的と，問題児を成熟した良民に成長させる目的は補完的なものであり，対立するものではない。

　本来は異なる目的である，社会と個人の両方の保護を融合させることは，国家機関が総合的に児童少年を管理し，介入を強めることに結びつく。その一方で，両者が融合しているがために，彼らに対する社会的非難は国家機関が防御する状況になるとも考えられる。ここにおいて，犯罪行為を非難する社会とそれに対応する国家機関の間に差異が生じ，社会の不満が生じることになるであろう。しかしながら，労働党政府は，両者が「対立するものではない」として，両者を融合させ，少年を保護する政策を推進しようとしたのである。
　その際に障害となるものは，1963年の児童少年法で改正された刑事責任年齢であり，それに伴う各種の処分であった。保護的な政策をいくら推進しようとも，法律上は10歳以上の者の刑事責任を追及して処罰することが可能であり，司法によってそのような判断がなされたら，原則として行政はそれに従わざるを得ない。そこで政府は，その障害を克服する決定的な方法として，新しい法律で10歳以上に適用される刑事的処分のさらなる改正を目指

---

[17]　Children in Trouble, op. cit., para. 7.

154 第7章 「法と秩序」という基軸

そうとした。そのような方針は，白書の第12パラグラフでも明確に示されている[18]。

　　このような提案は，両親に依存する幼児期から自立して責任を負う若い成人の時期までの変化が緩やかな経過をたどるという事実に基づいている。ほとんどの児童は，13歳か14歳に重大な局面を迎える。……10歳未満の児童に対する手続は現行通りになるであろうが，10歳以上14歳未満の児童に対する新しい規定が設けられることになり，10歳未満の児童に関する規定も同様になる。そして14歳以上17歳未満の者に対しても新しい規定が設けられることになり，より若い年齢層に関する規定も同様になる。10歳以上14歳未満の犯罪者の手続は，現行の訴訟手続よりも絞られるであろう。その手続は，保護・監護，教育の処分と起訴の中間的なものである。さらにそれは両親が本来持っている責任を果たすよう促すものであり，訴訟手続を判断する前に，児童の家庭事情を考慮するものである。社会保護もしくは児童のために必要な処分については残される。14歳未満の犯罪者のみならず，14歳以上17歳未満の犯罪者についても，起訴は限られた場合においてのみ可能となるであろう。また彼らに対する手続については，起訴が社会もしくは少年の利益に必要かどうか，またはそのような利益が他の方法で最適になるかどうかを決定する基準が示されるであろう。

　ここでは，刑事責任年齢の引き上げが示されていないものの，10歳以上14歳未満の犯罪者の刑事的手続は一層制限され，しかもそれには保護・監護，教育の処分の要素が加わる。このため，14歳未満の児童が処罰されることは極めて限定的になり，逆に処罰を求める起訴が困難になることを示している。さらに14歳以上17歳未満の犯罪者の起訴についても限定的なものになり，少年の利益の考慮が求められた。17歳未満の犯罪者については刑事的な要素を完全に排除していないが，非刑事的な処分を最大限行うことが目指されたのである。このようなアプローチを提示した上で，白書の第14パラグラフは10歳以上14歳未満の児童に対する新しい規定を提案している[19]。

　　この年齢の児童による犯罪は，その事実だけで彼を裁判にかける十分な根拠にならないであろう。彼の処分が必要であれば，保護的・監督的な手続になり，次のように広げられるであろう。1963年の児童少年法の第2条を含む現行法では，次の要件が認められる場合に，彼に保護・監護，教育の必要性があるとしている。

---

[18]　Children in Trouble, op. cit., para. 12.
[19]　Children in Trouble, op. cit., para. 14.

(a)(i) 善良な親であれば合理的に享受を期待できる保護・監護，指導を受けていない児童，及び，

(ii) 次の条件のどれかに該当する児童（例：彼が悪い社交関係に染まっている，もしくは彼が道徳上の危険性をさらしている，または保護・監護，指導の欠如が，彼の健康や適切な発達に無用な危害をもたらしたり，重大な影響を与えたりする可能性がある。）または，

(b) 親や保護者の統制に服さない児童。

この(a)(ii)の要件に，犯罪をした児童が追加される。これは，(a)(i)の要件をも満たす場合か，あるいは当該犯罪が，それ自体か他の要因と合わさって，当該児童が両親の統制に服さないことを示す場合に，犯罪を理由とする処分ができることを意味する。

これは基本的には1963年法第2条の要件に犯罪をした児童を含めることで，犯罪者と「保護・監護，教育」の必要性がある児童を法的に同一視することを考えたのである。したがって，犯罪の理由だけで彼らを裁判することはできないため，(a)(i)及び(ii)の要件か(b)の要件を満たす場合に限り，彼らの犯罪に対する処分が可能であるとした。しかしその処分は，刑事的なものというよりも，保護的なものが考えられており，社会的非難と刑罰を受ける立場はほぼ消失するに等しいものであった。ということは，白書では実質的な刑事責任年齢を14歳以上と考えていたのである。白書の第51段落でも「この年齢の児童の起訴はなくなるであろう。犯罪者を取り扱い，その親を援助する処分は，自由意思によって可能な限り行われる」としている[20]。労働党政府は，刑事責任年齢を主眼にした改正よりも，周辺の法的な条件を改正することで，実質的な刑事責任年齢の引き上げを考えていたように思われる。

その代わりに白書の第49パラグラフは，問題ある児童への第1次的な対処を家庭に求めている[21]。

これらの提案は，児童の行動に多くの影響を与えるものだが，家族の行動は特に重要である。児童の不品行の多くは，成長過程の一部であるが，中には一層根深い原因を有している。社会が問題児を扱う際には，各児童の家族と幅広い社会背景を考慮して，家族内の児童を支援できるようにすべきだし，両親に自己の責任を全うするよう促し，援助し，児童と地域社会の結び付きを尊重すべきである。……堅実で一貫した

---

[20] Children in Trouble, op. cit., para. 51.
[21] Children in Trouble, op. cit., para. 49.

秩序は，児童の成長全体に必要なものである。児童が問題を克服し，成熟した市民になるためであれば，彼には援助のみならず，教育も必要であろう。社会は，自己と児童の保護のために，その教育に関する用意をしなければならない。

　白書は，問題児の保護と教育の責任を家庭に求め，社会がそれを支援する形を目指した。これによって，彼らの非行や犯罪に対する社会的非難の程度は，個人のプライバシーが持ち出されることで低められ，行為に対する責任も反省も非公式的に，私的に処理されることになる。そして，極めて凶悪な犯罪をした一部の児童だけが浮かび上がり，公式の刑事裁判によって処罰されるという構造になる。それは，社会的な環境により，一般的な反社会的行為の刑事責任を彼らに帰すことができないという考えであった。

　しかしながら，それを提言する政府も，社会も家庭も，問題児を保護し，教育する実行力，すなわち彼が「問題を克服し，成熟した市民になる」ような秩序を果たして持ち合わせていたのかという疑問は残る。極力非公式的に処理され，刑事裁判が有する恥辱を排除するこのような構造は，彼らにとって非常に好都合であるが，保護や教育を求められた社会的・教育的機関及び家庭が彼らを成熟した市民に育て上げる確約はなく，実質的な期待も高くはなかった。社会における価値観の多様化，秩序の衰退，そして青少年のサブカルチャーの台頭は，当時すでに一般的なものであった。白書に示されたような政策の支持者も多数いたであろうが，一方で彼らの存在や行動がますます不安で脅威に映る一般市民も多数いたと考えられる。

2　1969年の児童少年法における議論

　労働党政府は，各種の公式的な報告書で児童少年に対する保護的，教育的なアプローチを打ち出した。そこでは，社会にも非行や犯罪の原因があるとし，特に14歳未満の彼らに刑事責任を負わせることは不適切だとの前提があった。したがって，彼らに対する有効な処遇は，彼らに不十分な保護・監護，教育を行い，親にもその自覚を促すものであった。そのようなアプローチは，刑事的処分による恥辱がなく，彼らの行動を肯定的に捉えた上で，教

育的な指導により内省を求めて矯正を図るものだと言えるであろう。

　これまでの一連の労働党政府の主張に特徴的なものとして，直接的に，完全な刑事責任年齢の引き上げに言及しなかったことが挙げられる。その多くは，保護的，教育的なアプローチを行う新しい年齢基準を設け，その基準未満の者に対する刑事的処分を極めて限定的にするなど，実質的な引き上げを図るという方法が示されていた。これは，保護的，教育的なアプローチを目玉とした労働党政府としても，極めて凶悪な犯罪については，従来の刑事責任年齢を適用すべきだという例外を考慮していたからであろう。その点においてイギリスでは，幼い児童であっても刑罰が免れられない行為が存在し，それは保守党も労働党も関係なく，社会的秩序の維持に必要と考えられたのであろう。

　さて，当時の労働党政府が少年司法制度で推進しようとした福祉的な政策を具体化したものとして，1969 年の児童少年法が知られている。ここで「福祉の極致」とまで言われたこの法律の審議過程で刑事責任年齢に関する部分を取り上げ，刑事責任年齢の分野における福祉的なアプローチの経緯について検討する。

(1)　1969 年 3 月 11 日　下院第 2 読会

　当日は，キャラハン内務大臣（the Secretary of State for Home Department, Mr. Callaghan）による法案の趣旨説明から始まった。

> **キャラハン内務大臣**[22]　……法案第 4 条は，14 歳未満の児童の起訴を廃止するもので
> す。……それは，彼らが裁判を受けないという意味ではありません。少年裁判所は，14
> 歳未満の犯罪者や非犯罪者に対して保護手続だけを適用することができます。犯罪だ
> けで起訴できるのは，14 歳以上 17 歳未満の者ですが，法案第 5 条でその起訴の条件
> を限定します。殺人は特殊な場合であり，起訴は従来通り 10 歳以上から可能です。……
> 　今日の若者は，かなりの範囲の行動を自分で決めることができると思っており，法
> 律がその範囲を限定するのは当然です。若者の責任感は，彼らに責任があることを認
> めないシステムによって高まるわけではありませんが，幼すぎる年齢で完全な責任を
> 負うことによって高まるわけでもありません。本法案の新しい手続は，自己の行為と
> その結果に対する責任を段階的に理解できるようなシステムです。……

---

[22]　779 H.C. Deb. 5s., cols. 1187-1188.

カーライル議員（Mr. Carlisle）[23] ……有罪になる児童について具体的に話し，刑事責任年齢を取り上げた人がいるにもかかわらず，この法案は刑事責任年齢を 14 歳に引き上げていません。それは，今なお児童が有罪になる場合や，犯罪ではなく保護・監護の必要性によって裁判を受ける場合があるということです。良い教育を受けた児童とそうでない児童を区別する方針に反対する主張があります。……

　私が心配することは，この法案に基づき，児童が裁判を受ける前に，地方当局が警察と一緒になって，一応のところ彼に保護・監護の必要性があると決定しなければならないことです。つまり，事件の審理前に行われる細かな調整が，起訴の決定の前に行われることになるのです。したがって，児童が出廷するまでの時間は 2 倍になるでしょう。

マップ議員（Mr. Mapp）[24] ……1963 年に刑事責任年齢が 8 歳から 10 歳に引き上げられましたが，私の場合，それがどのような効果をもたらしたかは全く分かりません。それに関する話題は今日の議論でも全くありませんので，私がその空白を埋めましょう。私が警察当局から聞いたところでは，8 歳以上 10 歳未満による犯罪のたぐいの程度は，1963 年以前とほとんど同じです。……

　……大体，児童は 12 歳ごろまでに親から善悪について教わりますが，一般的に彼は，法律的な善悪の概念をほとんど持っていないでしょう。間違いなく，われわれが刑事責任年齢を 10 歳に引き上げた理由はそこにありました。しかし，12 歳あたりから，児童は法律的な善悪の区別を認識するようになります。

　刑事責任年齢の引き上げにあたって行われたことや，生物学的な要因，そして 12 歳ごろから法律的な善悪の区別ができることを考えると，果たして刑事責任年齢を 13 歳以下にすべきでしょうか？　私としては，13 歳以下にすべきではないと思います。しかし，とりあえず 12 歳まで引き上げておいて，本法案で寛容な規定を用意して，後に内務大臣が，議会の同意によって，さらに引き上げれば良いでしょう。……

　テレビなどの報道機関は，幼い子どもたちにインパクトを与えます。その多くは望ましくないもので，嘆かわしく思います。われわれにように年齢を重ねれば，それをどのように捉えればよいか分かりますが，12, 13, 14 歳の児童は，善悪をそのまま受け入れます。彼らの幼い心を悪に染めないようにできるのは，親と学校の指導だけです。社会には，少年少女が備えるべき人格を悪くさせるようなものが多くあります。

フーサン議員（Mr. Hooson）[25] ……14 歳未満の児童の行動については，育てている親が第一に責任を負うべきです。……

　第一の責任を補強すべき第二の存在は学校です。……少年裁判所に出廷するよりも，家庭や学校が児童を躾けた方がはるかに好ましい。とはいえ，この数十年の全体的な

---

[23]　779 H.C. Deb. 5s., col. 1227.
[24]　779 H.C. Deb. 5s., cols. 1244-1246.
[25]　779 H.C. Deb. 5s., cols. 1252-1254.

傾向を見ると，少年犯罪の多くは，学校や家庭よりも少年裁判所で扱われています。これは少年にとって優しいものではありません。……

　……彼自身のせいではないが，保護が必要な児童と，犯罪をした児童との明確な区別はすべきです。それらは別物です。……

　刑事責任年齢は10歳で維持されるべきです。本法案は，実質的に14歳に引き上げようとしています。そのうちに18歳が成年になるかもしれません。成熟年齢がかなり早まっており，悪事で法的責任を負わない年齢を14歳まで引き上げることは極めて奇妙に思われます。これは，犯罪をした10歳以上14歳未満の児童を年長者と同じように扱うべきだという意味ではありません。学校や社会全般の教育の機能が弱まっている観点から，児童が14歳まで自己の行為に全く責任を負わないとか，何らかの刑罰を受けなくて済むなどと思わせないように，議会は入念に検討すべきです。実質的な14歳への引き上げは，根本的に間違っています。12歳や13歳までにほとんどの児童が一人前の性格を有すると思わない人や，その年齢の児童が凶悪な犯罪をしないと思う人がいたとしたら，それは世間知らずな人です。……

ハウアース議員（Mr. Howarth）[26] ……私は，14歳未満の児童に関する現在の制度の変更を不適切だとするフーサン議員閣下に賛成します。裁判所に事件を持ち込めば，様々な方法で十分に処置できるものと思いますが，14歳未満の多くの児童は極悪な犯罪で出廷しています。……

　……「悪い」家庭出身の児童が犯罪をして裁判を受けるのに，いわゆる「良い」家庭出身の友人が保護・監護の必要性なしと見なされて，無罪放免になることは極めて不公平です。それは，現実を考えない馬鹿げた状態です。

シルベスター議員（Mr. Silvester）[27] ……議会は，市民としての責任を負う年齢を引き下げ，同時に犯罪行為で責任を負う年齢を引き上げようとしています。言い換えれば，成長の過渡期の範囲が縮まるのです。……

　……内務大臣は，刑事責任年齢と完全な責任を負う年齢を例えば18歳に変更して，両輪のようなシステムで進めようとしています。大臣が満足だからといって10歳以上14歳未満のシステムを17歳まで延長することはよくありません。

レスター議員（Mr. Lestor）[28] ……児童は生まれた時から不公平に，それぞれ違って扱われています。普通の家庭出身の誰かが一時的な過ちをした場合と，恒常的に不適切な家庭で，望ましくない環境出身の児童がそれをした場合は別物だとする主張があり，それゆえに，児童をそこから隔離する必要があるということになります。

モーガン内務省政務次官（the Under-Secretary of State for the Home Department, Mr. Morgan）[29] ……われわれは，多くの非行の背景にある不幸な環境，すなわち，不適切

---

[26]　779 H.C. Deb. 5s., cols. 1258-1259.

[27]　779 H.C. Deb. 5s., cols. 1261-1262.

[28]　779 H.C. Deb. 5s., col. 1267.

160　第7章　「法と秩序」という基軸

な家庭や崩壊した家庭，そして非行少年と頻繁に付き合っている下劣な隣人に注意すべきです。さらに個性を成熟させる過程全体における行動の修正は，児童の人間関係，とりわけ彼自身の家族次第で決まることにも注意すべきです。本法案が柔軟なシステムを設けようとする理由はそこにあり，最適な対応ができないような法的な障害はなくなります……。

この後，議論は委員会審議に移された。

(2)　1969年6月9日　下院委員会審議

グリーブ議員（Mr. Grieve）[30]　……教育と少年の成長において最も重要なことは，できるだけ幼い時点で善悪の区別ができるように育てられるべきだということです。全部ではないにしても，ほとんどの人は，道徳的な指導だけでなく，刑事法が許したり禁じたりすることによって善悪の区別ができるようになります。……

　私が多くの保護観察官から聞かされることですが，14歳未満の者の刑事責任を減少させ，法の適正手続よりも議会が定める特殊な事情の場合に限り彼の起訴を可能にすることの弊害は，善悪の分別力を弱めてしまうことです。……

　……私は，本法案の該当条項が大幅に修正されることを希望します。……

カーライル議員[31]　……法案の第4条は，14歳未満の者の犯罪に対する起訴を禁止するものです。……

　その年齢未満の者は誰も責任を取るべきではないと考えることは当然ではないでしょうか。例外はあります。具体的には，殺人罪の事件，謀殺か故殺の場合です。犯罪が殺人か故意の傷害かどうかは，結局のところ，外科医の才能の程度でかなり左右されるでしょう。……

　この修正案は，極悪な犯罪，つまり成人の場合なら14年以上の拘禁刑が科される犯罪をした14歳未満の者に対する刑事法的訴追の権限を強化しようとしています。……

　13歳の児童が計画的で凶悪な犯罪をする場合はあっても，彼を起訴することはできなくなるでしょう。訴訟手続の多くは，公益のみならず，児童の利益にもなります。故意的な傷害になり得るような突発的な暴力行為は，その児童の何らかの故障による表面的なものかもしれません。政務次官はしっかりとうなずいています。……

　この法律の効果を考えるまでもなく，凶悪な犯罪をした14歳未満の児童を起訴する権利を実務上完全に排除することは馬鹿げています。私は，定義としての「14年以

---

[29]　779 H.C. Deb. 5s., col. 1291.
[30]　784 H.C. Deb. 5s., col. 994.
[31]　784 H.C. Deb. 5s., cols. 1072-1074.

上」の文言を使うことに反対しますが，それは極悪な犯罪を表現するのに一般的に用いられるものです。政務次官は，この主張が妥当で，修正する用意があると考えているかお伺いします。

モーガン内務省政務次官[32] ……現状では，14 年以上の拘禁刑に相当する犯罪は 極悪なもので，きわめてわずかだという問題があります。さらに 14 年未満の犯罪でも状況によっては，極悪な場合があります。友人の生徒からレモネードを奪い取って盗むことは，強盗であり，終身刑に相当します。現行法において，少年裁判所の権限は，拘禁刑の最長期間が何であろうと成人と同じです。そのため，児童には保護手続が取られることになります。裁判所が児童を起訴する場合の権限を保護手続における権限と比べると，唯一多いのは，罰金や絶対的・条件付き釈放を認めることです。

刑事責任年齢に関する法案は修正されないまま，第 3 読会として終え，貴族院に送られた。

(3) 1969 年 6 月 19 日　貴族院第 2 読会

貴族院において内務担当大臣・ストナム卿（The Minister of State, Home Office, Lord Stonham）は，本法案が 14 歳未満の児童に対する起訴をなくし，犯罪者として扱わずに，彼らに必要な保護や教育を行うことなどの概要を説明し，次のように続けた。

ストナム卿[33] ……14 歳未満の児童に関しては，立場が全く異なるのです。この法案には 2 つの目的があります。まず，児童は各個人の事情に対応して扱われるべきで，何らかの規則や大雑把なやり方で扱われないこと。次に，裁判所に頼ることなく，保護や教育ができる設備を利用し，できるだけ裁判所外で児童を扱う方針を全体的に支援することです。……
　……児童保護係官（child care officer）は，1963 年には 1549 人しかいませんでしたが，1968 年 3 月には 3048 人に増えました。……

レスター主教（the Lord Bishop of Leicester）[34] ……法案には殺人罪を除いて刑事責任年齢を 14 歳に引き上げる規定があります。私は，これを感傷的な例としてではなく，過去よりも将来を重視する問題に取り組む例として考えます。そしてそれは，この年齢の児童を取り扱うのに適切なアプローチだと確信します。彼らの悪行が大人並みの考えによるものか，子どもゆえの考えによるものかを見極めることは難しいので

---

[32] 784 H.C. Deb. 5s., cols. 1074-1075.

[33] 302 H.L. Deb. 5s., cols. 1131-1135.

[34] 302 H.L. Deb. 5s., cols. 1154-1155.

児童の悪行の多くは，早熟さから生じ，大人の悪行の多くは，幼稚さから生じたものだと思われます。しかし，少なくとも児童の悪行については，大人の場合よりも，親，環境，社会に責任があるはずです。……

　道徳的・教育的な養成と適切な社会保護が一層必要とされていることは間違いありません。私は，良い市民に育てることと社会の保護は究極的には同じだという観点からこの法案を支持します。……

バーク女男爵（Baroness Birk）[35]……私は刑事責任年齢を16歳にすべきだと思います。16歳は成年に近いからふさわしくないという主張がありますが，私に言わせれば全く馬鹿げています。犯罪をして責任を負う年齢と，民事法その他の責任を負う年齢との間に「中間地帯」すなわち「子どもでもない領域」があるのはなぜでしょうか。刑事責任年齢を16歳に引き上げることは，全く自然な流れだと思います。そのために本当に適切で十分な職員を擁する家庭局が必要だと思いますが，16歳未満の者については，家庭局が対処できないと考える事件の場合，あるいは彼の親が家庭局の決定に不服である場合のみ，裁判所に付託すべきだと思います。それによって，児童の大半を裁判所外で扱い，法案の議論に付きまとう二分法を回避できます。家庭局は，両親に対して援助しつつ一層の責任を自覚させるために，彼らへの支援を大胆に行う必要があります。……

アビンジャー女男爵[36]……法案の第1条は，14歳未満の全ての児童の刑事的手続を保護や教育の民事的手続に置き換えるものです……。わが国の現在の刑事裁判所では，有罪の認定や宣告には合理的な疑いを超える立証が必要です。民事的手続の場合，蓋然性の優位で決定できます。民事の手続である第1条によれば，14歳未満の児童は，14歳以上よりも低い証拠基準で有罪を認定されることになりませんか。そうならば，逆行しているように思われます。

　第4条は次のように言い切っています。「何人も，殺人罪を除き，児童であった時の行為もしくは不作為を理由とする犯罪によって訴追されない」。これは「不思議の国のアリス」でしょうか。彼は犯罪の責任を負わないが，有罪を認定されることがあるのです。……

コベントリー主教（the Lord Bishop of Coventry）[37]……非行者の反社会的行為の大部分は，低い道徳的規範と身近な社会的環境，つまり彼の家庭，隣人，仲間に由来しています。彼の処遇で最も重要な手段は，彼を隣人から引き離すことでしょう。……社会的教育，つまり道徳的，市民的，社会的養成は，包括的な矯正手段として必須の要素です……。

サロタ女男爵（Baroness Serota）[38]……刑事責任年齢の問題を考えている人の多く

---

[35] 302 H.L. Deb. 5s., cols. 1169-1170.
[36] 302 H.L. Deb. 5s., cols. 1181-1182.
[37] 302 H.L. Deb. 5s., col. 1196.

は，恣意的にならざるを得ない年齢基準を認めており，児童を心配する人は，幼い児童が犯罪をするのか，腕白なだけなのかどうかが，ある程度恣意的になるはずだと認識しているでしょう。しかし，どこで区分線を引こうと，……児童に関する事業の責務や関係性に重大な影響を及ぼします。

　……児童は自然に正義感を持っています。2歳の児童は，悪いことを認識しますが，それは刑事的な責任を負うという意味ではありません。皆さんは，……非行が悪化しないよう先手を打つために，一定の状況で介入して反社会的行為に対処することが必要だと考えています。しかし，問題を抱えた児童に対する社会の扱い方次第で，彼らの現在の行動だけでなく，将来の人生にも悪影響を及ぼします。……

　貴族院における刑事責任年齢に関する議論は，法案第4条を中心に上記で紹介した程度であり，法案に対する修正案は提出されなかった。したがって，刑事責任年齢に関する部分（法案第4条）は変更なく，法案は下院の最終的な修正審議に送付された。

(4) 1969年10月15日　下院修正審議

　貴族院からの送付を受けて，下院で最終的な修正の審議が行われた。

レドビッター議員（Mr. Leadbitter）[39]　……私は，10歳から14歳の児童が強がりの行動に出て犯罪をする，犯罪といっても法律に違反するという意図はないでしょうが，だから寛大な法律を作るというのは，彼らのためにはならないと思います。なぜなら，その年齢の児童は誰しも，ちょっとしたいたずら好きな若者であるからです……。

　刑罰には利点がいくつかあります。教師としての私の経験では，この年齢の児童は，裁判所に通うことで間違った虚栄心を抱くようになり，今回の新しい制度では，必ずやそうなるでしょう。彼らは学校でヒーローになり，さらに凶悪な犯罪に駆り立てられます。……

　同様の状況は14歳以上17歳未満の年齢層の場合でも当てはまるでしょう。すなわち，この世代の若者は，経験と発達の点から私の世代の21歳から23歳に匹敵すると言わざるを得ません。彼らに対しても何らかの教育をすべきです。

　……十分な教育は若者にとって有効だと思います。社会の非主流派や堕落した人が管理されることで，善良な市民である大多数の幼い子どもは，秩序を一層十分に守ることができるでしょう。

　……したがって，私は政府案を認めることができません。

---

[38]　302 H.L. Deb. 5s., cols. 1206-1207.
[39]　788 H.C. Deb. 5s., cols. 443-445.

164 第7章 「法と秩序」という基軸

グリーブ議員[40] ……われわれが現在の議会で審議し，可決する法律の多くは，今の若者が十分に成熟し，十分な理解力をもち，十分に社会に奉仕でき，十分に自分で稼ぐことができ，日々の生活で最も基本的で重大なことを決定できるという仮説に基づいています。それで，今の彼らは18歳で投票権を持ち，遺言書を作成でき，結婚，住宅の購入ができるのです。

しかし，今回の法案は，その同じ若者を17歳になるまで通常の裁判所のシステムから外そうとするものです。……

社会は両天秤をかけることはできません。若者の成熟が早まり，自己統制ができ，18歳で参政権を持つことが正しいのであれば，17歳や14歳までの彼らが通常の法的手段から除外され，特別な規定で処分されるとするのは全く間違っています。……

モーガン議員[41] ……法案の第5条には，少年に対する従来の訴追の問題があります。その分割線を14歳にすべきではないと思います。確かに法案は，児童と少年の分類を14歳までのどこかで区切ることができるとしています。しかし，第32条によれば，議会が10歳から14歳の間でその年齢を変更できるとしています。

すでに私は委員会で何度か述べていますが，最も重要な成長は12歳の時点であると思います。もし他の年齢に移動することが間違いで，有害で，不可能だという決定的な証拠があると思われない限り，その年齢は，状況や経験に基づいて，最高14歳まで徐々に引き上げることができるでしょう。したがって，今はその区分線を12歳に引くことを考えましょう。……

結果的に，法案第4条は修正されないまま通過し，1969年11月22日に児童少年法が成立し，殺人を除く14歳未満の児童の犯罪は訴追されない条文になった[42]。

これまで法案の審議で刑事責任年齢の変更に関する部分を引用したが，10歳の刑事責任年齢に対する引き上げ賛成派と反対派の議論の高まりは，1963年法ほど大きいものではなかった。ただし，両者の主張の多くに通底するこ

---

[40] 788 H.C. Deb. 5s., col. 447.
[41] 788 H.C. Deb. 5s., col. 450. 法案の第5条は，14歳以上17歳未満の犯罪者に対する刑事的手続の制限に関する規定である。
[42] 1969年の児童少年法第4条は，「何人も，殺人を除き，児童であった時の行為もしくは不作為を理由とする犯罪によって訴追されない。」とし，その「児童」の定義について，第70条第1項は，条文に応じて14歳未満の者と18歳未満の者の2種類を使い分けるとしており，第4条の場合は前者とした。さらに第34条第7項は，「本条に基づいて提案されるいかなる命令も議会に提出される。そして，本法第4条における児童に関係する命令の案が12歳以上の児童を含む場合，その命令の案は，議会各院が議決で承認しない限り，実施されない。」としており，モーガン議員の発言の通り，刑事責任年齢を14歳未満まで引き上げる可能性を示唆しているが，引き上げには厳しい条件を課しているように思われる。

とは，社会的な規律や教育を重視した上で，児童少年に認められる福祉的ア
プローチは何かということであったように思われる。そして，従来の議論と
同様に，成熟性の観点から望ましい刑事責任年齢を主張した議員は少ないよ
うであった。

例えば，引き上げ賛成派の主張をみると，「12歳あたりから，児童は法律的
な善悪の区別を認識する」根拠として，一般的な親や学校の教育の状況を取
り上げたもの（マップ議員）があった。次に，児童の悪行の責任が本人よりも親
や社会にあるから，児童には「道徳的・教育的な養成と適切な社会保護が一
層必要とされている」とし，「良い市民に育てることと社会の保護は究極的に
は同じ」として，児童保護においても道徳的・教育的な指導が必要というも
の（レスター主教）があった。第3に，バーク女男爵は，民事法上の責任年齢に
合わせて刑事責任年齢を16歳に引き上げるよう主張したが，その代わりに
家庭局が「両親に対して援助しつつ一層の責任を自覚させる」方策を求めた
のである。これらの主張は，児童保護の重視を目的としながらも児童を悪行
に染めさせない教育が必要であること，すなわち秩序の維持が根底にある。
その意味では，程度の差こそあれ，裁判所内外での一種の司法的アプローチ，
あるいは矯正教育などによる厳しい姿勢での介入が必要だという主張にも読
み取れるのである。

一方で，現状維持・引き上げ反対派の主張では，当然ながら秩序と司法的
アプローチの重視が唱えられることになる。そして，効果的な厳しい介入を
必要とする強力な理由として児童少年の悪行の深刻さを挙げている。例えば，
「成熟年齢がかなり早まっており，悪事で法的責任を負わない年齢を14歳ま
で引き上げることは極めて奇妙」として，成熟性に着目し「学校や社会全般
の教育の機能が弱まっている」と指摘し，司法的アプローチを維持するもの
（フーサン，ハウアース両議員）があった。また，「法の適正手続よりも議会が定め
る特殊な事情の場合に限り彼の起訴を可能にすることの弊害は，善悪の分別
力を弱めてしまう」という主張（グリーブ議員）は，10歳以上の児童に大人並
みの秩序の遵守を求め，そのためには親や学校の教育と責任の自覚が必要と
述べているように思われた。そのような姿勢は，意図的ではないからといっ
て法律を寛大にすることは不適切だとする，レドビッター議員の主張にも通

166 第7章 「法と秩序」という基軸

じている。その他，矯正手段として道徳的，市民的，社会的な教育を強調したり，若者に対する教育の有効性を強調したりする意見があった。さらに，刑事責任年齢を民事的な分野の年齢基準と比較する主張があった。民事的な分野の年齢基準が引き合いに出された理由のひとつとしては，1967年に公表された『成人年齢に関する委員会報告書』が，成年などを除く多くの行為可能年齢を18歳に引き下げる勧告をしたことが挙げられる。そのような主張は，勧告の影響力によっては，それまで未成年を理由に保留されていた事項の多くが可能になる上に，犯罪の責任も問われない可能性が生じたことに対する危機感の表れである。そして民刑ともに同一の年齢基準にするなど，大幅に刑事責任年齢を引き上げる主張が主流にならなかったことは，刑事責任が民事的な分野の責任年齢よりも早期に求められることを示し，それを自覚させ，善良な市民になるためには，幼い頃からの道徳的な教育などが必要であるという考えが依然として主流であったことを示している。したがって，イギリスにおける刑事責任は，道徳的な教育と連動するために，比較的幼い時期からの刑事責任が社会的に重視され，それが長らく支持されていると考えられるのである。

　1969年の児童少年法は，条文を見ると14歳未満あるいは18歳未満の児童を非刑事的に保護し，支援するものであり，それゆえに同法は「福祉の極致」などと称されることがある。しかしながら，議会の議論の過程を見ると，完全な児童保護を唱える主張は存在したが，一方で秩序の維持を強調する主張や両者のバランスを考える主張が多く見受けられた。無条件で刑事責任から免れる年齢の拡張は，秩序を混乱させ，かえって児童の健全な成長を阻害するために慎重であるべきだという観点が，少なくともイギリスの刑事政策の実務においては礎石のような存在であると考えられる。そして主要政党も秩序を重視する姿勢を持ち続けていた。記録犯罪率の急増を背景に，すでに1960年代に「法と秩序（law and order）」問題がマニフェストの中に現れ，主要な3政党全てが犯罪抑止に取り組む政策を示し始めた[43]。ただし，この頃の

---

[43]　D. Downes and R. Morgan, 'No Turning Back : the Politics of Law and Order into the Millennium,' edited by M. Maguire, R. Morgan and R. Reiner, The Oxford Handbook of Criminology, 2007, p. 203.

政党は，犯罪が政権与党の失政の表れだとは示さなかったという[44]。

　そのように考えると，議会で親や学校に道徳的教育を求める意見が多いことや，福祉的な 1969 年法ですら，第 4 条が殺人に関する犯罪では事実上の刑事責任年齢である 14 歳の適用を除外していることにも一定の合理性を見出し得るのである。そして，秩序の重視は，国際的に低いと指摘されながら 10 歳の刑事責任年齢が継続されている理由のひとつにもなるであろう。ただし，刑事責任年齢が 7 歳の時代から，その低い刑事責任年齢に基づいて幼い児童を極刑に処していたわけではなく，実際には責任無能力の推定の解釈や恩赦の利用により，極刑に処せられた児童はごく一部にとどまっていた。すなわち，低い刑事責任年齢の合理性は，秩序の維持のための最終的な手段としての効果と児童に対する道徳的教育の重要性を社会に示すことにあると思われる。それゆえにイギリスの刑事責任年齢は，児童の一般的な成熟期に加えて知能が発達し始めて道徳的教育が児童に大きな効果を与える時期を重視したように思われる。1969 年法第 4 条は，そのような最終的な手段を一層限定的にしただけであり，児童の社会的統制を完全に放置したわけではなかった。そしてその代替的な非刑事的，民事的な処分は，当然児童個人の矯正に注目するため，秩序の維持には不十分であると考えられたと思われる。1963 年と 1969 年の児童少年法は，児童福祉の姿勢を打ち出すものであったが，秩序の維持のために司法的なアプローチも残しつつ，親や学校，特に児童と直接的な関係を有する親に対して，道徳的教育の責任を一層求めるものであった。

3　保守党の「挑戦」

(1)　1969 年の児童少年法成立後の変化

　これまでの労働党政府による福祉国家主義的な政策は，司法的なアプローチとともに，福祉的なアプローチによって児童やその家庭に対する国家的な介入を一層拡大させるものであった。親や学校の道徳的教育が順調であれば，そのような介入は抑止的であり，統制にかかる公的負担も少なくて済むであ

---

[44]　Downes and Morgan, op. cit., p. 203.

ろう。それは，できるだけ児童の刑事責任を追及することなく，彼らが善良な市民に成長することにもつながるものであり，1969年の児童少年法が目指した境地であった。

　しかし，1969年の児童少年法は成立したものの，第4条を始め一部の主要な条文が実施されなかった[45]ため，「福祉の極致」の法律による児童の健全育成の世界は実現されなかった。司法的なアプローチが残されたものの，児童にとって大幅に福祉的になった1969年法は，結果的に全ての分野の専門家から多くの批判を浴びたのである。例えば治安判事や警察は，この法律によって自分たちが児童少年の犯罪者に対処できなくなることで，彼らが容易に犯罪をすると考えたという[46]。また，問題児を取り扱う用意が不十分であることから，イギリス・ソーシャル＝ワーカー協会は，資源が十分であれば，この法律はうまく実施されたと述べたという[47]。

　1970年に政権が一時的に保守党に交代したことは，労働党政権時代の福祉的アプローチの推進に少なからず影響を与えるとともに，刑事政策のアピール合戦の嚆矢になったと言えるであろう。この頃から保守党は，労働党政府が犯罪件数を増加させたと主張し始めた[48]。保守党は，社会が犯罪に敏感になるにつれて，犯罪対策が政府の主要な課題だと認識し，政府の犯罪対策の手腕こそが政権担当能力の大きなアピールになり得ると認識したのである。すでに戦後のサブカルチャーの流行によって，青少年の独特な行動様式は，

---

[45]　実施されなかった条文は，14歳未満の犯罪者に対する刑事手続を禁止した第4条，17歳未満の犯罪者に対する刑事手続を制限した第5条，ボースタル送致宣告の適用最低年齢を15歳から17歳に引き上げて，短期収容所や短期出頭所以外で中間的処遇機能を利用できるようにした第7条であった（A. Morris, "The Children and Young Persons Act 1969—before and after," Signs of Trouble, Aspects of Delinquency by L. Taylor, A. Morris and D. Downes, 1976, p. 24.）。

[46]　Morris, op. cit., p. 26. A. モリスによれば，批判の多くが想定された状況に対するものだと指摘しているが，少年犯罪の増加を説明することは難しいとしている。この点，モリスは，1969年法の結果として，少年犯罪を通報する社会とそれを扱う警察の態度が変化し，社会が寛大であっても警察が厳格になったのではないかと推測している。その上で，社会状況の変化が犯罪率に影響を及ぼしていること，そして警察の裁量処分が犯罪率を押し上げていることは一般的だとしている（Morris, op. cit., pp. 26-27.）。

　さらに，1969年法以前の認可学校が「即座に再犯を防ぎ，逃亡率は比較的低かった」と主張する治安判事協会の批判については，認可学校の児童の再有罪宣告率が約66％だとして反論している（Morris, op. cit., p. 27.）。

[47]　Morris, op. cit., p. 28.

[48]　Downes and Morgan, op. cit., p. 203.

3　保守党の「挑戦」　　*169*

社会に一種の脅威を与え続けており，折しも犯罪率の悪化が指摘され，1969年の児童少年法が不完全な実施にとどまっていたことは，保守党政府にとって魅力ある攻撃材料であった。

　4年後に再び労働党政府に戻ったが，1969年法を含む過去の政策への批判に対抗し，政権運営の正当性を示す必要があった。そのような中で，下院では歳出委員会（the Expenditure Committee）が1969年法の効果について検討を行い，1975年に報告書を公表した[49]。下院歳出委員会は，1969年法について次のように結論付けた[50]。

　　　調査の結果，当委員会は，本法や議会を通過するその他の法令が，非行の一般的なレベルや一般的な少年の不作法に大きな効果を与えないと考える。児童なら誰しも，法的には「犯罪」であるような悪い行為をする時があり，その多くは見つかることなく，さらに多くは裁判制度などに関わることなく，親や友人によって処理されている。児童が単なるいたずらを大幅に超えるような犯罪をするかどうかは，社会的な欠乏（劣悪な住環境，貧困，不十分な学校教育，家庭崩壊）によって決まる。1969年法の大きな失敗は，社会から保育，福祉，十分な教育などの支援を受けるべき児童と，厳しい管理や刑罰的なものを受けるべきごく一部の児童との間の区別が全く機能していなかったことにある。当委員会は，本法の仕組みの重点が拘禁的・処罰的な手段から中間的な制度や監督の処遇の方に移され，非居住的な保育，特に里子による保育が一層活用されるよう，強く勧告する。

　歳出委員会は，社会的な支援が必要な児童を見極めて対処するように1969年法の改善を求めた。委員会は，1969年法自体を否定することなく，労働党政府が主張していた福祉的なアプローチの推進を認めたのである。では，1969年法第4条について，委員会ではどのように取り上げられたのであろうか。報告書収載の議事録には委員と証人のやり取りが次のように記されている。

---

[49]　House of Commons Expenditure Committee, Eleventh Report from the Expenditure Committee : The Children and Young Persons Act, 1969, 1975.

[50]　House of Commons Expenditure Committee, Eleventh Report from the Expenditure Committee : The Children and Young Persons Act, 1969, vol. I, 1975, para. 167.

170　第 7 章　「法と秩序」という基軸

(a)　**1974 年 7 月 31 日　社会福祉・雇用に関する小委員会審議**[51]

委員長　政府では刑事的訴追を受ける責任年齢を引き上げる予定はありますか。

グラハム＝ハリソン（Graham-Harrison）内務省政務次官代理　現在の政府は，本法の機能と実施されていない条文を検討しているところですが，どのような対応をすべきか，まだ決まっていません。……

委員長　本来の法律の一部であるのに実施されておらず，先の総選挙以来も検討の形跡がない。

政務次官代理　……実際のところ，期待されているほど早くは進んでいません。しかし，起訴の年齢について，政府は……12 歳以上に引き上げる考えはありません。政府は 10 歳から 12 歳に変更できる環境になるのを待つつもりです。……

フーリ（Hooley）委員　10 歳と 12 歳の違いは何でしょうか。

政務次官代理　本法には，実施されれば 12 歳未満の児童，さらには 14 歳未満までの児童が起訴されなくなる規定があります。しかし，この規定は実施されず，法律上は本法成立以前と変化ないため，起訴の最低年齢と刑事責任年齢は 10 歳です。

フーリ委員　この規定を作った理由は何でしょうか，そしてなぜ実施されないのでしょうか。

ホワイト（White）内務省刑事局長　この規定は，……児童は 14 歳で起訴され得るというものです。大臣は 10 歳から 14 歳へ徐々にその年齢を引き上げることができますし，前の政府は，必要な環境が整えばその年齢を徐々に引き上げるが，12 歳以上にはしないと宣言しました。現在の政府は決定段階に至っていません。……

フーリ委員　その年齢を引き上げる場合に，どんな懸念がありますか。

チルコット（Chilcot）内務省刑事局次長補　主に 2 つあります。まず，少年裁判所の手続の種類を決定する起訴可能年齢です。起訴可能年齢の引き上げは，手続を進める根拠が犯罪の実行であれば，裁判所の処分権がその年齢以上から広範囲になることを意味します。処分権の範囲は，罰金と，適切な事件では短期出頭命令が含まれるでしょう。そして年齢の引き上げで起こり得ることは，その年齢未満の児童の対処に必要な保育や管理機能の分野を担当するソーシャル＝ワークの事業所の負担が増えるかもしれないことです。

(b)　**1975 年 1 月 15 日　社会福祉・雇用に関する小委員会審議**[52]

シムズ（Sims）委員　あなたは全ての児童が刑事司法制度から除外されるべきだと言っていますね。

ヒントン（Hinton）全国犯罪者保護・復帰協会理事　一般的な原理として，刑事司法制

---

[51]　House of Commons Expenditure Committee, Eleventh Report from the Expenditure Committee: The Children and Young Persons Act, 1969, vol. Ⅱ, reprinted 1975, paras. 316-323.

[52]　House of Commons Expenditure Committee, Eleventh Report from the Expenditure Committee: The Children and Young Persons Act, 1969, vol. Ⅱ, reprinted 1975, paras. 687-692.

度内で児童を取り扱うのは望ましくないと思います。……もちろん，刑事司法制度内で取り扱うべき児童がいることは認めます。私は，本法の一部の条文や段落が施行されなかったために，事実上，多くの児童が刑事司法制度内で扱われていることを指摘したのです。

シムズ委員　なるほど。では，あなたが示唆しているように，例えば刑事責任年齢を14歳に引き上げたとしたら，いかなる児童も刑事司法制度に関わらないで済むという効果が生まれるのでしょうか。

ヒントン理事　失礼ながら，私はそのようなことを言っていません。

シムズ委員　いいえ。ともかくそれは本法に書いてあることです。私は，あなたの書類から，あなたがそれを実際に支持していると推測します。

ヒントン理事　確かに。法的にはいかなる児童もそれに関わらないで済むと思います。児童と少年の境界線は14歳です。……

シムズ委員　実際に児童の中には，14歳未満であっても，自己の行為が犯罪であると完璧に認識できる者がいます。そのような彼は相応の処分を受けるべきだということについては認めないのですか。

ヒントン理事　児童が14歳以上であれば，彼の行為は刑事司法制度内で扱われるべきですが，14歳未満であれば，裁判所の手続ではない他の方法で扱われるべきです。

カバディノ（Cavadino）全国犯罪者保護・復帰協会北東支部長　私は，大多数の児童が，成長したある段階で法的に犯罪行為となるような，ある種の犯罪行為を思う存分しているという統計があることを強調すべきだと思います。大多数の児童は，後に自発的に犯罪行為をやめます。……幼い年齢から刑事司法制度内で児童を扱う問題は，彼らが特定の態度を強める傾向にあることです。……それは単純に児童個人の影響だけで済みません。彼が友人や親戚の所へ戻れば，彼の経験はおそらく相当誇張されるために，その態度は広がり，強化されます。それは，回避できる刑事司法制度内に児童を巻き込むことになります。ほとんどの児童が気ままにできると思える犯罪的な行動は増加し，早期に犯罪者のラベルを張られたことで，それを行動に移す危険性があります。

シムズ委員　しかし，刑事法的な分野から児童を引き離すなら，児童を司法的な分野から引き離して，地方当局やソーシャル＝ワーカーが権限を持つ司法的な形式に置き換えるということですか。それは本当に有益なのでしょうか。特に児童のアプローチに与える影響は悪くならないのでしょうか。

カバディノ支部長　その点については全く明確ではありません。委員が市民的自由の観点から話しているならば，現在の児童少年法の内容以上に児童少年の市民的自由が保護されるような提案には賛成します。

証人の答弁によると，実施されていない1969年法第4条の事実上の14歳

172　第7章 「法と秩序」という基軸

の刑事責任年齢については，12歳への引き上げの計画が以前からあったものの，進んでいないことが分かる。その原因としては，1969年法成立時の批判と同じく，特に司法関係者が根強く反対したことに加えて，直後の保守党政府が慎重であったことが挙げられる。特にフーリ委員の質問に対して各証人が的確な答弁をしているかについては疑問が残るところであるが，チルコット次長補の答弁によれば，1969年法第4条に対する司法・行政の仕組みが進んでいないのも，政府の怠慢というよりも，抵抗や慎重さの表れと考えらえる。そしてソーシャル＝ワーカーの負担も考慮すると，労働党政府としても強引に法律を実施するわけにはいかなかったと思われる。(b)の議事録において証人は，14歳未満の児童が刑事司法制度から除外し，保護的な処分を求めているが，シムズ委員は証人の答弁に懐疑的であった。下院歳出委員会の結論と合わせると，1969年法が完全に実施されるには，真に保護を必要とする児童と刑罰的な処分を必要とする児童を明確に分けた対応をして，少年裁判所の権限の整備とソーシャル＝ワーカーへの負担の対策が必要であったように思われる。しかしながら，1969年法は数年にわたって不十分なままで放置され，14歳未満の児童の悪質な犯罪行為に刑事的な追及ができない方針に対して政府や専門家団体の間で混乱している状況で，その目処は立たなかったのである。

　1969年法の審議段階から議会，専門家，その他民間団体の間で福祉的アプローチの実現と刑事責任年齢の引き上げを求める声は少なからずあったのであろうが，結果的に法律の一部が宙に浮いた状態であったことは，14歳の刑事責任年齢が秩序の維持を脅かすかもしれないという懸念が根強いことを示していたように思われる。

(2)　サッチャー政権の登場

　1960年代から政権は保守党と労働党の交代劇であった。そのような中で人種，経済，宗教などの分野においては一層多様化し，価値観も多様化した人々によって社会が構成されるようになるとともに，青少年のサブカルチャーや問題行動は一層顕著になった。労働党は「大きな政府」による国家運営で歳出を増やし，刑事司法制度では福祉的なアプローチを行うことで彼らが善良

な市民になることを期待した。

　しかしその一方で、社会は混乱が続いたのである。刑事司法制度の分野では、すでに触れたように1969年の児童少年法の主要な部分は実施されず、福祉的アプローチは児童少年にとっては好都合であっても、秩序・治安の維持に問題があることが徐々に社会的に認識され始めた。そして1974年に保守党政権が倒れた後ですら、大規模な失業の再来、全国的に激しい産業労働者闘争、そしてブリックストンやリバプールなどで発生した人種差別主義による深刻な都市不安に伴う混乱が発生し、社会の再建は不透明なままであったという[53]。その後、再び労働党政権になったが、その間に保守党は「法と秩序」に注目して、労働党政権の無策を攻撃しようと考えていたのであろう。その頃、闘争的な労働組合活動は街頭犯罪の問題によって意図的に黙殺され、両者とも法律や議会の権威に対する敬意の無さの表れだと論じられ、イギリスは産業労働者と政治の無政府状態の中をさまよっていると言われていた[54]。

　1979年の保守党マニフェストは、「われわれの自由と安全を最も揺るがす恐怖は、法の支配を軽視することである。労働党政府は、法の支配を傷つけた。法の支配への敬意は、自由で文化的な生活の基本である」[55]と指摘して、労働党政権を批判し、法と秩序の回復を訴えたのである。そのために「年少者と年長者のレベルに合わせた、フーリガン向けの強制的な短期出頭所を増設する。一定の短期収容所では、少年犯罪者に対してショート・シャープ・ショックの一層厳しい体制で臨む」[56]として、強力な犯罪対策を打ち出した。このような姿勢は、1980年代とその後18年間続いた保守党の傾向をつくったといわれている[57]。そして保守党は、法律違反と秩序への反抗の問題を融合させ、労働党の政策自体よりも労働党の政治的な基準を攻撃したことで、イギリスの「機能不全性」の責任を労働党に背負わせることができたのである[58]。

---

[53]　M. Ryan, Penal Policy and Political Culture in England and Wales, Four Essays on Policy and Process, 2003, p. 111.

[54]　Ryan, op. cit., pp. 111-112.

[55]　Conservative manifesto, 1979（http://www.politicsresources.net/area/uk/man.htm）.

[56]　Conservative manifesto, 1979, op. cit..

[57]　Downes and Morgan, op. cit., p. 203.　1970年代の保守党の犯罪と刑罰に関する宣伝文句は、いたるところに大衆迎合主義の特色を並べたものだと言われている（Ryan, op. cit., p. 112.）。

174　第7章　「法と秩序」という基軸

　ここにおいて，主要政党が戦災の関係で経済と福祉の再建を優先させて，犯罪対策の論争を控えてきた時代は終わり，政党間での支持集めの競争が始まったのである。保守党の主張に対して労働党は，「犯罪をはびこらせてしまう社会的欠乏」に対策を講じることによって「社会的に平等な国家」をつくるという伝統的な目標に固執し，福祉国家像を信じ続けたという[59]。その結果，保守党の「法と秩序」政策は国民から多くの支持を集め，長期にわたるサッチャー政権が続くことになった。保守党政府は，マニフェストで宣言した「法と秩序」の回復に向けて，少年犯罪者に対して厳しい司法的アプローチを展開した。したがって，1980年代以降，少年司法制度は選挙のアピールの好適品になり，若者のサブカルチャーや独特な行動，そして一部の若者による凶悪な犯罪行為が全国的に報道されるようになると，与党の厳しい司法的アプローチの「正当性」がますます高められる仕組みになった。とはいえ，将来若者が社会の脅威にならないよう，彼に児童期のうちから秩序を教え込む必要性も生まれたが，人種も価値観も多様化した社会で，その指導を家庭の自主性に任せるだけでは不十分であった。そこで刑事政策の分野においては，親の養育責任を明文化したり，児童少年の行動を細かく取り締まったりする形で，国家が積極的に親子の関係や児童の生活に介入するようになったのである。その意味において児童は，国家，社会，親の三方から行動を監督されるようになり，彼らの問題行動には早期に対応がなされ，悪化を予防する方法が重視される傾向が生まれた。その結果，彼らの犯罪的・反社会的な行為に対する社会的な注目と非難は厳しく，強まることになった。しかし，そのような管理によって，児童を含めた若年世代が法や秩序に従順になる見込みや効果は確実なものではなく，目新しい犯罪対策の実行だけが先行するようになったと思われる。

---

[58]　Downes and Morgan, op. cit., p. 203. その上で，保守党は社会全体に広まった不安——国家の衰退，経済的な競争での敗北，険悪な労使関係，甘やかしの増加，公衆道徳の衰退，犯罪への恐怖，退廃したスラム街，若者の奇抜なファッション，街頭デモ——を利用したという（Idem, pp. 203-204.）。

[59]　Downes and Morgan, op. cit., p. 203.

(3)　1980年代の青少年の問題行動──人種

　1960年代の青少年の行動は，とりわけスキンヘッドに代表されるような，政治的な思想や人種差別などに基づく暴力的で過激なものがあった一方で，ヒッピーなどの自由主義を信奉するものがあり，両者が敵対する状況であった。そもそも人種の分野においては，例えば，戦後に世界各地から移住してきた黒人，イスラム系，アジア系民族などの場合，イギリス社会で生まれ育った彼らの子孫が青少年の世代の一部を構成する頃と重なる。したがって，価値観のみならず，身体的な成長・成熟度も白人の同世代とは大きく異なる青少年が一層多く混在するようになった。これに加えて，彼らの家庭とコミュニティーは，白人社会に比べて，概して貧しく，不遇な環境であったため，犯罪や反社会的な行動に結びつきやすいと考えられた。さらに彼らは，白人社会に同化するよりも独自の文化で生活する方を選ぶ傾向にあるため，社会の伝統的な秩序を遵守することは少ないと考えられた。このような状況は，社会が彼らの犯罪的・反社会的行動に一層注目する契機になった。全ての若者がそうではないにもかかわらず，社会が彼らをひとくくりに危険視・不安視するようになり，それを発端にして白人の青少年が彼らを敵視するようになったのである。

　このような人種差別や宗教に基づく暴力問題は，1970年代以降に各地の報告によって注目を浴びるようになった[60]。一方で非白人系の犯罪については，この頃になって初めて，イングランドの犯罪が黒人と結び付けられるようになった[61]。そして「人種と犯罪」の議論は，旧植民地から移住した少数民族集団の出現で高まったという[62]。そもそも，アフリカ，カリブ族，インド大陸の出身者については，1970年代中期まで，植民地にいる時から逸脱する傾向にあると広く思われていたが，イギリスに定住するそれらの出身者の間で犯罪は問題にならなかったというのが公式的な見解であった[63]。しかし，この見

---

[60]　C. Phillips and B. Bowling, 'Ethnicities, Racism, Crime, and Criminal Justice,' edited by M. Maguire, R. Morgan and R. Reiner, The Oxford Handbook of Criminology, 2007, p. 424.

[61]　Phillips and Bowling, op. cit., p. 429.　現在の少数民族と犯罪の議論においては，黒人に加えて，コソボの住民，ルーマニア人，ロシア人，その他東ヨーロッパの「政治的亡命要求者」などの一部の白人グループも対象になっているという（Ibid.）。

[62]　Phillips and Bowling, op. cit., p. 429.

[63]　Phillips and Bowling, op. cit., p. 429.

176   第7章 「法と秩序」という基軸

解は 1970 年代中期以降に急変し，黒人や少数民族の犯罪が問題視されるようになったという[64]。この変化の原因のひとつとして，当時の若者の失業が深刻であったことが挙げられている。

　M. ブレイク（M. Brake）は，1981 年の青少年の暴動について次のように述べている[65]。

　　　非白人系のコミュニティーは，この暴動について，非白人系移民を厳しく取り締まり，法律で人種差別を制度化した国家，そして非情な警察権力による嫌がらせを促した国家に対する反乱だと考え，何もかも失業の増加で悪化していた。アフリカ系カリブ人とアジア系コミュニティーは，長年にわたり，相互が敵視と不信の関係であった。人種差別主義者による攻撃は住宅団地や街頭で一般的になり，1978 年の総選挙期間に人種差別的なネオナチが現れたことは，大きな不安と恐怖をもたらしたのである。……
　　　暴動は黒人と白人の両方の若者を巻き込み，中には完全な白人地域で発生したものもあった。……
　　　このような暴動については，労働党と保守党の両政府による，人種差別的な暗示を含む移民と人種統合の法制度，住宅，仕事，教育における人種の影響，不十分な治安の地域，そして非白人系の青少年文化が政治的に認識されるようになったことが背景にある。ネオナチの自由な発言が保護されることで，黒人は，自分たちの敵が保護されていると考えるようになった。黒人の若者の失業は顕著で，それゆえに彼らは街頭で特に警察の監視対象になった。こうして黒人の若者は，社会から犯罪者のように見られ，ナショナル・フロントやブリティッシュ・ムーブメントによる人種差別的なプロパガンダを促す呼び物になってしまった。もちろん街頭犯罪は，黒人と白人の若者によるものだが，黒人の強盗は特に宣伝された。特に人種が混在する地域の白人の若者は，自分達の失業を黒人の若者のせいだと考えた。当局と若者のもみ合いは公共の場所で発生したために，秩序は重要なシンボルになり，若者に対する継続的な監視は，失業者に対する継続的な監視の暗喩になった。

　T. ニューバーン（T. Newburn）も失業と青少年の犯罪の関係について次のように述べている[66]。

---

[64]　Phillips and Bowling, op. cit., p. 429.
[65]　M. Brake, Comparative Youth Culture, the Sociology of Youth Cultures and Youth Subcultures in America, Britain and Canada, 1985, pp. 80-81.
[66]　T. Newburn, 'Youth, Crime, and Justice,' edited by M. Maguire, R. Morgan and R. Reiner, The Oxford Handbook of Criminology, 1997, p. 623.

3 保守党の「挑戦」 187

　1970年代後半から1980年代にかけての社会経済の状態は，多くの若者にとって極めて厳しいものであった。その象徴は失業と人種差別主義であり，アフリカ系カリブ人の文化的反抗が出現し，「パンク」が現れたことがその背景にある。……青少年の雇用の急減，特に青少年の常勤雇用の減少と，16歳から17歳のほとんどの者に対する給付資格の取り消しと同時に，1980年代後半には教育課程の大幅な拡張があり，……教育課程に「居続ける」者が急増した。このような構造的な変化の結果，……「学校から職場へ」の過渡期もしくは扶養される生活から独立した生活への過渡期が大幅に伸びたのである。……そこに給付の取り消しや制限が加わった結果，若者が家庭に完全に依存する状況が増えた。

　失業と家庭への依存の期間が長くなったことは，青少年にとって自由な時間が増えたことを意味する。経済的に余裕のある者はファッションや音楽などを楽しむ半面，恵まれない者は社会に不満を持ち，犯罪や反社会的な行動に走る可能性が高まったのである。とりわけ後者は，黒人などの非白人系社会と結び付けられて拡大し，対抗的にスキンヘッドのような白人系の人種差別主義による暴力も相乗的に悪化したと考えられる。黒人に対する社会的な偏見について，P. ギルロイ（P. Gilroy）は，次のように述べる[67]。

　　黒人を生まれつきの犯罪者とする見方，あるいは少なくとも同じように恵まれない白人よりも彼らの方が犯罪的だとする見方は，1970年代初期に「常識」になった。このことは，黒人問題に関する新たな定義や人種に関する新しいタイプの表現・理論を大きく進化させた。文化が黒人移民の多さに対する不安を変化させたように，「人種」に関する初期の論文で中心的なテーマであった性，異種族混交，病気の部分は犯罪が席巻するようになった。街頭での反秩序的行為や強盗といった形での犯罪は，次第に「黒人文化の表現」として認識されるようになった。さらにそれは，不遇な環境と差別による不健全な養育で都心部を破壊的に変化させた「黒人の母権社会」と家族上の倫理の負の影響として定義された。

　黒人やその他少数民族の若者は，経済，教育，家庭などにおける不遇な環境と失業の蔓延が重なったために，犯罪の危険性が高い存在として見られていた。そこで政府は，彼らを対象とするのが本音であったと思われるが，政策として若者全体に対して法や秩序の遵守を求め，児童少年の健全育成のみ

---

[67]　P. Gilroy, There Ain't No Black in the Union Jack—The cultural policies of race and nation, 1991 (University of Chicago Press edition), pp. 109–110.

178 第7章 「法と秩序」という基軸

ならず，その親に対しても誠実な養育を求める必要があった。イギリスにおける「社会的な教育」は，犯罪に対する伝統主義的な社会の感情に大きく関係すると言われている[68]。すなわち，そのような教育の方式は，自己修養と自制を求めるものであって，全て内在化されるという[69]。したがって，イギリスでは基本的にこの方式によって児童少年をしつけ，悪意で違反すれば懲罰があるという前提で彼らもそれを習得することにより，社会秩序が保たれる仕組みがあると思われる。

　しかし，現実には彼ら独自のアイデンティティやサブカルチャーの進化により，特に戦後において，彼らがイギリスの伝統的な価値観や秩序を受け入れることは困難であった。一方で，黒人の政治的制限，人種差別主義的なイデオロギーや反移民組織の拡大，黒人の人口の全体的な「不安定さ」は，個人への単純な「差別的態度」に起因するものではなく，戦後の大都市に黒人労働者が組み込まれたことによる構造的な特徴だと言われている[70]。したがって，白人，黒人，その他の人種に由来するサブカルチャーの出現と衝突は，単純な差別によるものではなく，経済や文化を含む社会的な構造も大きな要因になっているのである。彼らの反社会的な行為は，その意味でその社会がもたらしたとも言えるし，彼らに対する刑事責任の評価や社会的非難の妥当性にも疑問が生じると言える。とはいえ，彼らの行為は社会にとって大きな不安であり，教育や統制の対象になったのである。そしてその基準は，犯罪行為の有無というよりも，若者にとっては一般的な考え方や行為が反社

---

[68]　S. Hall, C. Critcher, T. Jefferson, J. Clarke and B. Roberts, 'Policing the Crisis, Mugging, the State, and Law and Order,' 1978, p. 144.

[69]　Hall et al., op. cit., p. 144.

[70]　Hall et al., op. cit., p. 344.　アジア人の「移民」文化は，カリブ人のものとは異なる植民地気質と従属的な経済の産物であった。カリブ人は，古くからの移住，奴隷，プランテーション社会を経たことにより，文化的には崩壊したという悲惨な状態にある。一方で，アジア人の文化は，彼らの若者のために団結し，支援するものである。アジア人は，生産的な労働に従事するほかに，重要で独立的な活動分野——貿易商，小売店主，小規模な経営者——があり，その分野は，西インド諸島出身の若者よりも彼らの若者に対して，独立した自営業も含む幅広い雇用形態で用意されている。とはいえ，このような区別は，第2世代で変化し始めることは明らかである。現在の黒人のアフリカ系カリブ人の若者の立場は，カリブ族出身の第1世代の移民とは大きく異なる面がある。カリブ人労働力——被雇用者や周期的，永続的な失業者——の運命は，首都の経済と長きにわたって連動している（Idem, p. 348.）。これは，とりわけアフリカ系カリブ人が社会的な不安の要因として認識される結果をもたらしている。

会的で異質だと判断されるだけで該当するような，あいまいなものであった
と考えられる。特にイギリスでは，非行に対する関心は，若者や不遇な人々
が直面する階級的な問題の「魅力的な解決策」として表現されるサブカル
チャーの役割へ次第に移ったと言われている[71]。したがって，10歳の刑事責
任年齢に対する引き上げ論はあったとしても，社会的には10歳の基準は依
然として維持されることになった。児童をはじめとする若者への社会的非難
は，イングランド及びウェールズにおける法と秩序を若者に遵守させるため
に，広範囲にわたるものであったと思われる。

4　1989年の児童法とその本質

　法と秩序の遵守を掲げ，厳しい姿勢を打ち出した保守党政府は，人種差別
主義やアフリカ系カリブ人などによる若者の暴力的，反社会的行動が減らな
いことに悩まされていた。さらに，若者の行動を厳しく取り締まる負担が増
える一方で，彼らへの刑罰と矯正教育を行う負担もまた増えることになり，
収容施設は，収容能力の問題と処分の有効性の問題を抱えた。そのようなジ
レンマの克服のため，政府は「ショート・シャープ・ショック」体制による
処遇を推進したのである。それは，代替手段がないことが明らかな場合だけ
拘禁刑を科すという条件に基づき，短期集中型の厳しい量刑を行うことで，
被拘禁の少年数を減らしたいという意図であった[72]。

　法と秩序による犯罪対策を選挙公約に掲げ，国家的な重要課題とした政府
は，犯罪者を厳しく取り締まる一方で，刑務所などへの収容をできるだけ抑
止したい考えがあった。その主な問題は経費的なものであったと思われるが，
施設への過剰収容や不十分な矯正が国民に失政批判の機会をもたらすことを
政府は恐れていた。そのためには，効果的なディバージョンを多用すること
によって，できるだけ施設に収容せずに矯正を図る必要があった。これは，

---

[71]　T. Newburn, 'Youth Crime and Youth Culture,' edited by M. Maguire, R. Morgan and R. Reiner, The Oxford Handbook of Criminology, 2007, p. 595.

[72]　T. Newburn, 'Back to the Future? Youth Crime, Youth Justice and the Rediscovery of 'Authoritarian Populism',' edited by J. Pilcher and S. Wagg, Thatcher's Children?—Politics, Childhood and Society in the 1980s and 1990s, 1996, p. 63.

180   第7章 「法と秩序」という基軸

施設処遇を効率化するだけでなく，児童少年が背負う犯罪者の烙印を軽減さ
せた上で矯正処遇を行うことができ，併せて国民へのアピールとしても有効
で，利点は多いものであった。しかしながら，この傾向は，国家が児童少年
を取り締まる範囲が広まることになっただけでなく，さらに効果的な方法と
位置付けて，幼い年齢から予防的な処遇を行う端緒にもなったと思われる。
そもそも刑事責任年齢が 10 歳という低さであり，秩序や教育を重視する社
会であったため，幼い年齢の者に対して刑事的な性質を有する処分が行われ
るとしても，社会は大きな違和感を生じなかったのである。

　法と秩序を掲げたサッチャー政権は，1987 年の総選挙のマニフェストで
「犯罪との闘い」を打ち出し，次のように政策の継続を訴えた[73]。

　　　われわれは，この闘いを甘く見ていません。犯罪はこの数年間増え続けていますが，
　　それはイギリスだけでなく，諸外国でも同様です。犯罪の原因は社会の奥深くにありま
　　す。すなわちそれは，親が子どもを監督せずに養育しない家庭にあり，教育が不十
　　分な学校にあり，暴力が美化され，伝統的な価値観が脅かされる世界にあるのです。
　　　このような根深い問題を迅速に解決するには政府の力だけでは足りません。しかし，
　　政府は先頭に立たなければなりません。そのために政府は，警察を批判するのではな
　　く支持し，量刑のための厳格な法的枠組みを構築し，刑務所を増設して社会に脅威を
　　与える者を収容する一方で，そうでない者を刑務所外で扱い，地域社会が犯罪予防に
　　努め，警察の取り締まりを助けるようにする必要があります。

　政府は，犯罪の原因の所在に関して，教育や管理が不十分な家庭，学校，
そして「伝統的な価値観が脅かされる世界」を挙げており，そのような環境
にある若者たちを意識していると考えられるが，黒人が社会的不安の要因だ
とする偏見が「常識」になっていたことを考えると，特に黒人の家族に向け
られているとも思われる。

　そのような中で，政府は児童少年が犯罪者になる前に何らかの矯正的な措
置を講じることが効果的だと考えた。例えば，1989 年の児童法（Children Act）
第 1 条第 1 項は，裁判所が児童の教育や児童の財産運用に関して，児童の福
祉を優先して考慮すべきだとしていた[74]。第 2 条及び第 3 条は次のように親

---

[73]　Conservative manifesto, 1987（http://www.politicsresources.net/area/uk/man.htm）.
[74]　The Children Act 1989, s. 1 (1).

の養育責任を明確かつ詳細に定めた[75]。なお，本法は，第105条第1項及び附則第1条第16段落において「児童」を18歳未満の者としている[76]。

第2条(1) 児童が生まれた時点で婚姻している彼の父と母は，互いに当該児童の養育責任を負う。

(2) 児童が生まれた時点で彼の父と母が婚姻していない場合，

(a) 母が当該児童の養育責任を負う。

(b) 父は本法の規定に基づくものでない限り，養育責任を負わない。……

第3条(1) 本法における「養育責任」とは，法律によって子の親が有する当該児童とその財産に関する，あらゆる権利，義務，権限，責任，裁量をいう。……

(5) (a)特定の児童に対する養育責任を負わないが，(b)当該児童を保育する者は，（本法の規定を条件として）当該児童の福祉を保護もしくは促進するために，事案のあらゆる状況で合理的なことを実行できる。

そして児童に養育責任を負う者がいない場合などは，第5条で裁判所が特定の人物を彼の保護者に任命できるとした[77]。その他，第20条で地方当局が当該児童に居住施設を用意すること（16歳に達するまで）とし，たとえ養育責任を負う者がいるとしても，児童の福祉を守り，促進すると考えられる場合は児童の地域に居住施設を用意することができるとした[78]。全ての地方当局は，各自の管轄内で問題を抱える児童に対応したサービスを提供することで，彼の福祉を保護・促進する義務を負い，その義務と一致する限り，彼の家族が彼を教育するよう促す立場になったのである[79]。

このような児童保護の規定は，当然ながら非刑事的な処遇であり，児童が

---

[75] The Children Act 1989, s. 2(1) and(2) and s. 3(1) and(5). なお，第2条第2項に関連して，第4条第1項は次のように定める。

第4条(1) 児童が生まれた時点で彼の父と母が婚姻にしていない場合，

(a) 裁判所は，父の申し立てに基づき，父が当該児童の養育責任を負うと定めることができる。または，

(b) その父と母は，契約（「養育責任契約」という。）によって，当該児童の養育責任を父と定めることができる。

[76] The Children Act 1989, s. 105 and para. 16 of Schedule 1.

[77] The Children Act 1989, s. 5(1).

[78] The Children Act 1989, s. 20(1),(3) and(4). 同条第8項では，当該児童に養育責任を負う者は，地方当局が用意した居住施設からいつでも児童を引き取ることができるとしている。ただし，居住命令などが出されていたり，16歳に達した児童が居住施設にとどまることに同意したりする場合などは引き取ることはできないとしている（同条第9〜11項）。

[79] The Children Act 1989, s. 17(1).

182　第7章　「法と秩序」という基軸

適切な養育を受けられないことによる反社会的な影響を予防するものである。特に10歳未満の児童は刑事責任を負わないから，刑事的な意味での施設処遇を受けることにはならず，10歳以上でもこの規定に基づくならば同様である。しかしながら，第25条では，次の事情に該当する児童であれば，自由を制限する居住施設に彼を置くことが認められている[80]。

> **第25条**(1)　地方当局の保護を受ける児童は，自由を制限する目的の居住施設（「戒護施設（secure accommodation）」という。）に置かれず，仮に置かれたとしても引き留められない。ただし，本条の次の事項に該当しない限りとする。
> (a)(i)　当該児童が他の居住施設から逃亡した経歴を持ち，今も逃亡のおそれがあり，かつ，
> 　(ii)　彼が逃亡した場合，彼が重大な危害を受ける可能性がある。または，
> (b)　彼が他の居住施設で引き留められる場合に，彼が自己や他人に危害を与える可能性がある。
> (2)　国務大臣は，規則によって，
> (a)　最長期間を定めることができる。ただし，
> (i)　裁判所の許可なしに児童を戒護施設に収容できない期間を除き，
> (ii)　裁判所が戒護施設への児童の収容を認める間とする。……
> (3)　児童を戒護施設に収容するためのあらゆる基準が当該児童の場合に妥当かどうかを決定するため，裁判所は本条に基づく申し立てを尋問する義務を負う。
> (4)　裁判所は，そのような基準が妥当だと決定した場合，当該児童を戒護施設に収容することを認め，収容できる最長期間を定めた命令を言い渡す。……
> (6)　いかなる裁判所も，児童が法的支援を受ける権利を知らされ，かつそれを受ける機会を有しながら，彼がそれを拒否したか，あるいはそれをしない場合を除き，法律的に申し立てられていない児童に対して，本条の権限を行使できない。

　第1項の逃亡や自他への危害の危険性を要件として児童を戒護施設に収容することは，児童の福祉の保護・促進を名目とした比較的強力な措置である。ただし，それには裁判所の審査と許可を要し，その命令は，第6項において基本的に申し立てられた児童を対象とするから，制限的に適用され，必ずしも強制的なものではなかったと言える。それは非刑事的処分としての特徴でもあり，刑事責任年齢未満の児童に対処する便法であったと思われる。

　さらに第31条は，保護及び監督命令（care and supervision orders）を規定し，

---

[80]　The Children Act 1989, s. 25 (1)–(4) and (6).

前者は申し立てられた児童を指定の地方当局の保護下に置くもので，後者に
彼を指定の地方当局や保護観察官の監督下に置くものである[81]。これらの命
令は，①児童が危害を受けるか，受ける恐れがある場合で，②命令がないと，
合理的に期待できる親の保育が受けられないためにその危害が生じる場合，
または児童が親の統制に服さない場合に，地方当局や権限を有する者の申し
立てにより，裁判所が命令を言い渡すことができるとしている[82]。そして同
条第9項は，それらの要件の定義を次のように説明する[83]。

(9)　本条において，「権限を有する者」とは，
(a)　国立児童虐待防止協会（the National Society for the Prevention of Cruelty to
Children）とその職員，及び，
(b)　本条に基づく手続を行うために国務大臣の命を受けた者及びその命を受けた団
体の職員を意味し，
「危害」とは健康もしくは成長に虐待や損傷を与えるものを意味し，
「成長」とは身体的，知的，感情的，社会的もしくは行動上の発達を意味し，
「健康」とは身体的もしくは精神的健康を意味し，そして
「虐待」には性的虐待及び身体的ではない虐待方法も含む。
(10)　児童が受けた危害が重大かどうかの問題が，当該児童の健康もしくは成長次第で
ある場合，彼の健康もしくは成長は，同等の児童に合理的に期待できる健康もしくは
成長と比較される。

第9項及び第10項の定義と内容は，あいまいなものであるが，その判断は
当然に地方当局や関係機関に委ねられる。これらは「危害」を回避するため
の非刑事的な処分と言えるが，児童本人や周囲の者の特定の行為を「危害」
と判断することは一種の社会的非難に相当し，児童が処分を受けるとなれば，
刑事的な処分の一面を有する。例えば監督命令については，公的機関の管理
下に置かれることから，一定の自由が制限される性質を有するが，あくまで
刑事的な処分ではないため，家事手続によって行われる[84]。その監督命令に

---

[81]　The Children Act 1989, s. 31 (1). この命令は17歳（婚姻した児童は16歳）に到達するまで適
用される（同条第3項）。
[82]　The Children Act 1989, s. 31 (2).
[83]　The Children Act 1989, s. 31 (9) and (10).
[84]　The Children Act 1989, s. 31 (4). 第90条は，1969年の児童少年法の刑事的な処分としての保
護手続を廃止した。

184 第7章 「法と秩序」という基軸

おける監督者は，対象児童のために助言・援助などの必要な措置を行う義務
を負い[85]，教育監督命令（education supervision orders）は，対象児童が義務教育
年齢にあって，適切に教育を受けていない場合のみ，地方の教育当局の申し
立てに基づき，裁判所が言い渡すものである[86]。このような仕組みは，児童を
危害にさらす親や児童本人の行為を非難し，第三者が監督によって児童に秩
序ある行動を指導するものであり，刑事的な処分の意味も少なからず含まれ
ると言える。さらに，非刑事的とはいえ，例えば第46条は，次のように警察
による強制的な緊急措置を認めている[87]。

> **第46条**(1) 巡査は，児童が何らかの重大な危害を受ける恐れがあると思われる合理
> 的な根拠を有する場合，
> (a) 当該児童を適切な施設に隔離し，そこに留まらせることができる。または，
> (b) 病院やその他の居住施設から彼を隔離しないで済む合理的な措置を取ること
> ができる。……
> (6) いかなる児童も72時間を超えて警察の保護下に置かれない。……
> (9) 児童が警察の保護下に置かれる間，
> (a) 関係の巡査も指定の係官も彼に対する養育責任を負わない。しかし，
> (b) 児童の福祉を保護もしくは促進するために，指定の係官は，事案のあらゆる状
> 況で合理的なことを実行するものとする。……

　1989年法の特徴としては，親の養育責任を強調しつつも，それが期待でき
ない場合や緊急の場合などに，公的機関が親の代理で児童の養育責任を果た
すことが挙げられる。本法は，親などの養育責任を有する者に対して，子ど
もが社会的規範を遵守し，健全に成長するよう教育する義務を求め，それに
反するような行為や不作為については，刑事責任とは異なるものの，社会的
非難に相当するものと位置付けているように思われるのである。1989年法
は，親の養育責任の定義と関連する義務を含んでいるものの，親の役割や責
任を詳細に示す具体的な指針や法的条件がなく，大まかで抽象的なものだと
言われている[88]。つまり，養育責任に関する親の行為の評価はほぼ国家に委

---

[85] The Children Act 1989, s. 35 (1)(a) and (b).
[86] The Children Act 1989, s. 36 (1)–(3).　なお，同条第4項は，児童の年齢，能力，素質に適した全
日制の教育と彼に必要な特殊な教育的措置を受けている場合のみ，彼が適切に教育を受けている
ものとしている。
[87] The Children Act 1989, s. 46 (1),(6) and (9).

ねられているのである。それでいて，養育のあり方や教育の内容は，個々の家庭，個々の親子によって異なるために，本法においても具体化されていない。その上で，児童の教育に対して国家による比較的強力な介入が明文化されていることは，H. ヘンドリックが言うように，親が養育責任を果たす限りにおいて権利を持つことになり，権力者としての親を促進することになったのである[89]。本法における国家の介入が刑事的なものでなく，強制的なものでもないことは既に述べたが，本法に対しては「義務的な介入を最小限度に抑えているから，自由放任主義以外の何物でもない」という指摘がある[90]。

とはいえ，1989 年法の登場は，社会の価値観，人種，サブカルチャーなどが多様化したことと相まって，もはや家庭教育の機能や社会の秩序維持の機能が期待されなくなったことの表れだと言えよう。さらにその狙いは，家庭教育や宗教的規範が十分で比較的安定したコミュニティー，いわば伝統的なイギリスのコミュニティーよりも，黒人社会などの移民のコミュニティーあるいは白人社会であっても伝統的な規範や価値観に従わないコミュニティーを対象に，伝統的なイギリス社会と融和できる家庭教育を求めているように思われるのである。本法は児童福祉の保護・推進を唱えているが，それに一面的な姿であり，その裏には親の養育と国家の代替的な措置を通しての秩序の回復があり，伝統的なイギリス社会の維持が伺えるのである。この点についても，H. ヘンドリックは，「児童保護政策の中心から児童を取り除いて，上辺だけの家庭への愛着でしかないものに児童を移すことを示しているので，児童の権利を危機にさらすだけである」として，「1989 年法は，児童の権利をほとんど促進しなかった」と述べている[91]。

---

[88]　K. Winter and P. Connolly, " 'Keeping It in the Family' : Thatcherism and the Children Act 1989," edited by J. Pilcher and S. Wagg, Thatcher's Children?—Politics, Childhood and Society in the 1980s and 1990s, 1996, p. 38.

[89]　H. Hendrick, Child Welfare, England 1872-1989, 1994, p. 278.

[90]　Hendrick, op. cit., p. 283.

[91]　Hendrick, op. cit., p. 283.

5　1990年代初頭の刑事政策の状況

　長く続いた保守党政府の基盤には，犯罪対策に関する政府の姿勢を国民に
積極的に，そして視覚的に示し，「法と秩序」の支持を集めていたことが挙げ
られる。ただし，国民の支持があったからといって，その犯罪政策が本当に
有効であったかという点では疑問が残る。それは，ディバージョンの活用に
よって，刑務所の収容者数の削減を視覚的にアピールできたのであり，先に
述べた1989年の児童法の保護主義的な措置でも，原則は親の養育責任であ
り，秩序を優先するものであった。保守党が有利であり続けた理由は，有効
な政策よりも，有効なアピールにあり，最大野党の労働党が旧来の福祉政策
に固執し，保守党の新しい刑事政策に対応しきれていなかったことにもある。
例えば，保守党が「法と秩序」を打ち出し，公共支出に切り込む姿勢を示し
ている中，労働党は，1984年警察及び刑事的証拠法によって認められていた
警察の権限の一部廃止を訴えていたのである[92]。

　しかし，保守党政権の長期化を見て，他の主要政党も保守党と同様に犯罪
に厳しい姿勢を示すことが政治的に得策だと考えたのであろう。1987年と
1992年の総選挙では，全ての主要政党が自己の立場を修正し始め，現実主義
を強調し，犯罪の抑止力を唱えた[93]。保守党は，自己の政策での犯罪抑止が簡
単ではないと考え，「社会の根底」に犯罪の原因があるとして，犯罪予防を国
民的な課題とした[94]。さらに，労働党が警察の権限への敵対心を捨てて，警察
行政に関する任務を尊重するとして投票者を納得させたことは，労働党自身
も「法と秩序」ゲームで保守党的な立場を演じ始めたといわれている[95]。な
お，労働党は1987年の総選挙において記録犯罪の急増を保守党政権のせい
にし，1992年の総選挙で警察官の増員を訴えたが，それをうまく生かすこと
ができず，犯罪の増加に対するアピールをしなかった[96]。その姿勢は，かえっ

---

[92]　Downes and Morgan, op. cit., p. 204.　これに対し，自由党（のちの自由民主党）は，より急進的
　　な立場を取り，司法省の創設や地方に犯罪予防ユニットを創設することを主張したという（Ibid.）。
[93]　Downes and Morgan, op. cit., p. 204.
[94]　Downes and Morgan, op. cit., p. 204.
[95]　Downes and Morgan, op. cit., p. 204.

て保守党の攻撃材料になり，労働党は「犯罪に弱く，手ぬるい」と非難された のである[97]。

　1990年代以降，どの政党も法と秩序に言及するようになり，彼らは警察支持を断言し，警察力の強化を説き，凶悪，再犯，危険な犯罪者に対する長期刑と，軽微・単発的な犯罪者（occasional offenders）に対する非拘禁的措置を唱えた[98]。しかしながら，労働党は，1992年の総選挙でアメリカのスローガンを借りたT.ブレア（T.Blair）の言葉「犯罪に厳しく，犯罪の原因に厳しく」に見られるような，法と秩序の対抗策を唱え始めたのである[99]。

　労働党が法と秩序に対抗する新しい司法的なアプローチを考えた背景には，法と秩序に触れない政策では国民の支持が集まらず，一方で保守党のスローガンに追随する姿勢を続けては選挙に勝つことが困難であるという思惑があったのかもしれない。また，そのような政党としての戦略の他に，例えば1991年の暴動などの，イギリス社会を震撼させた事件を契機として，その対策を強調して国民の支持を得たいという狙いも考えられる。この1991年の暴動は，1980年代初期の暴動と規模は違うものの，内容は似ており，オックスフォードのブラックバード・レイズ，カーディフのエリー，タインサイドのメドウェル団地での暴動は，若年男性と警察が大規模な衝突を起こしたことで注目された[100]。この3ヶ所の騒動は，若いもしくは幼い犯罪者に対する根強い不安を生じさせ，これらの対象となる犯罪者が刑事司法制度では若すぎる年齢層であったことは，都心部の生活に深刻な悩みをもたらしたといわれている[101]。そして1991年以降，地域の少年犯罪率を大きく占めるほどに深く関与したと思われる少年が報道され始め，警察や裁判所は彼らに対して無力であると批判されたのである[102]。

---

[96]　Downes and Morgan, op. cit., p. 204.

[97]　Downes and Morgan, op. cit., p. 204.

[98]　Downes and Morgan, op. cit., p. 205.

[99]　Downes and Morgan, op. cit., p. 205.

[100]　Newburn (1996), op. cit., pp. 68-69.

[101]　Newburn (1996), op. cit., p. 69.

[102]　Newburn (1996), op. cit., p. 69.

6 小 括

　長期にわたったサッチャー政権は 1990 年で退陣して，メージャー政権が後を継いだものの，「法と秩序」の政策でも秩序の乱れ，暴動，犯罪といった社会的不安が一向に解消されなかったことは，保守党に対する国民の信頼を衰退させる要因のひとつになったと言える。そこで政策に対する批判が高まったのだが，その主なテーマは少年の福祉を本位とするものではなく，児童少年への教育であり，社会秩序の回復であった。1969 年の児童少年法が一部の施行に留まり，サブカルチャーが犯罪や非行と結び付きやすくなり，主に黒人の犯罪が注目されてきたという経緯にあって，非刑事的な保護手続を定めた 1989 年の児童法が，その本質において，個々の児童保護よりも社会の秩序や伝統的な価値観の保護を目指していたと考えることは自然な流れであったように思われるのである。すなわち，「福祉の極致」といわれ，刑事責任年齢を大幅に引き上げようとした 1969 年法ですら，議会の審議においても，教育や秩序の議論を経た上で成立しており，保守党のみならず，労働党などもそれらの重要性は認識していた。党としての刑事政策では，労働党は遅れながらも保守党に対抗するほどの社会秩序の回復を訴えたのである。したがってイギリスにおいて，児童少年に対する福祉的アプローチと司法的アプローチは二極化・対極化されるよりも，前者は後者に包摂されるものとして捉えるべきだと思われる。すなわち，司法的アプローチの基盤・範疇で，福祉的アプローチがどれだけの割合を占めるのか，その割合の多少によって福祉的な政策か否かを考える方が自然なように思われる。かつては，社会的環境の悪さが児童少年を悪くさせるとして，彼らの刑事責任を問うよりも福祉的・教育的に対応し，社会が彼らを善導するという，社会的な責任が重視された。しかし，戦後の社会的変化，特にサブカルチャーの台頭と人種問題は，「法と秩序」のスローガンの宣伝効果も相まって，多くの国民を不安に陥れたのである。その結果，社会が児童少年を悪くしたという考えから，教育のない児童少年が社会を悪くしているという考えにシフトし，刑事責任年齢の引き上げは多くの支持を集めなかったと思われる。このような社会秩序の

6 小 括 **199**

維持という司法的アプローチを基軸にした福祉的アプローチの変遷 は，イギリスの刑事政策，とりわけ児童少年に関する法制度の特徴であり，刑事責任年齢が比較的低いままで維持されている要因だと考えられる。

第8章 現代における刑事責任の理論

1 イギリス法における刑事責任の仕組み

(1) アクトゥス・レウスとメンズ・レア

　人の刑事責任を問うにあたっては犯罪の成立が必要になるが，イギリスの場合，日本の刑法のような一般的な犯罪と刑罰を集めた法典はなく，コモン・ローによる歴史的な形成と個々の法律の集合体によって犯罪行為が判断される。A. アシュワース（A. Ashworth）によれば，個人は自己の行為に責任を負うものとして扱われるべきという自己決定（individual autonomy）の原理は，刑法の基本的な概念のひとつであるという[1]。したがって，自己決定による行為と言えるためには，有意義な選択ができる十分な自由意思を持つ必要がある[2]。この原理に従えば，刑事責任の範囲や程度は，自己決定によってなされた選択を反映することになるという[3]。

　そして犯罪の成立には，おおむねアクトゥス・レウス（actus reus）とメンズ・レア（mens rea）の存在が必要であることは共通しており，それぞれの犯罪に必要な両者の内容が定められている。両者については，例えば次のような説明がなされている[4]。

　　アクトゥス・レウス：犯罪の行為的要素。それは被告人を有罪にするために，彼がどのような状況で，どのような事態を伴う行為をしたか（場合によっては，しなかった

---

[1]　A. Ashworth, Principles of Criminal Law, Sixth Edition, 2009, p. 23.

[2]　Ashworth, op. cit., p. 23.

[3]　Ashworth, op. cit., p. 75.

[4]　J. Herring, Criminal Law：Text, Cases, and Materials, 4th ed., 2010, p. 72. なお，一部の犯罪については，メンズ・レアの立証を必要とせずに処罰が可能な厳格責任（strict liability）の犯罪があるため，一概に両者が必要条件とは言えない。このような例外的な構造も加わることにより，イギリス法における刑事責任の仕組みは一層複雑である。

か）を立証しなければならないものである。

メンズ・レア：犯罪の心理的要素。例えば，意図（intention），無謀（recklessness），過失（negligence）である。

これらの要素が各犯罪に応じて細かく決められていることは，犯罪成立の判断において明解である半面，複雑でもある。例えば，殺人罪は謀殺（murder），故殺（manslaughter），嬰児殺（infanticide），運転致死（causing death by driving）に分類されており，故殺についてはさらに故意故殺（voluntary manslaughter）と非故意殺（involuntary manslaughter）に分かれ，それぞれの内容については，例えば次のような説明がなされている[5]。

- **謀殺**

アクトゥス・レウス：女王の平和（国家の治安）が及ぶ場所において，不法に他人の死を引き起こす行為。

メンズ・レア：被害者に死もしくは深刻な身体的危害をもたらす意図。

- **故殺**

  - **故意故殺**

  謀殺に相当する殺害ではあるが，酌量すべき情状が明確に存在するもの。言い換えれば，被告人がたとえ謀殺のメンズ・レアとアクトゥス・レウスを有していたとしても，特定の状況においては，彼・彼女に「殺人者」のラベル付けが相当でないことを認めている。

  謀殺の告発に対して下記の(1)から(3)は故意故殺になる抗弁の事例，(4)から(6)は非故意殺の事例である。

  (1) 暴力の恐怖や激憤によって抑制を喪失した

  (2) 精神的機能の異常，認知されている医学的状態の出現による限定責任能力の状況であった

  (3) 心中の約束があった

  (4) 無謀な故殺

  (5) 重大な過失——保護の義務に違反したことで被害者の死を招き，その違反が有罪宣告を受けるに足るほど重大であった場合による故殺

  (6) 不法，危険で，被害者の死を招くような構造的（もしくは不法行為的）な故殺

  - **非故意殺**

  被告人は，死もしくは深刻な身体的危害をもたらす意図ではない殺害だが，そ

---

[5] Herring, op. cit., pp. 238-270.

192　第 8 章　現代における刑事責任の理論

の刑事責任を正当化する十分な過失があるもの。裁判所にとって，故殺の有罪判
決を正当化する過失がどの程度のものかを決めることは困難である。

・嬰児殺
　　母親が 1 歳未満の子を故意的に殺害するもの。

・運転致死
　　危険な運転，飲酒・薬物の影響を受けた不注意運転，不注意・無思慮な運転，無免
　　許・無資格・無保険での運転によって人を死に至らせたもの。

　ここでは殺人罪を例示したが，犯罪よっては 10 歳の児童がその複雑な分
類と要件が存在していることを理解し，メンズ・レアを認識して，アクトゥ
ス・レウスに至ることは，一般的に困難な場合が考えられる。殺人罪におい
ても，謀殺で有罪宣告を受けた者に対しては必要的に終身刑が科される[6]か
ら，児童の行為と犯罪の類型に対する解釈次第では，刑事責任の重さも刑罰
の内容も大きく変化することになる。しかし，現実に 10 歳の刑事責任を認め
ていることは，児童よりも秩序の維持を優先する意図が存在していることの
表れであり，社会的な不安の悪化によってそれを多くの国民が支持している
構造の表れであると思われる。14 歳未満の児童の刑事責任を無能力（doli in-
capax）と推定するシステムは，かつて児童の年齢を正確に算定できなかった
時代に定着した児童の保護策だと考えられるが，年齢の算定が正確にできる
ようになった現代においては，批判と形骸化の対象になる可能性は十分に
あった。そうなれば，10 歳の児童が成人と同様のメンズ・レアを形成できる
と見なされることになるが，ここで，アクトゥス・レウスとメンズ・レアに
ついてさらに触れることにする。

(a)　アクトゥス・レウス

　犯罪のアクトゥス・レウスを認定するのに必要な立証内容は，各犯罪で個
別的に決定され，謀殺などのコモン・ロー上の犯罪におけるアクトゥス・レ
ウスの定義は裁判所が決定し，窃盗などの法定犯罪のそれは法令で定められ
ている[7]。アクトゥス・レウスの用語は，法律で禁止された「行為」よりも広
い意義を有しており，被告人側の心理的要素（メンズ・レア）に関するものを除

---

[6]　Herring, op. cit., p. 238.
[7]　M. Allen, Textbook on Criminal Law, 2007, p. 19.

く，犯罪の定義に関する全ての要素を含むといわれている[8]。

イギリスにおける犯罪の定義は，行為または不作為を禁止するものであるが，場合によっては，行為から生じる特定の結果を求めるものがある[9]。被告人の行為（不作為）がアクトゥス・レウスであるには，責任ある意思によって自発的に生じる行為が必要である[10]。これは，メンズ・レアの立証を必要としない厳格責任の犯罪でも立証されなければならない[11]。犯罪のアクトゥス・レウスの立証には，①被告人が特定の行為をしたこと，②その行為が特定の結果の原因になったこと，そして，③その行為・結果が特定の事態を引き起こしたことを含むが，犯罪によってはこれら全てを含むわけではない[12]。さらに，行為の犯罪と結果の犯罪について次のような区分がなされる場合がある[13]。

(1) 行為の犯罪は，被告人が行為をしたという立証だけでよい。当該行為が特定の結果をもたらしたことを証明する必要はない。禁止薬物の所持はその例である。

(2) 結果の犯罪は，被告人が特定の行為をしたという立証の他に，当該行為が特定の結果をもたらしたという立証も必要である。例えば，謀殺は，被告人の行為が被害者の死を招いたという立証が必要である。

これらを児童少年にあてはめてみると，(1)の行為の犯罪において，彼に自発的に「物を持つ」行為をしたが，それが禁止薬物だという認識はあったのか，禁止薬物とは何か，そして使用していないのに所持しただけで犯罪になることを知っていたのかという，彼の犯罪や社会的秩序に対する理解力の程度が問題になる。さらに親や周囲の年長者が普通に所持していた影響を受けた場合や所持を指示された場合の彼の理解力は，果たして責任を問えるものなのかという問題も生じるであろう。(2)の結果の犯罪においては，彼は自発的に特定の行為をしたものの，それが相手の死を招くものであると予見でき

---

[8] Allen, op. cit., p. 19.

[9] Allen, op. cit., p. 19.

[10] Allen, op. cit., p. 20.

[11] Allen, op. cit., p. 20.

[12] Herring, op. cit., p. 73. 例えば重婚罪は，既に③が満たされているので，③の立証は不要となる（Ibid.）。

[13] Herring, op. cit., p. 73.

194 第8章 現代における刑事責任の理論

たのか，そして彼の社会的環境でその能力は十分あるのかという問題が考えられる。

これらの問題に共通するものは，犯罪や社会的秩序に対する理解力，認識力という精神的な能力であり，アクトゥス・レウスと密接に関係するメンズ・レアの問題ともつながると思われる。

(b) メンズ・レア

メンズ・レアは，被告人の心理的状態に関する犯罪の要素を説明する際の法的な用語であり，犯罪によって意図，無謀，過失，あるいは認識（knowledge）が必要とされる[14]。自己決定の原理によれば，被告人が意図した結果もしくは危害を認識してもたらした結果についてのみ刑事責任を負うことになる[15]。そしてこのことは，刑事責任が自己の行為や発生しうる結果を十分認識できる人のみ負うべきだということであり，それがメンズ・レアの原理の本質であるという[16]。さらに，一致（correspondence）の原則は，このメンズ・レアの原理を由来とするものであり，過失の要素は，犯罪で具体化された行為の要素に一致すべきだというものである[17]。すなわち，行為の要素が「重大な危害を引き起こす」ものであるならば，過失の要素には「重大な危害の発生に関する意図や無謀」があり，例えば「単なる暴行に関する意図や無謀」などの，より軽度の過失の要素は，この一致の原理に反するものとする[18]。

刑事法における意図の概念は，最も非難される心理的状態ということである[19]。その内容は，①結果をもたらすための直接的な行為，もしくは②結果が現実に発生するという認識による間接的な行為と言われるが，その定義は固定されていないという[20]。その定義がなかなか具体化されない要因として，裁判所の抵抗が挙げられているが，それは上記①及び②の「一般的な」定義からの逸脱を裁判所が嫌い，柔軟に判断したい表れだという[21]。無謀の概念

---

[14] Herring, op. cit., p. 135.
[15] Ashworth, op. cit., p. 75.
[16] Ashworth, op. cit., pp. 154-155.
[17] Ashworth, op. cit., p. 155.
[18] Ashworth, op. cit., p. 155.
[19] Herring, op. cit., p. 136.
[20] Ashworth, op. cit., p. 174.
[21] Ashworth, op. cit., p. 174.

も長年にわたり混乱していた[22]が，①被告人が自己の行為によって特定の結果を発生させる危険性があることを認識し，②被告人がその行為の実行に際し，その危険性が不合理なものであるという基準が満たされるものは無謀とされ，それは判例名を由来にカニンガム的無謀（Cunningham recklessness）と呼ばれる[23]。過失は，理性的な（分別ある）人が従わなければならない客観的な基準があるにもかかわらず，しなかったことだとされる[24]。そして認識は，事態が存在するという積極的な確信を意味する[25]。これらの定義は判例によって形成されたものも多く，その複雑さは裁判所だけでなく遵守する側にとっても理解しにくいものであった。理解力が発達途上にありながら刑事責任を負う可能性のある児童にとって，それはなお問題であると言えるであろう。

(2)　法律委員会の提案

このような問題の解消策として，法律委員会（the Law Commission）は数回にわたり，総合的な「刑法」の草案を発表している。これらの法案では，判例による解釈の違いや犯罪成立の要件の複雑さを踏まえて，各種の定義や要件が明記されている。例えば1985年に，法律委員会は報告書『刑法：刑法の法典化』を公表し，その刑法典法（the Criminal Code Act）草案の第5条第1項では，これらの用語及びそれに類する言葉について，特に断りのない限り，同草案の他の条文を準用する形で明記しており，次のように定義している[26]。

① 意図
第22条(a)　「意図的に」とは，あることが存在してほしい，あるいは発生してほしいと希望する場合，その者がその存在を認識するか，彼がその存在または存在・発生の可能性をほとんど確信している場合であり……

---

[22]　その要因として，無謀という用語に対して，裁判所が長年にわたり様々なニュアンスの意味を与えてきたためといわれている（Ashworth, op. cit., p. 177.）。

[23]　Herring, op. cit., p. 146. 無謀の基準として，かつてはカニンガム的無謀とカルドウェル的無謀（Caldwell recklessness）の2種類が存在した。後者は①被告人が危険性を認識している，もしくは②明白かつ重大な危険性が存在し，さらに被告人がその危険性の有無について考慮しなかった場合を指す。しかし，貴族院がカルドウェル的無謀の基準を廃止したため，現在は前者のみである（Id., p. 149.）。

[24]　Allen, op. cit., p. 53.

[25]　Herring, op. cit., p. 165.

② 無謀

第 22 条(a) 「無謀に (recklessly)」とは，(i)存在している，または存在・発生の可能性がある危険を彼が認識し，そして(ii)彼が知り得る状況において，その危険を冒すことが不合理である場合であり，

「無頓着 (heedlessness)」とは，(i)理性的な人ならその危険が明白であるにもかかわらず，その危険が存在する，または存在する可能性があるかどうかを彼が何も考えず，そして(ii)その状況においてその危険を冒すことが不合理である場合であり……

③ 過失

第 22 条(b) 「怠慢に (negligently)」とは，彼の行為が，理性的な人に期待できる注意基準から極めて大きく逸脱する場合であり，

「不注意に (carelessly)」とは，彼の行為が，理性的な人に期待できる注意基準から逸脱する場合であり……

④ 認識

第 22 条(a) 「認識して」とは，あることの存在を認識している場合，またはその存在もしくは存在・発生の可能性をほとんど確信している場合であり……

この草案の第 36 条では「児童は，10 歳未満の時の行為を理由に犯罪の責任を問われない」として従来の刑事責任年齢が成文化されている[27]が，責任無能力の推定について条文としては触れられていない。ただし，同書報告の部の第 11.22 及び 11.23 パラグラフは次のように示している[28]。

10 歳以上 14 歳未満の児童について

現行法ではそのような児童は，成人の場合に必要な間違いによって禁止行為を行い，彼が自己の行為を「非常に悪いこと」だと認識した場合のみ彼を有罪にできるとしている。……1960 年の児童少年に関するイングレビィー員会は，その廃止を提案した。

---

[26] The Law Commission, No. 143, Criminal Law : Codification of the Criminal Law, A Report to the Law Commission, 1985, pp. 173-174 and 183-184. 同書によれば，この法典化の目的について，刑法を一層利用しやすく，理解しやすく，首尾一貫して，信頼できるものにするためとしている (Id., para. 1.3)。

これら①から④のメンズ・レアの種類の関係性については，同草案の第 23 条第 2 項で次のように定められており (Id., p. 184)，意図や認識による故意的な犯罪以外のメンズ・レアの要素では無謀が故意的な行為に近いと解釈できる。

無謀の要件は，意図もしくは認識で足り，

無頓着の要件は，意図，認識，もしくは無謀で足り，

過失の要件は，意図，認識，無謀，もしくは無頓着 (heedlessness) で足り，

不注意の要件は，意図，認識，無謀，無頓着，もしくは過失で足りる。

[27] The Law Commission, No. 143, op. cit., p. 191.

[28] The Law Commission, No. 143, op. cit., paras. 11.22-11.23.

われわれはこの法典でそれを実行するつもりはない。

1969年の児童少年法第4条は，（14歳未満を児童として）「何人も，殺人を除き，児童であった時の行為もしくは不作為を理由とする犯罪によって告発されない。」と定めている。……しかし，どの政権もこの第4条を実施しておらず，それは空文化しているように思われる。（時宜を得て）この法典が実現するならば，それは確実に撤廃されるべきである。……

そして，成文法とコモン・ローが混在した刑法の状況を単一の法典に置き換えることが望ましいか否かを問うため，1989年に法律委員会は，新たな報告書『刑法：イングランド及びウェールズの刑法典』を公表した[29]。先に触れたメンズ・レアについては，第6条が先の草案と同様の形式で次のように定めている[30]。

① 認識
第18条(a)　「認識して」については，あることの存在もしくは存在の可能性を人が認識する場合のみならず，存在もしくは存在するという彼の考えを確認するかもしれない措置を彼が回避した場合の状態をいう。

---

[29]　The Law Commission, No. 177, Criminal Law：A Criminal Code for England and Wales, Vol. 1, Report and Draft Criminal Code Bill, 1989, paras. 1.3–1.4. したがって，同書で提案されている刑法典法第4条では，コモン・ロー上の謀殺，故殺，重傷害，脅迫，暴行，不法監禁，拐取，反自然的性交の犯罪を廃止し，法典で新設する犯罪に置き換えるとしている（Id., pp. 44 and 153, and Vol. 2, Commentary on Draft Criminal Code Bill, para. 4.9.）。

[30]　The Law Commission（No. 177), op. cit., Vol. 1, p. 45 and pp. 56–57. なお，同書第2巻によれば，1985年の刑法典法草案で盛り込まれ，先に引用した「無頓着」「怠慢」「不注意」の用語については，多くの犯罪で必要であるものの，本法の信頼性と首尾一貫性を確保する見地から，これらの用語が犯罪の定義に必要であるとの確証がないために今回の法案から排除したという。さらにこの第18条における各種の定義についても，排他的なものではないとして，本法に有益であれば将来的に定義を追加する考えを示唆している（The Law Commission（No. 177), op. cit., Vol. 2, para. 8.7.）。この点，1992年に公表された法律委員会の協議書『刑法典の法制化：対人犯罪と基本原則』における刑法法（the Criminal Law Act）草案では，「意図」が次のように定義されている（The Law Commission, Consultation Paper No. 122, Legislating the Criminal Code：Offences against the Person and General Principles, 1992, p. 79.）。なお「無謀に」は1989年の刑法典法草案第18条(b)とほぼ同一なので省略する。
第2条(a)　「意図的に」とは，(i)人に結果を生じさせる目的がある，もしくは(ii)彼にその結果を生じさせる目的はないものの，その他の結果を生じさせる彼の目的が成功すれば，自然の成り行きでそれも生じる可能性があることを彼が認識している場合をいう。
この協議書を受けて1993年に公表された報告書でも，1993年の刑法法草案の第1条で同様の規定が置かれている（The Law Commission, No. 218, Legislating the Criminal Code：Offences against the Person and General Principles, 1993, p. 90.）。

198 第8章 現代における刑事責任の理論

② 意図
第 18 条(b) 「意図的に」については,
  (i) 人がその存在または存在の可能性を希望もしくは認識している場合の状態で,
  (ii) それを発生させるために,または自然の成り行きで生じる可能性があることを認識して彼が行為をした場合の結果をいう。

③ 無謀
第 18 条(c) 「無謀に」については,
  (i) 存在している,または存在する可能性がある危険を彼が認識し,
  (ii) 発生する可能性がある危険を彼が認識した場合の結果であり,
  そして彼が知り得る状況において,その危険を冒すことが不合理である場合をいう。

この 1989 年の報告書では,1985 年の草案と異なり,第 32 条で児童の刑事責任とコモン・ロー上で形成された責任無能力の推定が成文化されている[31]。

第 32 条(1) 児童は,10 歳未満の時の行為を理由に犯罪の責任を問われない。
  (2) 彼が 14 歳未満の時の行為については,不可避的な誤りによって犯罪の具体的な行為をして,彼が自己の行為を犯罪もしくは非常に悪いことだと認識しない限り,彼はそれを理由に犯罪の責任を問われない。

今回も 1960 年のイングレビィー報告書について,先に触れた 1985 年の法律委員会の報告と同様に,「われわれはその提案を採用するつもりはない」と重ねて現行の刑事責任年齢と責任無能力の推定の維持を主張した上で,法律委員会は第 10.28 パラグラフで次のように報告した[32]。

議会には 1969 年の児童少年法におけるイングレビィー委員会の提案を実現する機会はなかった。しかし,議会は児童少年に対する刑事的手続を縮小しようと決めている。1960 年の勧告は,もはや改革にとって適切な根拠にならず,新たに審議されることもなく,一方で問題も指摘されている。われわれは,現行法の批判に敏感ではあるが,いずれにしても児童を取り扱う方法としての刑事的手続を拡張すると思われるような特殊な改革の勧告を好まない。

これら一連の提案は,成文法とコモン・ローとの複雑な関係性を整理し,従来の刑事責任のシステムを維持しつつも,メンズ・レアの 4 種類を具体的

---

[31] The Law Commission (No. 177), op. cit., Vol. 1, p. 57.
[32] The Law Commission (No. 177), op. cit., Vol. 2, para. 10. 28.

に定め，自己の行為が犯罪に該当するのか否かを判断しやすくしたもので
あった。ただし委員会は，今後の過程で刑法典法に新たな内容が追加される
可能性を示唆しており，これらの用語の解釈が最終的なものではないことに
留意しなければならない。いずれにせよ，とりわけ意図や無謀の定義は繰り
返し検討されているが，これらが現在の一般的な定義だとすると，例えば10
歳の児童が用語を理解し，それに基づいて行動もしくは自制することを彼ら
に期待できるのかという疑問の余地がある。意図や無謀の用語については，
ある事象や危険の存在もしくは存在の可能性が求められていることは共通し
ているように見受けられる。そこに必要なものは，現在の事象に対する理解
力，判断力，そして将来の状態を予見する能力であるが，一方で犯罪を回避
し，規範を遵守するためにも，相当な知能が必要であろう。

　そもそも，メンズ・レア自体の解釈が複雑であることに対して，J.F. ス
ティーブン（J.F.Stephen）は，「メンズ・レアの表現を包括的に理解する唯一の
手段は，個々の犯罪の定義を詳細に調べることである。その表現自体は無意
味である」と指摘している[33]。このことは，現代の制定法や上記の草案で犯罪
の要件が個別具体的に定められる理由のひとつと言えるであろう。スティー
ブンは，犯罪が成立する一般的な条件として，次の事項を挙げている[34]。

　　① 十分な年齢の人による行為であること。
　　② その行為が自発的なものであり，彼がいかなる強制的状態からも解放されているこ
　　　と。
　　③ その行為が意図的であること。
　　④ 各種犯罪の性質に応じた程度の知識がその行為に伴っていること。
　　⑤ 多くの事例において，犯意，詐欺，過失のいずれかが，犯罪の定義に含まれること。
　　⑥ 当該犯罪者の精神異常が，（①を除く）上記の各条件に影響を与える可能性がある
　　　こと。

　10歳の児童のアクトゥス・レウスが客観的に認められても，彼のメンズ・
レアは成長途上のために不十分なものか，あるいは成長期特有の異常なもの
かもしれない。しかもその原因が自己の生理的な状態によるばかりでなく，

---

[33]　Sir J.F. Stephen, A History of the Criminal Law of England, Vol. Ⅱ, 1883, p. 95.

[34]　Stephen, op. cit., p. 97.

不健全な家庭環境，親や周囲の人の強権的な支配，秩序のない社会環境，独特な文化や価値観に大きく影響を受けている場合もある。さらに，それは個々の児童によってさまざまに異なるだけでなく，個々の規範によっても児童の理解度は異なると思われる。例えば，殺人行為の犯罪性や悪質さは理解できても，禁止薬物を所持しただけで犯罪になることは理解できるのか，コモン・ロー上の犯罪のように明文化されていないものを幼い頃から理解できるのかなど，刑事責任年齢だけで対処できない大きな問題が存在する。したがって，10歳程度の児童の犯罪行為にスティーブンが唱えた上記の条件をあてはめると，特に①から④までに疑問符がつくように思われる。ただし，④が示しているように，個別具体的に犯罪の要件が細かく定められている以上，10歳程度の児童でも行為の悪質さが理解できる犯罪が存在し，彼のメンズ・レアが立証できれば，これらの条件は満たされる。すなわち，責任無能力の推定が覆され，彼は処罰の対象になる。一方で，完全な刑事責任を負う14歳でも理解が困難な犯罪が存在すると言えるであろう。とはいえ，結局のところ児童が行為時に犯罪に対する理解力を有し，悪質さを認識したかどうかは，児童本人よりも司法当局が判断することになるのである。

2　判例の状況

　児童のメンズ・レアに関する判例のうち，特に有名なものとして1918年のゴーリー（Gorrie）事件が挙げられる[35]。ゴーリー事件では，検察が児童を訴追するには「児童が自己の行為を悪いと認識したこと，ただし，悪いという認識だけではなく，非常に悪い，真に悪い（gravely wrong, seriously wrong）と認識したこと」を陪審に示す必要があるとされた[36]。ただし，ゴーリー事件では「悪い」という認識の内容は示されておらず，またその範囲が問題になる。すなわち，それが法的な悪さだけでなく，道徳的な悪さの認識を含むのかということである。もしそれを含む場合，社会的秩序の状況でメンズ・レアの認

---

[35]　Gorrie（1918）83 JP 136. ただし本書では
　　http://www.lawindexpro.co.uk/cgi-bin/casemap.php?case=341783 記載の文章から引用した。
[36]　Ibid.

定の難易度が変動することになる。この点，G.L. ウィリアムズ（G.L. Williams）は次のように解釈する[37]。

　児童が自己の行為をどちらかに認識した場合に彼は有罪になるというルールがあるのか？　少なくとも言えることは，彼が法的な悪さ——警察官の注意を引きつけるような何か——をしている認識で足りるということである。道徳的な悪さの認識だけで十分かどうかについては定まっていない。……児童は道徳的な悪さの軽重を見分けることができるかもしれないが，法的な悪さの軽重まで見分けることは困難であるから，ゴーリー事件が示した基準は，道徳的な悪さを指しているように思われる。……それは当該児童が自己の行為について，警察官の注意を引きつけるようなもので，且つそれが道徳的に非常に悪いことだと認識していることを求めているのであろう。

　これに関連して，1952 年のウィンドル（Windle）事件の女王座部判決は，「悪い」という認識について次のように示している[38]。

　裁判所は，それが法と一致するか，法に反するかの区別しかできない。神と人の法に反する行為は多い。例えば，十戒の「汝，殺すなかれ」と「汝，盗むなかれ」は法と考えられる。これらの行為は人の法にも神の法にも背くものである。第 7 の戒律「汝，姦淫をするなかれ」は，神の法に反するが，刑事法に関する限り，人の法に反しない。法が姦淫を勧めるわけではないが，少なくとも犯罪ではない。法律はその問題に関わることができないし，ある行為が道徳的に善か悪かを陪審員に考えさせることは不適切であろう。

　ウィンドル事件は，法的な意味での「悪い」という認識であることを示し，道徳的な判断は裁判になじまないとした。犯罪の成立に必要な「悪い」という認識は，ゴーリー事件である程度の輪郭が示され，ウィンドル事件判決がそれを一層具体的に解釈し，法的な認識であるとした。しかしながら，1958年の B 対 R 事件の合議法廷判決は，8 歳の児童の不法目的住居侵入と窃盗の罪について，家庭の良好な成育状況により責任無能力の推定が覆され，次のように有罪が認定された[39]。

　明らかに恵まれた人生であり，品行方正な家庭出身であり，適切に教育を受けた児

---

[37]　G.L. Williams, "The Criminal Responsibility of Children," The Criminal Law Review, 1954, p. 494.
[38]　Windle［1952］2 QB 826 at 833.
[39]　B.v.R.（1958）44 Cr. App. R. 1 at 3-4.

202 第 8 章 現代における刑事責任の理論

童は，善悪の区別を認識できて普通であろう。……治安判事が彼に犯罪の認識力があ
ると結論付けたことに根拠がないとは言えない。

この「品行方正な家庭」と「適切に教育を受けた児童」という指摘は，一
種の道徳的な見地からなされているように思われる。そして「善悪の区別」
については，法的なものだけを家庭で教えられるというよりも，道徳的な善
悪の区別も含めて教えられるのが普通であるから，ゴーリー事件の判例に近
いように思われる。そうであれば，B 対 R 事件で児童のメンズ・レアを認定
した要因は，家庭の状況から判断される彼の道徳心の高さであると言えるで
あろう。

では，外観から児童の善悪の認識力を判断することは可能であろうか。例
えば *Ex parte* N 事件は，12 歳の児童とその父親の法廷における服装と立ち
居振る舞いから，父親の賢明さ，児童の行儀の良さ，親子の良好な関係が存
在するとして，児童の善悪の認識力が認められたことに対して異議を申し立
てたものである。これについて，女王座部判決は次のように示している[40]。

原審は児童の無能力の推定を覆す事例があるとしているが，法廷における父子の立
ち居振る舞いから何かを推察することは危険である。（疑わしいが）それが証拠になる
としても，その影響力はごくわずかである。

したがって，児童少年のメンズ・レアの認定では，法廷での審理で犯行時
の内面を調査する必要があり，出廷した児童少年の服装や言動で判断しては
ならないと解釈できる。なお，1981 年の女王座部判決により，責任無能力の
推定を覆す立証責任は検察側にあるとされ[41]，また 1995 年の判決により，検
察側が責任無能力の推定の反証をしないのに，裁判所が 14 歳に近い児童の
行為から推定を覆すことはできないとされた[42]。後者の判例は，彼が 14 歳に
近いとはいえ，責任無能力の推定の反証もなしに裁判所自らがアクトゥス・
レウスから児童の悪い認識の有無を判断できないことを示したのである。そ

---

[40] *Ex parte* N. [1959] Crim. L.R. 523.
[41] J.B.H. and J.H.（Minors）v. O'Connell [1981] Crim. L.R. 633. これは，不法侵入などをした 13 歳
及び 11 歳の児童の裁判で，自己の行為を悪いと認識したことについて，被告人側が立証すべきだ
と治安判事が述べて彼らを有罪としたことに対し，女王座部はその立証責任が検察側にあると示
したもの。

して，責任無能力の推定を覆すのに必要なメンズ・レアは，ゴーリー事件以来，道徳的に「悪い」という認識も含むのか，法的なものだけでよいのかについて，それぞれの立場の判例が存在した。それは個々の事件の内容に応じて裁判官が秩序維持と児童の保護を勘案した表れであり，メンズ・レアの具体化の複雑さを示すものでもあったと思われる。そのような中で，例えば1984年の合議法廷判決では，ゴーリー事件の「真に悪い（seriously wrong）」という基準を引き合いに，マン（Mann）判事は次のように述べている[43]。

> 私は，この博学なる判事が用いた「真に悪い」という文言を謹んで採用したい。真に悪いと児童が理解できる行為の他に道徳的に悪いと認識する行為があるのかについて検討すると，私は，当該児童が自己の行為を道徳的に悪いと理解したことを立証する必要はないと考える。当該児童が当該行為を真に悪いと理解すれば十分である。したがって，裁判所は，単なる悪ふざけ（mere naughtiness）や子供染みたいたずら（childish mischief）を超えるものを求めなければならない。

これに関連する判例として，例えば，10歳の児童が建物に侵入して物を盗み，それを壁越しに投げた上で壁をよじ登って取得しようとした行為と，警察での取り調べで彼が窃盗を否認したことは，彼に理解力が十分あって，当該行為を真に悪いと認識したとして，彼を有罪としたものがある[44]。一方で，停車中の警察車両にレンガを投げつけた11歳の児童が逃走した事件について，逃走行為自体は，犯罪者だけでなく，学校や家庭のルールに違反してもあり得ることとして，責任無能力の推定を覆すものではないとしている[45]。

---

[42]　W（A Minor）v. DPP［1996］Crim. L.R. 320. 同様の判例として，C.C.（少年）対公訴局長官事件は，11歳の児童による恐喝などの事件であるが，彼の行動がいかに凶悪で，責任無能力の推定を覆す証拠がほとんど必要なく，刑事責任を十分問えるものであっても，検察側がその証拠を提出しなかった以上，責任無能力の推定は覆されないとして，女王座部が当該児童の有罪を取り消したものである（C.C.（A Minor）v.D.P.P.（1996）1 Cr. App. R. 375.）。なお，責任無能力の推定を覆すには，単に当該児童が年齢相応の一般的な児童だという証拠では足りず，一層積極的な証拠が必要だとした判例として，I.P.H. 対サウスウェールズ県警察長事件が挙げられる（I.P.H.v. Chief Constable of South Wales［1987］Crim. L.R. 42.）。これらの判例から，責任無能力の推定は，いかに内容が凶悪であったり，児童が14歳に近い年齢であったりしても，検察側から個別具体的な反証が提出されない以上，自動的に覆されることはなく，また裁判所が勝手に覆すこともできない仕組みであると解釈できる。

[43]　J.M.（A Minor）v. Runeckles（1984）79 Cr. App. R. 255 at 259.

[44]　T.v.D.P.P.［1989］Crim. L.R. 498.

[45]　A.v.D.P.P.［1992］Crim. L.R. 34.

204   第8章　現代における刑事責任の理論

　このように，司法では時代が変化しようとも責任無能力の推定は維持され
ていた。一方で20世紀後半は「法と秩序」による秩序の維持と自己責任が強
調され，また若者の凶悪犯罪や反社会的な行動が注目されるようになり，彼
らに対する社会の不安は高まっていた。そして，司法からは責任無能力の推
定自体を疑問視する意見もあった。責任無能力の推定を批判した判例のうち，
C少年対公訴局長官事件の女王座部判決[46]が挙げられる。この事件は，当時
12歳の男児Cが，施錠してあった他人のバイクのハンドルを持ち，もう一人
の男児がバールで錠をこじ開けようとしていたところを巡回中の警察官に発
見され，逃走の末にCが逮捕されたものである。この事件の判決で，女王座
部のローズ（Laws）判事は，次のように責任無能力の推定を批判した[47]。

　　一般的な義務教育のシステムがなかった頃や，おそらく児童が今ほど早く成長しな
　かった昔ならともかく，現在においてこの推定は極めて迷惑なものである。それは，
　凶悪な暴力をも含む不正な行為をした10歳以上の児童に対して，彼が不正を理解し
　た証拠を検察側が個別具体的に示さない限り無罪になるというものである。しかしそ
　れは，非現実的で，良識に反するものであり，現代の裁判官なら当然そのように考え
　る。……
　　この推定は原理的におかしなものである。被告人が自己の行為を「真に悪い」と理
　解したと立証しなければならないことは，一般法とは関係がない。彼は，自分の犯罪
　を正当化しようと考えているかもしれないし，普通だったらそのような考慮はしない。
　しかし，この推定が適用されると，彼を有罪にするには，大人の場合なら関係のない
　追加的な必須条件，つまり彼が自己の行為を真に悪いと具体的に理解したことが求め
　られるのである。これは一般法にそぐわないのである。
　　この必須条件は，概念としてもあいまいである。「真に悪い」とはどういう意味なの
　か？　それは「法に反する」という意味ではないであろう。この推定が法の無知は抗
　弁にならないという一般的なルールに優越するとした判例は見当たらない。……
　　……この推定は，善良な家庭出身の児童の行為を犯罪と結び付けたり，ほぼ確実に
　犯罪をした児童の刑事責任を免除しようとしたりするものであるから，あべこべであ
　り，奇妙である。今では，道徳を身に付けずに成長した10歳代が犯罪に手を染めるこ
　とは明白なものとして考えられている。……
　　当然ながら，この推定は，刑法が今よりも苛酷であった遠い昔に定着したものであ
　る。……この推定は，現代では何の有用性もない。問題は，当裁判所が推定を廃止する

---

[46]　C (A Minor). v. D.P.P. (1995) 1 Cr. App. R. 118.
[47]　Id., at 125-128.

権限があるのかということである。

　そしてローズ判事は，長い間法的な存在であったこの推定を変更すること
は議会しかできないという主張と，先例主義によってこの推定に拘束される
という主張に対しても次のように反論する[48]。

　　コモン・ローは硬直的なルールではなく，根本的にその妥当性は時代によって変化
　するし，コモン・ロー自体を修正することも可能である。次世代の裁判官は，コモン・
　ローを補訂できるし，そうすべきである。そしてコモン・ローは，社会のニーズに一致
　するならば，変化しなければならない。本件において，昔の法律で発達したこの推定
　を適用することは妥当性を欠いている。……
　　……先例拘束性の原理は，法律の変更に大きく立ちはだかるルールである。すなわ
　ち，きちんと確立された法則は，階層的なシステムで熟慮に熟慮を重ねない限り変更
　されないのである。概して第一審裁判所は，法的な原理を完全に変更することはでき
　ない。……しかし，合議法廷は特別な立場にある。階層制度の点で，それは第一審裁判
　所であり，女王座部の一部門である。しかしまた，本件のように控訴裁判所でもある。
　その場合，貴族院を除けば，合議法廷の決定に対する上訴はできないのである。
　　……合議法廷が自身の過去の決定を変更できるとする判例は明らかに存在する。
　　……一般的に言って，当裁判所は，間違いなく控訴院刑事部の決定に拘束される。
　しかし，この推定を法律の一部として残すべきかどうかという問題は，その裁判所の
　具体的な決定に必要な論点には決してなり得ない。……
　　以上のことから，控訴人が求めるこの推定は，もはやイングランドの法律に属さな
　いものだと考えられる。

　ローズ判事が示した責任無能力の推定の廃止論は議論を呼んだ。これは，
責任無能力の推定を廃止することによって 10 歳以上 14 歳の刑事責任の免除
がなくなることから，実質的な刑事責任年齢の引き下げであり，厳罰化につ
ながる可能性があったからである。例えば，A.T.H. スミス（A.T.H. Smith）は，
女王座部の判決に対し，次のように批判している[49]。

　　① 裁判所の法律変更については，個別的な誤りを発見した場合でなく，実質的な依頼
　　がない限り，裁判官が法律を自由に変更するのは不合理である。

---

[48]　Id., at 128-129.
[49]　A.T.H. Smith, "Doli Incapax Under Threat," The Cambridge Law Journal, Vol. 53, Part 3,
　November 1994, pp. 427-428.

206 第8章 現代における刑事責任の理論

② 児童に完全な刑事責任があるとする理論や素養の進化はほとんどない。
③ 昔の裁判は，推定がイングランド法に属するという前提として考えていた。上級裁判所が当然として思い込んでいたために，それは義務的ではなかったのである。今は推定の理論を確認する時期であるが，刑法に関する法律の制定は議会に属し，裁判官には属さないのである。

　被告人は，女王座部が責任無能力の推定をイングランド法に属さないとしたことや，立法的な判断をしたことなどを不服として貴族院に上訴した。これを受けて，貴族院では次のような意見が出された。

　ハリッジ卿（Lord Bridge of Harwich）[50] ……今の社会を見ると，責任無能力の推定を行うことは，例外的で，不条理であるかもしれません。しかし，この事態をどのようにうまく収拾するかは，この年齢層の非行に関する社会政策次第で決まると思います。この問題は政治的な論争の的になっており，極めて法的な分野に属します。つまり，議会のみがこの法律をどのように改革すべきかを決定できるのです。
　ローリー卿（Lord Lowry）[51] ……ローズ判事が結論で述べていた理由を検討すると，私は彼を論破するつもりはないにしても，彼がこの問題を完全に結論付けてはいないことを示す必要があります。
　(1) 判事が述べるように，確かに義務教育は（相当な期間にわたって）行われており，今の児童はかなり早く成長するかもしれない。しかし，優れた公教育や早い世間慣れは，児童が一層簡単に善悪を区別できることを保証するものではない。
　(2) 推定は「一般法にそぐわない」という。確かにそうかもしれないが，一般法は，14歳未満の児童に対して無条件に適用しないものではない。
　(3) 「真に悪い」という文言が概念としてあいまいなこと，専門書が責任無能力の推定をあまり扱っていないことについては，私も同意する。しかし，この文言を「単なる悪ふざけや子供染みたいたずら」と対比してみると，適度に明確な意義を持つと思われる。
　(4) 推定は，児童がその年齢相応の精神正常な能力を有した立証によって覆されるから不合理的だといわれる。ただし，これは最初に全ての児童が精神正常な能力を有しないと推定することになるから不合理的である。……精神正常の立証は，実務上，児童が善悪を区別できる証拠として広く認められている。責任無能力の推定自体は完全に論理的なものではないし，決してそうではなく，証拠次第で排除される慈善のための保護策である。その証拠はほとんど必要ないにしても，検察側が立証しなければならず，さもなければ推定は覆されないのである。

---

[50] C v DPP［1995］2 All ER 43 at 46.
[51] C v DPP［1995］2 All ER 43 at 57-64.

(5) 訴追者が推定を覆すために過去の有罪宣告を証拠とするのは，不正の恐れがある。

(6) 「善良な家庭」出身の児童による悪行を特異と見ることが少ないからあべこべであり，ほぼ確実に「犯罪行為」をした「劣悪な家庭」出身の児童の責任を免除することもまた奇妙であるといわれる。この意見に対するひとつの答えとして（完全ではないが，私も同意する），この推定は，優れた教育のおかげで，自己の行為に道徳的な責任を感じることができる児童の有罪宣告と処罰について，あるいは，そうではない児童の責任免除について熟慮を促すものである。

(7) 現代は，8歳や10歳の児童が凶悪ではない犯罪で絞首刑にされた時代とは全く変わったけれども，この推定は，今なお10歳以上14歳未満の児童を刑法の完全な適用から保護する目的と効果を有するものと考えるべきである。

……私は，合議法廷が控訴院の決定を含む現行の判例に拘束されないというローズ判事の主張に同意できません。……

……この推定が今なおイングランドの法律に属していることを，事実の力説だけでなく，論証する必要があると思われます。……

　結果的に貴族院は，女王座部の判決でC少年の責任無能力の推定が適用されなかったことを誤りとして，同判決を取り消し，差し戻した。この貴族院の判決は，責任無能力の推定が長らく慣習的な存在であったことで，形骸化したもののように扱われ，批判の的になっていたものを改めて有効として再確認したのである。ローリー卿の指摘を見ると，責任無能力の推定には，「善良な家庭」及び「劣悪な家庭」出身の双方の児童に対しても，刑罰の適用について熟慮を促す役割があるとしている。しかしながら，それは「善良な家庭」の児童ゆえに善悪の認識力を有するという推察になりがちで，「劣悪な家庭」の児童の場合は逆の方向で推察する可能性がある。このような推察は児童の本質によるものというよりも，周辺事情によるものであろう。責任無能力の推定が双方の児童に対して有効に働くためには，社会的秩序に与える影響も考慮する必要がある。「劣悪な家庭」出身の児童の刑事責任の免除を熟慮すること，すなわち児童の状況によっては推定を覆して刑事責任を負わせる場合があることは，それを示しているように思われる。そして責任無能力の推定は，10歳以上14歳未満の児童を刑法の厳しさから保護するという，一種の福祉的，政策的な意義を有するものとされた。これらの指摘は，児童が一律に成長せず，個人差が十分あることをも再確認するものであった。

208　第 8 章　現代における刑事責任の理論

　そもそも，責任無能力の推定は，年齢の正確な算出が困難な時代にあって，年齢を基準に刑事責任を判断しづらい事情があったため，裁判官が刑事責任を個別的に決定する理由として発達したものと考えられた。ローリー卿が述べるように，「児童が凶悪ではない犯罪で絞首刑にされた時代とはすっかり変わった」現代では，その存在理由は単純な福祉的，政策的な意義に変容したと考えられる。それゆえに，司法内部からも，社会からも，この推定が犯罪をした児童を甘やかすようなものとして映ったのである。現代は，年齢の客観的な算出や知能・周辺環境の調査が進化する一方で，若者のサブカルチャーや反社会的行動が注目され，さらには人種，宗教，価値観は複雑になっている。そのような社会，特に主流で伝統的なイギリス社会は，不安を解消し，自らを守るために，秩序や道徳を一層重視するようになり，刑事政策においてもそれが反映されるようになったのである。それは本能的な自己防衛の表れと言えるであろう。したがって，責任無能力の推定や単純な児童保護は，社会的秩序の維持を阻害するものとして捉えられ，責任無能力の推定の歴史的な役割は，本来的に終わっていたと言えるかもしれない。これまでの議会が刑事責任年齢の引き上げに慎重であり，比較的低い刑事責任年齢が維持されていることは，それを示すひとつであると思われる。少なくとも責任無能力の推定は，それが法に準ずるものであり，児童には不利であろうとも，社会の支持は得られない時代であると考えられる。その点では，ローズ判事の指摘は，社会の実情を表すものとして一定の評価ができるし，ローリー卿の反論は，法に準じた責任無能力の推定ゆえに，司法の最高機関（当時）としてその維持に固執したように見受けられる。

　社会の複雑化とともに児童の成長や価値観も多様化したのは確かである。その多様化により，責任無能力の推定は，10 歳以上 14 歳未満の者の中から善悪の認識力が未発達な児童を見極めて，彼らを刑罰から保護したのも確かである。その反面，善悪の認識力を有し，自己の行為を真に悪いと認識した児童は処罰されたのである。それは，彼が刑罰の意味を理解でき，刑罰の効力が彼においても，社会においても発揮され，社会的秩序の維持が図られるためだと言えるであろう。児童保護という福祉的な視点で責任無能力の推定を支持する意見は多い。例えば，T. クロフツ（T.Crofts）は次のように主張する[52]。

イギリスの義務教育は長い歴史を有するが，児童の善悪の認識力に役立つような社会的組織は少ないままである。例えば，核家族，教会，青少年向けの社会的組織の影響力は衰えている。このような組織は，児童を社会生活に適応させ，善悪の区別を正しく理解させるのに重要な役割を果たす。したがって，現代の状況を鑑みると，児童が真に悪いことを一層容易に理解できるとは言い難いのである。……

今日の児童は早く成長するから責任無能力の推定を要しないという主張は，「良識」に対する，根拠を欠いた単なるアピールに過ぎない。それは，児童が10歳で刑事責任を負えるほど十分に成長するかどうかという本質的な問題に答えていない。たとえ児童が昔よりも早く成長するとしても，それが犯罪行為の不当性を早く理解するということにはつながらないのである。

児童の多様性により，犯罪行為の不当性を理解することが困難であることは確かであるが，多様性ゆえにそれを十分理解できるケースもあり得る。法律を公正に運用する上で，そのような児童に対しても法に準じた責任無能力の推定が必須的に適用されることは，現代ではなかなか理解されないものであろう。もちろん，彼らへの推定は，反証により覆されて有罪になる可能性が高いが，いずれにせよ，児童の刑事責任が，責任無能力の推定のシステムによって，陪審員の主観や裁判官の裁量に大きく依存するという仕組みは，福祉的な側面があるとはいえ，児童にとっては必ずしも有益なものとは言えないのである。その意味では，社会的秩序の維持のため，責任無能力の推定を司法的に運用することも可能であった。

児童の最終的な保護策である責任無能力の推定があっても，法廷での態度や発言が犯行時の状態を再現しているわけではなく，尋問の仕方によって変化する可能性は十分考えられる。先に例示した殺人罪でも，児童の犯行時には犯罪の認識がなかったものが，公判の段階で具体的なメンズ・レアに変形し，本人も理解ができないままに責任無能力の推定が覆され，謀殺や故殺が認定される可能性はある。ただし，責任無能力の推定による児童保護の機能について言えば，判例によって示されているように，検察側の積極的な反証が提出されない限り，いかに凶悪でも自動的には覆されないのである。さらに，推定を覆すのに必要な証拠は10歳に近いほど強力でなければならない

---

[52] T. Crofts, The Criminal Responsibility of Children and Young Persons, A Comparison of English and German Law, 2002, pp. 72-73.

のである。

このように考えると，責任無能力の推定は児童を完全に保護するものではなく，10歳から刑事責任を負うシステムは厳然として存在したのである。10歳以上14歳未満の刑事責任の認定は，彼のメンズ・レアの有無についての考慮と社会的秩序の維持を前提に決定されるものであり，これらが責任無能力の推定の本質であると考えられる。これらの判断は，一般的には裁判官に委ねられており，とりわけ責任無能力の推定の反証に対する評価は，裁判官の主観的な要素が多分に存在することになる。したがって，児童にとっては責任無能力の推定が存在しても，刑事責任の厳しさは変わらなかったと思われる。加えて犯罪の要件は複雑であり，10歳の児童が，罪種によって異なるメンズ・レアを認識する能力を総合的に身に付けることができるのかという問題があり，さらに道徳，秩序，社会的規範，刑法の仕組みを彼らが学習できる機会が現代の社会に十分用意されているのかという問題もある。先に触れた刑法の草案は実現されていない状況で比較的低い刑事責任年齢が維持されているということは，社会的秩序を重視するイギリスの伝統的な価値観の表れであるように思われるのである。

3　専門家の主張

これまで刑事責任を問う前提として犯罪に必要なアクトゥス・レウスとメンズ・レアの内容について，上記で若干ながら検討を行った。そして，児童少年の刑事責任に関する専門家の主張について，中世までの部分は既に紹介したところであるが，ここで19世紀以降の部分に関して触れることにする。

イギリスにおける刑罰の捉え方には2種類あり，第1は，生じさせた悪を埋め合わせるために刑罰を科すという応報的なものであり，第2は，刑罰を一応悪と見なして，何らかの善に結びつく場合のみ正当化される功利主義的なものであるといわれている[53]。前者では，カントが犯罪者の罪の程度と正確に釣り合った刑罰を主張し，後者では，J. ベンタム（J. Bentham）の功利主義

---

[53]　F.G. Jacobs, Criminal Responsibility, 1971, pp. 8-9.

論が挙げられる。ベンタムの著書『道徳及び法律に関する原理入門（An Introduction to the Principles of Moral and Legislation)』では，「刑罰は全て有害であり，本質的に邪悪である」と指摘し[54]，刑罰が認められない場合として次の事項が挙げられている[55]。

(1) 刑罰に根拠がない場合，刑罰を差し止めることが有害でない場合，当該行為が全体的に悪意のあるものでない場合。
(2) 刑罰に効果がない場合。つまり害悪を防ぐ行為ができない場合。
(3) 刑罰に利益がない，または高価すぎる場合。発生するかもしれない害悪が，予防できるものよりも大きい可能性がある場合。
(4) 刑罰に必要性がない場合。つまり害悪が刑罰なしに予防できるか，自ずとなくなる可能性がある場合やそれが経済的である場合。

これらのケースのうち，ベンタムは上記2の例で，「悪に関する予見性の精神的な状態や能力が未だ備わっていない人」として幼児を挙げている[56]。この分類は妥当なものであるが，刑罰の功利主義論自体については，個人が社会目標達成の手段・道具として扱われるとの批判があったという[57]。すなわち，功利主義的な刑罰論に対して，カント派は個人自体を目的とすべきで，個人を手段として利用してはならないと主張した[58]。一方，O.W. ホームズ（O. W. Holmes, Jr.）は，いかに社会的な感情で調整された私的な関係でも，その根底には，正当化された自己選択が存在するとして[59]，社会よりも個人を最終目的とすることに疑問を投げかけている。そして次のように主張する[60]。

　　公序良俗は，公共の福利のために個人を犠牲にする。あらゆる負担は均等であることが望ましいが，強盗や謀殺を抑止するものがなお望ましい。法律を破ったという認識のない犯罪者も多いが，立法者が法律を周知し，服従を求めている以上，その言い訳を完全に認めることは，無知を促すことになるであろう。個人に対する処罰は，より大勢の利益との関係から優先される。

---

[54] J. Bentham, An Introduction to the Principles of Moral and Legislation, 1828, p. 1.
[55] Bentham, op. cit., p. 3.
[56] Bentham, op. cit., p. 6.
[57] Jacobs, op. cit., p. 8.
[58] Jacobs, op. cit., p. 9.
[59] O.W. Holmes, Jr., The Common Law, 2009, p. 42.
[60] Holmes, op. cit., p. 46.

212　第8章　現代における刑事責任の理論

　　ホームズの主張を刑事責任と合わせて考えると，どのような私的な関係に
おいても公序良俗に従う要件が存在し，反社会的ではない自己選択を行う責
任を負うことになる。それは個人の利益よりも優先され，違反すれば処罰が
可能となり，個人を手段として社会的秩序を維持することになるから，功利
主義的な考えと捉えることができる。ただし，人間関係の構築に未熟な児童
少年では，周囲の環境によって純粋な自己選択にならない場合もある。特に
複雑化した社会では，人種，宗教，世代などによって公序良俗に対する考え
方も異なる場合がある。さらに親や年長者の支配的な影響を受ける彼らに対
して，自己選択に対する責任を問うことが必ずしも妥当でない場合がある。
したがって，児童少年に対する刑罰は，応報的なものや功利主義的なもので
捉えることが適切ではない場合もある。そして，成長途上の彼らにとって，
自己選択が公共の福利で犠牲になると一層判断に困惑することになり，その
点では社会的秩序の状況によって，彼らに対する刑事責任の妥当性は左右さ
れると思われる。

　　F.G. ジェイコブス（F.G. Jacobs）は，少年犯罪者とかつての刑事責任につい
て次のように述べている[61]。

　　　　たとえ7歳未満であっても「幼さ」自体は抗弁にならなかった。刑事責任年齢以下
　　　であっても「幼さ」だけでは許されなかった。そこで，彼には必要なメンズ・レアがな
　　　かったとする覆されない推定を行うことで責任が免除された。
　　　　「幼さ」で自動的に免責にならないのは，かつて推定が重罪のみに適用された事情に
　　　基づいている。……刑罰は成人犯罪者向けに考えられたものである。刑罰は法律で固
　　　定され，司法で限度が固定される。固定された刑罰でないならば，犯罪者の若さは軽
　　　減理由になるかもしれないが，特に凶悪な犯罪では刑罰は義務的であり，実務上は法
　　　の下の平等によって，児童も成人と同じ死刑，流刑，投獄の刑を受ける責任があると
　　　解釈されることが多い。

　　年齢の「幼さ」だけで免責にならないのは，「推定が重罪のみに適用された
事情」に加えて，年齢の正確な算定ができなかった事情も要因であった。上
記によれば，当時の司法には応報的な仕組みが存在していたことも見受けら
れる。幼い児童が極刑を受けた事例が存在したり（その多くは国王の恩赦を受け

---

[61]　Jacobs, op. cit., pp. 63-64.

た），ある程度成長した児童が責任無能力の推定によって免責されたりする
のは，個人の立場から見れば不安定な仕組みであるが，それは秩序の維持や
社会の利益が優先されたことを示していると思われる。

E.C. クラーク（E.C. Clark）は，刑事責任に関する児童の意思について次のように述べている[62]。

> 児童期における無意識は，時として明らかに現実的なものであり，まさに私が事実的なものと呼ぶものである。現実的な無意識は，おそらく極めて幼い児童の状態に分類される。彼らの動きの多くは，眠っている人の動きとまさに同じく，純粋に意図しないものであろう。これは，年長の児童の場合と混同してはならない。彼らの行為は意図しないものではないが，彼らはその行為の直接的・必然的な結果を認識しないか，認識したとしても，それが悪いことや処罰されることだと認識しないのである。これら両方の場合において，主な有形的動作は意識的であるから，確かに意思は存在する。

通常の人であれば，直接的な結果の認識を踏まえて，最初の行為をしたいという意思につながるから，その認識は全体的行為への欲求として扱われることになる[63]。したがって，児童の行為は意図的なものであるが，彼に結果の認識や悪いという認識がないということである。児童の刑事責任の例外となる要素として彼は次のケースを主張した[64]。

> 第1は，自由意思，つまり意思の力の欠陥がある。すなわち，当該行為者は（厳格な意味で）自己の行為を認識しなかったか，しようともできなかったということである。第2は，当該行為者は自由意思を持つが，自己の行為の（ほとんど近接しない）結果を予見できないことである。第3は，彼が自由意思をもち，結果を予見できるが，結果を生じさせた自己の行為が処罰されるようなものだと認識しないことである。

これによると第1のケースは極めて幼い児童を想定し，第2，第3に進むほど年長の児童を想定しているものと思われる。児童の場合，これらのケースは精神的・身体的な発達途上に起因し，不可抗力的なものとして刑事責任を問うことが妥当でないのである。ただし，一律に児童を保護するのではなく，責任無能力の推定によって（19世紀で言えば）7歳以上14歳未満の間は個

---

[62] E.C. Clark, An Analysis of Criminal Liability, 1880, p. 31.

[63] Clark, op. cit., p. 31.

[64] Clark, op. cit., p. 61.

214　第 8 章　現代における刑事責任の理論

別的に刑事責任の有無が決められた。そこで，児童の刑事責任を認定する（責任無能力の推定を覆す）には，彼が自己の行為を悪いと認識したことが必要であった。クラークは，この「悪い」という認識について，道徳的な悪あるいは必ずしも法的ではない悪と位置付けて次のように述べる[65]。

　　　それは，人が自己の行為を悪いと認識する場合，彼が生活する範囲，つまり彼の国家や共同体によって，さもなければ，多数の人によって非難されるものである。
　　　……人が自己の行為について，自己の共同体で一般的に認められないものだと認識する能力を持つならば，彼は同様の行為がその共同体から不法と見られ，さらに起訴されることになる。これは，人が自己の行為を悪いと認識し，そして実際に処罰され得ると認識することが合理的に推定されるならば，彼は処罰されるであろう。

　共同体で一般的に認められないものというクラークの主張は，社会全体の道徳のみならず，地域に応じた道徳も含まれ，地域によって刑事責任の程度が異なる可能性も秘めているように解釈できる。そうであるならば，特定の行為に対する非難は，人種，宗教，教育，社会環境などの変化の影響を受けて，地域によって変動し，価値観も流動的であるように思われる。この点，先に述べたウィリアムズは，道徳的な悪さという基準に否定的であった。

　法律よりも広範囲で必ずしも明確ではない道徳的な規範は，なおのこと時代や地域によって変化する流動的なものであり，人生経験を積みながらの学習が必要になるものと言える。その意味では法的な悪さという認識が基準とされることになるが，法的な悪さを認識できるくらいなら，道徳的な悪さも十分認識できると言える。そこで，クラークやゴーリー事件などの立場では，法的な悪さを含む道徳的な悪さの認識は，社会的秩序の維持において非難の対象になるというものであろう。ここにおける道徳は，イギリスの伝統的な価値観に基づくものであり，さらにそれはイギリス人（白人），キリスト教，階層社会などを基礎に歴史的に形成されたものであり，従来の刑法的な規範も同様であると思われる。ウィリアムズは，道徳的な責任に関して，次のように述べている[66]。

---

[65]　Clark, op. cit., pp. 62-64.
[66]　Williams, op. cit., p. 495.

3 専門家の主張　225

　　道徳的責任の観念は，多くの科学者や哲学者にとって疑わしいものなのである。科
　学者は，道徳的責任が客観的事実ではないと言うかもしれないし，経験によって確か
　められるものではない。……道徳的責任と応報的刑罰に関する「一般的な常識」は，犯
　罪をした普通の成人に関して今なお幅広い支持を受けている。しかし，児童に関して
　はそれが一般的に当てはまらないと考えるのが適切である。……刑罰は時として最良
　の処遇になるかもしれないが，それは刑罰によって特定の児童が自己の進路を見直す
　ことができる場合に限る。

　刑事責任の認定に際して道徳的な基準を当てはめることに否定的な彼の主
張は，道徳の曖昧さにあり，道徳的な悪さの認識に対する応報的刑罰が発達
途上の児童では不適切だというところにあったと考えられる。そこで彼に，
法律（1933年の児童少年法第44条第1項）が児童少年の福祉を考慮するよう定め
たことにより，そのような基準を用いて刑事責任を調べることを疑問視した
のであった[67]。結果的に1933年法は，責任無能力の推定のシステムを排除し
なかったから，道徳的な悪さの認識の有無を調べることは維持された。そし
て14歳未満の児童に対する刑事責任の認定が，これほど複雑な様相を呈し
ているのは，悪さの認識に関する論争よりも，刑事責任年齢が比較的低い基
準（1933年法当時は8歳）にあって，14歳までの間に責任無能力の推定が存在
したことが大きな要因であったと思われる。さらに，議会も裁判所も，犯罪
に必要なメンズ・レアの立証に関する確固たるルールがないこと，そしてイ
ギリスの刑法典の欠如が，イギリス内の刑事法の一貫性を損ね，適用可能な
法律の確定が困難であることも問題とされている[68]。1963年の児童少年法で
刑事責任年齢が10歳になったとはいえ，現実にはその後も数十年にわたっ
て責任無能力の推定が堅持されたことは，児童を保護しつつも，道徳や教育
による社会的秩序の維持が重視されたことを示していると思われる。すなわ
ち，判例や学説では異論があるものの，少なくとも議会においては，児童は
曖昧で流動的な道徳の規範に対しても責任を負うことが求められたのであ
る。

　刑法も道徳も，児童にとっては一律に全体を理解できるものではなく，徐々

---

[67]　Williams, op. cit., p. 495.
[68]　Ashworth, op. cit., p. 6 and p. 9.

に習得するものであるとすれば，教育の重要性は一層大きな存在となる。もちろん，犯罪や非行をした児童に対する教育的な処遇はすでに各国で重視されていたが，イギリスの場合は，社会的秩序や道徳の維持についても同等あるいはそれ以上に重視されていたようである。したがって責任無能力の推定は，秩序を維持する中でいかに児童を保護するかという存在であったように思われる。そこで，一定の範囲内で彼の違反を「犯罪」としてではなく，教育の端緒として積極的に捉え，彼の将来に資する対応をすることは，結果的に社会にとって有益であろう。そしてそれ以外の違反については，犯罪として対応することによって，社会的秩序が維持できるように思われる。

　その場合の刑罰については，犯罪が予防でき，犯罪者が再び社会に順応できる効果を持つものが望ましく，さらに本質的に犯罪者を含む社会の将来的な幸福を考えたものが望ましいと，H.L.A. ハート（H.L.A. Hart）は述べている[69]。これは功利主義的な考えである。彼は，犯罪者に対する単純な正義としての刑罰を問題視し，社会や犯罪者に対する刑罰の効果を主張した[70]。そもそも，責任無能力の推定のシステムによって個別的に刑事責任を認定したり，秩序や教育の観点から刑事責任年齢の引き上げに慎重であったりしたことは，児童に対する刑罰の効果が重視されている表れとも考えられる。自己の行為とその結果を十分認識できない児童の場合，刑罰の効果のみならず，福祉的な措置においてもその効果が考慮される必要がある。そしてその効果の測定は個別的に行われるが，秩序の維持が重視される社会にあっては，福祉的な措置では不十分な場合に刑罰が選択されることになるであろう。

　この点について，例えば A. ラザーファード（A. Rutherford）は，犯罪をした少年に対する従来の刑罰，福祉，治療の各アプローチについて，それぞれに流行の時期があり，どれも結果的に少年を拘禁的施設に収容するに至ったとしている[71]。これらのアプローチとは別に，彼は「発達的アプローチ」を紹介している。これは，少年の犯罪や非行を成長過程の一時的で不可欠な部分として捉え，家庭や学校が積極的に介入し，少年の問題を直接的に扱うことで，

---

[69]　H.L.A. Hart, Punishment and Responsibility, Essays in the Philosophy of Law, Second Edition, 2008, p. 159.

[70]　Hart, op. cit., p. 163.

[71]　A. Rutherford, Growing Out of Crime, The New Era, 2002, p. 29.

公式的な介入の回避・制限を可能にするものだが，政策分野ではあまり考慮されないために，漠然とした状態であるという[72]。彼は発達的アプローチを含む4種類のアプローチの要素と根拠について紹介している[73]が，それらは次のようにまとめられる。

	根　拠	アプローチの方法
発達的アプローチ	・少年の犯罪や悪行は成長の過程において一時的で不可欠な部分である。 ・少年を支援・統制する原点は家族と学校にある。	・基本的に家庭や学校が少年に積極的に介入し，直接的に問題に取り組むことで，公式的な介入を極力回避する。 ・少年を隔離するような公式的な介入が行われる場合は，必要最小限のものとし，できる限り家庭と学校の役割が尊重される。
処罰的アプローチ	・ほとんどの犯罪は，機会と理性的選択の問題である。 ・人は自己の行為に責任を負う限り，人は説明責任を負うべきだ。 ・刑罰の唯一の正統性は，具体的に定義された犯罪の実行である。	・刑罰は社会的非難の表現として，そして個別的・一般的な抑止力として，犯罪への有効な対応である。 ・犯罪の凶悪さと刑罰の厳しさは比例関係であるべきだ。
福祉的アプローチ	・非行，薬物依存，養育放棄の少年は全て，複合的な欠乏要因による，不遇な環境の産物である。 ・養育放棄の防止と不遇な環境の軽減は，犯罪予防につながる場合がある。	・問題を抱えている全ての少年に対しては，彼らの不遇な環境を見極めた上で，統一的なプロセスによる効果的な処遇が可能である。
治療的アプローチ	・犯罪は病理的状態であり，ある程度深刻な不適応の兆候である。 ・犯罪の前兆を裏付ける社会的秩序への違反は，診断や治療の影響を受けやすい。	・少年の事情は多様であるから，柔軟で幅広い判断が適切な治療を決定するのに不可欠になる。 ・効果的な治療技術が利用できる。ただし，本人の承諾が必須であろう。

---

[72] Rutherford, op. cit., p. 29.

[73] Rutherford, op. cit., pp. 30-31. なお，J. Fionda, Devils and Angels, Youth Policy and Crime, 2005, pp. 34-38. においても同様の紹介がなされている。

218　第8章　現代における刑事責任の理論

　これらのアプローチのうち，発達的アプローチと治療的アプローチは，児童少年に対する犯罪者などの烙印付けを極力避けるものであり，比較的非公式的なものである。これに対して，処罰的アプローチは公式的なものであり，法令に基づく厳格な運用が求められる。その点，福祉的アプローチは両者の中間的なものと思われる。処罰的アプローチの場合，当然ながら刑事責任の認定と刑罰の適用は厳格になされるべきであり，その他のアプローチは，刑事責任年齢に関わらず，本人の逸脱の可能性などを勘案して早期に介入できる余地がある。そう考えると，処罰的アプローチは硬直的な運用しか期待できず，本人の事情よりも社会的秩序の維持が優先される傾向にあるが，犯罪の抑止において一定の効果はあると思われる。したがって，児童の精神的・身体的成長における能力の一般的な度合いを見極めた上で，社会と児童にとって適切な場合があれば，処罰的アプローチが適用されることは認められると考えられる。それが適切でなければ，その他の多様なアプローチを用意することになる。このように，児童の非行・犯罪に対するアプローチは，択一的なものよりも複合的なものが望ましく，児童を取り巻く社会的環境と秩序の維持も踏まえて考えられるべきである。

4　小　括

　このように，児童の非行・犯罪に対するアプローチを考慮するには，児童が自己のメンズ・レア及びアクトゥス・レウスを十分認識できる状態にあって，将来にわたり同じ行為を繰り返さない意識を持つことが必要である。先に触れたように，総合的な刑法典は整備されておらず，犯罪の要件も複雑に定められている状況にあって，児童が各種犯罪に関するメンズ・レアを十分に習得できる機会は担保されているとは言えない。イギリスの刑事法は，明らかに成人を前提にした文脈であり，児童には簡単に当てはまらないとも言われている[74]。そして秩序の意識が衰退し，価値観の多様化し，サブカルチャーが台頭する社会で，自然にそれを習得できる機会は少なく，模範的な

---

[74]　S. Bandalli, "Children, Responsibility and the New Youth Justice," edited by B. Goldson, The New Youth Justice, 2000, p. 87.

行動を示す年長者が身近に存在するとは限らないのである。とはいえ，児童を放任にすべきではなく，児童期は社会的規範を習得するのに重要な時期である一方で，彼らの学習度は一律ではなく，多種多様である。すなわち，社会的規範といっても，内容によって理解しやすいものと，しにくいものが存在する。メンズ・レアは，通常犯罪者個人の心理的状態という主観に関するものであり，意図や認識が有罪認定に必要であるから，「児童」という立場を条件とする限定的な責任を考慮する機会は，少なくとも理論上では十分存在するといわれている[75]。そこで，責任無能力の推定によって刑事責任の認定に差異を設けるよりも，犯罪の内容に応じた刑事責任年齢を個別的に設ける方策が，児童及び社会的秩序の両者にとって有益であるように思われるのである。

---

[75] Bandalli, op. cit., p. 87.

第9章　20世紀末の刑事責任年齢
──社会の標的としての児童

1　危険視される児童

　サッチャリズムの重要政策であり，象徴のひとつでもあった「法と秩序」
は，国民の支持を集める上で有力なスローガンであった。教育，道徳，秩序
の維持は，サッチャー政権が誕生する前から指摘されていたことではあるが，
同政権は，教育改革を行ったほか，刑事裁判法や児童法などを整備し，親の
養育責任を強調する法律も定めた。

　しかし，刑事政策の分野における「法と秩序」は，必ずしも良好な結果を
もたらしたわけではなかった。それは「法と秩序」に基づく法律などの不備
というよりも，一部の若者の凶悪な行動が社会的に一層注目され，国民的な
不安が掻き立てられたことが要因のひとつとして考えられる。さらにサブカ
ルチャー，人種，宗教，家族などの社会的環境が複雑化したことは，その不
安を増大させた。1990年代初期の社会は，若者に対して次の印象を持ったと
いわれている[1]。

> ① 労働者階級の児童少年による犯罪の中には，凶悪で，損害を与え，危険で，致死的
> なものがある。
> ② 被害者化は深刻な問題であり，それは社会的に不遇で，公的扶助が必要な，犯罪多
> 発・低所得の「スラム街」の住民にまで広がっている。
> ③ 経済のグローバル化がもたらした社会問題に対して，強力な社会的介入を行う他国
> の犯罪率は増加していない。
> ④ 犯罪多発地区に住む少年の多くは，成長しても犯罪をやめない。

　例えば，1989年の児童法における親の養育責任や居住施設での保護の強調

---

[1]　J. Pitts, The New Politics of Youth Crime, Discipline or Solidarity?, 2001, p. 11.

は，児童が犯罪者にならないための指導，教育を家庭に求めるものであり，家庭の力や非刑事的な措置によって社会的秩序の回復を目指すものであった。そもそも小さな政府を目指す上で，それは必要な過程であったかもしれないが，若者の行動に対する社会の不安が高まったことで，消極的な姿勢に受け取られたと思われる。また，青少年犯罪は大部分が無害で，被害者化は比較的問題ではなく，社会的介入は結果を生まず，少年は成長とともに犯罪をしなくなるといった非介入主義的な考え[2]も同様に懐疑的に受け取られたと思われる。さらに，1991年の暴動に引き続き，ブリストル，サルフォード，バーンレイ，カーライルの各地でも暴動が発生し，少年が火炎瓶や小火器を使ったことは，政府に大きな不安を抱かせた[3]。この暴動に対して報道機関は，法が対処できない年齢未満の者が，地域の生活を脅かす犯罪をしていると主張したという[4]。「法と秩序」のスローガンを打ち出している政府としては，このような若者の反社会的行動に厳しく，強力な姿勢で臨まざるを得なかった。もはや犯罪に対して弱腰と見られることは，政権の支持基盤を失うほど致命的なものであるという構図が一般的に確立したと言えるであろう。

　しかしながら，暴動事件の前年の1990年に，保守党政府は白書『犯罪，司法，そして公共の保護—法制化に向けた政府の提案（Crime, Justice and Protecting the Public, The Government's Proposals for Legislation）』を公表しており，その主な提案は次のようなものであった[5]。

- 有罪宣告を受けた犯罪者は「正当な報い」を受ける。量刑の厳しさは犯罪の凶悪性に直結すべきである。ほとんどの犯罪者は財産刑（被害者への補償や罰金）を受けることになるであろう。財産刑で対応できない場合，裁判所は社会内刑を選択する。社会内刑は，刑務所ほどではないが，犯罪者の自由を制限できる。
- 政府の最大の目標は，犯罪，特に少年による犯罪を減らすことである。
- 刑罰は犯罪予防に大きな効果があるが，それを強調してはならない。……警察は最も凶悪な犯罪を摘発することを最優先とする。長期的な拘禁はそのような犯罪にとって適切である。……社会の保護に必要であれば，凶悪さに見合う以上の長期的

---

[2]　Pitts, op. cit., p. 11.

[3]　Pitts, op. cit., p. 11.

[4]　Pitts, op. cit., p. 11.

[5]　H.M.S.O., Crime, Justice and Protecting the Public, The Government's Proposals for Legislation, 1990, paras. 1.3, 1.6-1.8, and 8.1-8.8.

な拘禁を可能にする。

- 犯罪予防は家庭から始まる。親は子どもの成長に最も強い影響力を持つ。親は子どもが幼いうちから責任感と遵法精神のある市民に育てるべきである。……ほとんどの親は意識的にその義務を実行している。実際に家族の統制がなくなると、子どもは自制や他人への配慮を失って成長する。そのような彼らが犯罪をする可能性は高まる。
- 親の影響力の強さは子どもの年齢で変化する。子どもが幼いほどそれは強い。子どもへのアプローチは、成人に近づくにつれて減少する。少年が学校を卒業して就職し、婚姻可能年齢にあれば、彼は自己の行動に大きな責任を負うべきである。
- 子どもの成長とともに親の責任は軽減され、代わりに子どもの責任を重くするバランスが必要である。
- 刑事法は、人が善悪を区別できるという原則に基づいている。幼い児童はその区別を理解しにくいし、法はそれを考慮している。いかなる児童も起訴されない刑事責任年齢は 10 歳であり、10 歳から 13 歳は自己の行為を真に悪いと認識した場合のみ起訴される。政府は、児童の理解力、知識、思考能力が発達途上にある事実を適切に考慮するこの仕組みを変更するつもりはない。
- 10 歳未満の児童については、問題を抱えないように親が指導し、もし問題を抱えているならば、うまく処理できるように親が助ける責任を負うべきである。
- 10 歳以上の者は自己の権利において刑事裁判を受けることができる。とはいえ、彼に判断力が備わるまで、親は彼に対して責任ある現実的な措置を続けるべきである。親は子どもがどこで何をしているか知るべきであるし、彼を監督する立場にある。
- 子どもが犯罪をして裁判を受ける場合、親は同席を求められる。出廷によって、親は子どもと地域社会に対する自己の責務を自覚することができる。……政府は、やむを得ない場合を除き、親が子どもとともに出廷すべきと考える。
- 子どもが有罪宣告を受け、裁判所が彼に罰金や補償命令を言い渡す場合、裁判所は、不合理でない限り、親に対して支払いを命じなければならない。政府は、親に公式的な支払い請求をすることが効果的だと考える。親に請求することで、子どもがもたらした結果と自分たちがもたらした影響を家庭で認識させることができる。

　これらの提案を見ると、当時の政府は、刑務所収容者数の抑制、社会内刑の推進、親の養育責任の強調、責任無能力の推定の維持とともに、1989 年の児童法の保護主義的、非介入主義的な姿勢を引き継ぐものであった。白書の題名にもあるように、政府は、本来的にはこのような内容で法制化を進めるつもりであった。ところが、現実には大規模暴動が発生したことで、社会は政府の犯罪対策に不信感を抱いたのではないかと考えられる。政府がそれ

に気付いたとすれば，白書の内容は「手ぬるい」ことになり，法制化の見直しに至ることは明らかであった。

　そして1993年2月に発生したJ. バルガー（J. Bulger）殺害事件は，政府の犯罪対策の焦燥感に追い討ちをかけたのである。10歳の男児2名がショッピングセンターから2歳の幼児を誘拐して惨殺したこの事件は，全国を震撼させ，青少年だけでなく児童までもが凶悪化している印象を与えた。この国民的な不安と怒りは，裏返せば強力な犯罪対策の期待と支持であった。政府に残された選択肢は，もはや厳罰的な姿勢であり，厳格な司法的アプローチだけであった。

　逮捕された加害者が10歳という幼い児童であることと，その幼さとはおよそかけ離れた残虐な行為は，社会に大きなショックを与えたが，それとともに児童が危険視され，道徳や秩序が見直される要因になった。このような社会の傾向には，報道機関の過熱した対応も大きく寄与していた。B. フランクリン（B. Franklin）とJ. ペトリー（J. Petley）によれば，事件の内容と加害者の背景事情は「ジャーナリストにとって極めて魅力的で，"いいネタ"に欠かせない要素を全て含んでいた」[6]のである。さらに，児童による児童殺しは稀な事件であって，過去250年の記録でそのような殺人は27件だけである[7]ことから，事件は報道機関にとって斬新に映り，自社報道の視聴率や購読数を稼ぐための適材とされた。裁判所が加害者の実名などの報道を認めてからは，なおのこと各社の報道合戦に至ったのである。そして報道機関は，加害者の男児2名の本質的に「邪悪な」性格を一般的な児童や児童期の概念と結びつけて考察したことで，児童期が「無邪気」だとする従来の概念を一変させたといわれている[8]。このような容赦のない報復的・処罰的な報道には，多くの新聞が報じているほど児童が本質的に邪悪ならば，邪悪さの抑制は社会だけが適切に実行できるという論理が存在したといわれている[9]。したがって，視

---

[6]　B. Franklin and J. Petley, "Killing the Age of Innocence：Newspaper Reporting of the Death," edited by J. Pilcher and S. Wagg, Thatcher's Children? Politics, Childhood, and Society in the 1980s and 1990s, 1996, p. 135.

[7]　Franklin and Petley, op. cit., p. 135.

[8]　Franklin and Petley, op. cit., p. 138.

[9]　Franklin and Petley, op. cit., p. 140.

聴者や読者の多くは，児童による児童殺しが稀な事件だという冷静な捉え方よりも，彼らに対する激しい怒りと児童一般に対する厳しい姿勢が当然だという意識を持たざるを得なかったのである。この事件報道の多くは，彼らに完全かつ道徳的な罪があると判断し，彼らの情状酌量に相当する不遇な環境は，犯罪行為と比較すれば微々たるものだとされた[10]。

このような風潮は，彼らだけでなく，その他の児童が関わる事件においても，その刑事責任の判断に冷静さを失わせ，責任無能力の推定が形骸化する結果をもたらすのである。すなわち，責任無能力の推定は，刑事責任年齢の始点である 10 歳に近いほど強力な反証を必要とするのに，社会的な風潮から簡単に覆される（あるいは覆さざるを得ない）危険性が生じるのである。陪審裁判による審理であれば，なおその危険性は高まるように思われる。フランクリンとペトリーは，バルガー事件の一連の報道から，イギリスの社会的感情について次の指摘をしている[11]。

> バルガー事件の新聞報道を見ると，児童や児童期の犯罪性に対するイギリスの報道，そして現代イギリス人の姿勢の特色が明らかだ。その姿勢は，容赦なく処罰的で，厳しいものであり，刑事司法の世界で児童が大人として扱われ，自己の行為に大人同様の法的責任を負うべきだとする姿勢である。報道はその意見を声高に唱えるだけでなく，それを是認しようと叫んでいるのである。

このような風潮が存在する要因としては，先に述べたことではあるが，もともと刑事責任年齢が 7 歳であったこと，そして教育や秩序を重視する国であったことが挙げられる。なぜなら，非行や犯罪をした若者に対する保護主

---

[10] Franklin and Petley, op. cit., p. 142. すでに加害者の児童の実名と背景などについては，様々な文献が紹介している。加害者である男児は，J. ベナブルズ（J. Venables）と R. トンプソン（R. Thompson）であった。同書によれば，彼らの背景事情は次のようなものである（Ibid.）。
　ベナブルズ：彼は初等教育の教師によって精神科医に紹介されていた。なぜなら，彼は，注意を引くために壁に頭をぶつけ，他の児童に物を投げ，わざとハサミで自分の身体を切り，顔に紙を張り付け，学校のコートかけの釘にぶら下がり，かつては定規で児童を窒息させたからである。彼は学習度が遅れていたので，学校でいじめられた。
　トンプソン：彼の家族は貧しく，彼は 7 人きょうだいの 5 番目であった。両親の仲は別居してから一層悪くなり，母は深酒を始めた。さらに火事で家を失い，施設で保護されているきょうだいのイアンは，彼をナイフで脅した。イアンは施設保護を受けたいために，家庭に戻されると鎮痛剤を大量服用していた。トンプソンの学業の成績は低く，かろうじて文字を読むことができる状態であり，ずる休みを始めた。
[11] Franklin and Petley, op. cit., p. 153.

義的，非介入主義的な政策にしても，その根底には親に養育責任を自覚させ，それを通して教育や秩序の重要性を示す狙いがあるように思われる。そのメッセージの宛先は，もちろん社会全体に対してではあるが，本音としては伝統的なイギリス社会に流入し，独自の価値観を有する移民であり，独自のサブカルチャーを主張する若者に対してであるように思われるのである。

2　新たな「法と秩序」の模索

　1990 年代初期の暴動やバルガー事件の報道によって，社会は若者に対して一層大きな不安を抱くようになり，報道機関も特異な少年事件に注目し，大々的に取り上げるようになった。このような状況は，「法と秩序」を標榜する保守党政権にとって司法的アプローチを進める上では好都合であったかもしれない。従来の法制度を劇的に改正することは，内容はともかく，国民に対して「問題への真摯な取り組み」と「与党の実行力」をアピールする絶好の機会になるからである。ここで，そのような影響を受けたと思われる保守党政府の法律面での改革について触れることにする。

(1)　1993 年の性犯罪法

　1963 年の児童少年法によって刑事責任年齢が 8 歳から 10 歳に引き上げられたことはすでに触れたが，性犯罪においては例外的に考えられていた。すなわち，従来 14 歳未満の男児は性的交渉ができないという刑法上の推定が存在したが，1993 年の性犯罪法 (Sexual Offences Act) 第 1 条はこれを廃止したのである[12]。これにより，性犯罪においても 10 歳以上から刑事責任を問うことが可能になった。そもそもこの性的交渉不能の推定は，一般的な男児の性的な発達から生じたものであろうが，1993 年法の推定廃止の理由は，男児の性的な発達が早まったためではないと思われる。P. グレアム (P. Graham) によると，身体上の性的変化は極めて多様としながらも，女子ではティーンズの始まりで成人のレベルに達し，男子では 15 歳から 16 歳の頃に成人と同様

---

[12]　1993 年性犯罪法第 1 条「14 歳未満の男児が（自然な，もしくは自然の理に反する）性的交渉をなし得ないとする刑法上の推定は，ここにおいて廃止される。」

226 第9章 20世紀末の刑事責任年齢

になるという[13]。また，男女における成熟期の違いは12歳ごろからで，女子は12歳ごろに完全に発達するものの，男子の場合は13歳から14歳ごろになるという[14]。彼は，成熟期について，特に20世紀後半に早まったという社会通念があるが，実際には19世紀から20世紀にかけて低下したと述べている[15]。その原因として，彼は次のように指摘する[16]。

> 成熟期の年齢は，19世紀から20世紀前半にかけて，西ヨーロッパで急激に低下した。19世紀中期，イングランドにおける初潮の平均的な年齢は15歳ごろであったが，20世紀中期には12.5歳ごろになった。アメリカ，フィンランド，ノルウェー，イタリアでも同様の変化があった。……その原因は，おそらく食物に関係するであろう。その時代以降の児童は，ビクトリア時代初期の頃よりもはるかに滋養のあるものを食べていた。それは彼らの身長を伸ばしたばかりでなく，性的な成熟も早めたのである。しかしながら，成熟期の低年齢化は，この50年間止まっている。それは，当時の人々のほとんどが，成熟に最適な食物を摂取していたからであろう。

グレアムの主張が正しければ，成熟期の変化はすでに半世紀以上も前に完了し，しかもそれが男女共にではなく，特に女子において変化したということになる。したがって，本法の目的は，男児の成熟期の変化ではなく，男児による性的犯罪に対処するとともに，凶悪犯罪の低年齢化に着目した対策のひとつであると思われる。

(2) 1994年の刑事司法及び公共秩序法──そして保守党政権の終焉

政府は，暴動やバルガー事件の国民的不安に対処する必要に迫られていた。それは暴動やバルガー事件を繰り返さない対策というよりも，児童全体に対して自己の行為に一層責任を求め，場合によっては施設に収容することもためらわないという厳しい姿勢を示すものが必要であった。

1993年11月のバルガー事件の公判直前に，M. ハワード（M. Howard）内務大臣は，党の会合で新しい「法と秩序」を打ち出したが，それは1980年代後期の保護主義的なものとは異なり，抑止としての拘禁を中心にした処罰的な

---

[13] P. Graham, The End of Adolescence, 2004, p. 121.
[14] Graham, op., cit. p. 122.
[15] Graham, op., cit. pp. 122-123.
[16] Graham, op., cit. p. 123.

ものであったという[17]。この背景には，労働党が「法と秩序」に対抗する主張をし始めたことによる危機感があった。その頃，労働党が1994年にT. ブレアを党首として選出した際に影の内務大臣になったJ. ストロー（J. Straw）は，バルガー事件による社会的不安を利用して労働党が手にした政治的イニシアチブを維持しようと考えていたのである[18]。ストローは，その中心的な役割を負い，「名人芸的な議会パフォーマンスに秀でた」ブレアは，これまで保守党の専門分野であった「国の意向（the mood of the country）」にまで言及するようになったという[19]。労働党は，今や自分こそが「法と秩序の生みの党」であるという考えを国民の意識に植え付けることを目指し，少年犯罪に関する保守党の目標からの急進的な離脱やその反対を唱えるのではなく，むしろ好評であった「法と秩序」のテーマに経済性や有効性を融合させた政策を打ち出したのである[20]。ストローは，以後この新しい政策的イニシアチブのために多少無理をしてでも政策のスピードを速めて，ハワード大臣の機先を制しつつ，彼の人格や政治的信用を批判し，政治的な優位に立とうとしたといわれている[21]。このような変化は，労働党が「新しい労働党」[22]と呼ばれるようになった所以であるが，刑事政策の面で保守党と競合する場合，労働党は従来の福祉的な特色を捨てて，司法的な厳しい政策を一層進化させる主張をするようになったのである。

結果的に1994年の刑事司法及び公共秩序法（Criminal Justice and Public Order Act）は，少年犯罪者の施設収容，刑務所を含めた刑事司法機関の整備，犯罪予防の法律や権限の強化など，厳しい対応を含むものになった。例えば，同法の第1章は「少年犯罪者」として，12歳以上15歳未満で一定の条件を満た

---

[17]　T. Newburn, "Back to the Future? Youth Crime, Youth Justice and the Rediscovery of 'Authoritarian Populism'," edited by J. Pilcher and S. Wagg, Thatcher's Children?, Politics, Childhood and Society in the 1980s and 1990s, 1996, p. 72.

[18]　Pitts, op. cit., p. 19.

[19]　Pitts, op. cit., p. 19.

[20]　Pitts, op. cit., p. 19.

[21]　Pitts, op. cit., p. 19.

[22]　福祉的な政策を前面に出していた労働党が，とりわけ1990年代以降，法と秩序を政策の看板としていた保守党と競い合うかのように，司法的な政策を唱えるようになった。同じ労働党でありながら，そのように変化した労働党に対し，半ば揶揄するような「新しい労働党（New Labour）」という表現が各方面で用いられている。

した者に対する戒護訓練命令（secure training orders）[23]と戒護訓練センター（secure training centres）[24]の設置を規定した。これらは，対象となる少年犯罪者を社会から隔離し，拘束して指導するものであった。この他，被疑者や被告人が正当な理由なく証拠を提出しなかったり，尋問に答えなかったりした場合に，裁判官や陪審員がそこから適切と思われるような推論を行うことが可能になった[25]。これは，事実上の黙秘権の廃止とも言える。裁判を受けている状況を理解できないような児童，自己の表現力に乏しい児童，そして法廷という特殊な場所に当惑する児童であれば，裁判において黙秘というよりも「話し方が分からない」ために沈黙したり，よしんば話せても思わぬ解釈をされたりする可能性は十分にある。そのような沈黙を理由に不利益な推論をすることは極めて不合理であり，適用には相当な慎重さを要するであろう。なお，2000年の時点ではあるが，14歳未満の児童が裁判で証拠を提出しないことによる推論は行われていないという[26]。その点では，裁判所としても慎重な運用を心がけているように思われる。とはいえ，10歳以上の児童がいったん被疑者や被告人となれば，何らかの証拠提出や答弁を半ば義務的にしなければならない状況であるから，彼らの刑事責任が一層重視されるようになったと考えられる。

(3) 労働党の対抗策

　20世紀末のイギリス社会は，若者やその親に対して「法と秩序」に基づく強力な政策を見ながらも，現実の無秩序さの報道を前に，その効果には懐疑的であったかもしれない。そのために，社会は相変わらず大きな不安を抱えていたのである。児童の犯罪においても，社会の傾向は，児童個人の福祉や更生よりも，社会の安全を確保し，彼の再犯を防ぐ厳しい対策を望むものであったと思われる。

　マンシーによれば，このような現実主義に立脚した新保守主義的な犯罪学

---

[23]　Criminal Justice and Public Order Act 1994, s. 1.

[24]　Criminal Justice and Public Order Act 1994, ss. 5-15.

[25]　Criminal Justice and Public Order Act 1994, ss.. 34-39.

[26]　S. Bandalli, "Children, Responsibility and the New Youth Justice," edited by B. Goldson, The New Youth Justice, 2000, pp. 88-89.

者は，混沌として効果のない刑事司法制度が犯罪者をもたらすとして，リベラル的な立場を離れ，刑罰の強化こそ矯正につながると主張している[27]。そして，現実主義の右派は，政治的な影響力を持ったことにより，左派に自己の立場を再考させ，対抗的な政策を出させることになったという[28]。その結果として，マンシーは現実主義的な犯罪学の特徴を次のように述べている[29]。

- 現実主義的な犯罪学は，右派でも左派でも，犯罪に対する社会的恐怖に合理的に対応することで，自己の正当性を主張する。彼らは，犯罪の増加や恐怖の拡大を当然のことと考えている。結果的に彼らは，企業の汚職，健康・安全に関する犯罪，または集団虐殺や人権否定などの国家による「犯罪」「暴力」のような，大部分が見えにくい犯罪よりも，少年犯罪，街頭犯罪，暴力，夜盗のような，メディア的・政治的に視覚化される犯罪に注目する。
- 右派の現実主義は，犯罪の「選択」が養育や自制心の失敗によって駆り立てられるとする。一方，左派の現実主義は，社会的な主流からの除外や欠乏などによる「制限的状況」が常に道徳的選択を少なくすると考える。
- 右派の現実主義は，排他的・応報的な犯罪統制によって秩序を優先させようとするが，左派の現実主義は，社会正義を求め，犯罪予防を基本にした地域社会を経由するものを求める。

労働党としても，20年弱にわたる野党の立場を脱して政権を取る上で，かつてのように児童保護・福祉を重視するだけの政策は，かえって社会の反感を買い，保守党を利する恐れがあった。そこで労働党は，従来の福祉重視の刑事司法制度から現実主義に基づく刑事司法制度に転換する必要があった。しかも，総選挙でアピールするには保守党の「法と秩序」と同等の内容では不十分であり，差別化を図るために「法と秩序」に代わる新規のスローガンと一層司法的なアプローチが求められた。

そこで1993年以降，労働党が打ち出したスローガンは，現実主義に基づく，「犯罪の原因に厳しく（tough on the causes of crime）」というものであり，保守党とは別の「法と秩序」アジェンダに取り組む意思を示すものであった[30]。J.

---

[27] J. Muncie, "Pragmatic Realism? Searching for Criminology in the New Youth Justice," edited by B. Goldson, The New Youth Justice, 2000, p. 16.

[28] Muncie, op. cit., p. 16.

[29] Muncie, op. cit., pp. 16-17.

[30] Muncie, op. cit., p. 17.

230 第9章 20世紀末の刑事責任年齢

ピッツ（J. Pitts）によれば，労働党の犯罪対策は，保守党だけではなく，シンクタンクやアメリカの影響を受けていたという[31]。労働党が受けた影響は次のようなものであったといわれている[32]。

① アメリカのグローバル化経済によって変化する経済生活の本質や政府の役割の考え方や仮説が，連合王国の福祉国家システムや刑事司法システムの改革の見直しに重要な役割を果たした。
② 新しい労働党は，社会政策や刑事司法政策を具体化するために，法律，政策，行政に関する戦略を輸入した。
③ アメリカの福祉的システムや刑事司法システムで発達した方針や実務上のテクノロジーが，連合王国内の関係する公共サービスに導入された。
④ 新しい労働党は，B. クリントン（B. Clinton）の活動チームによる選挙対策で長年の野党生活から救われたことに多大な恩義があった。

　労働党が「犯罪の原因に厳しく」という考え方を打ち出すには，アメリカの政策がある種の貴重な前例として役立ったようである。1992 年当時にアーカンソー州知事であり，大統領候補であったクリントンは，「厳しくする（get tough）」の政策に取り組んでいたという[33]。この頃，アメリカでは R・キング（R. King）を暴行した警察官の無罪をきっかけにロサンゼルスで暴動が発生しており，それは 20 世紀のアメリカで最悪の社会的事件とされ，多くの黒人，白人，アジア人の住民が，まさに警察を無力と感じ，迫りくる無政府状態を見越して武装したといわれている[34]。そのような中で，スラム街を原因とする暴力の増加傾向を抑止するというクリントンの公約は，選挙のアピールとして好評であることを証明し，幸運にも 1990 年代中期のアメリカの殺人発生率は横ばいになった[35]。2 期目の選挙でも法と秩序を国民に訴え，1996 年に再任された際には多くの犯罪者に対する死刑の執行と厳しい量刑政策を固く約束したという[36]。そして，これらの政策には，児童を対象にした幅広い犯罪予防プログラムに関する提案が含まれていた[37]。

---

[31]　Pitts, op. cit., p. 21.
[32]　Pitts, op. cit., p. 22.
[33]　Pitts, op. cit., p. 24.
[34]　Pitts, op. cit., p. 24.
[35]　Pitts, op. cit., p. 24.
[36]　Pitts, op. cit., p. 24.

イギリスも 1990 年代初頭に若者の暴動に悩まされ，人種や宗教にまつわる社会問題を抱えていることではアメリカとほぼ一致していた。労働党は，このようなアメリカの経験を学んだ上で，イギリスにおける「犯罪の原因に厳しく」というスローガンとそれに基づく政策を国民に訴えたのである。したがって，労働党の社会政策や刑事司法政策は，若者の犯罪に焦点を置くものであり，「法と秩序」「家族」「歳出削減」「自主性」といった伝統的な保守党の主義を付け加えたものであったという[38]。一方，保守党としても，政府としてアメリカの一連の経験を認識していた可能性は高く，労働党のように政策に反映したいと考えていたと思われる。これらの経緯から，保守，労働の両党の政策は，司法的・処罰的アプローチの方向性でほぼ一致し，国民の支持を得るために内容を競う形になったと言える。折しも，長期的なサッチャー政権は既に終わっており，「法と秩序」に基づく政策が進められていたものの，犯罪に対する社会的不安は解消されないままでいた。労働党が保守党のアプローチより優れていると思わせるような対抗策を示すことは，来たる総選挙で保守党の支持層をある程度取り込むことができ，政権を取ることができる必勝策でもあった。そして，若者の犯罪対策を党の中心的な課題としたことで，児童の刑事責任に対する見方もまた厳しくなり，貴族院でその有効性が確認された責任無能力の推定も再び批判されるのは必至であった。

3　1998 年の犯罪及び秩序違反法の成立

(1)　経費から見た刑事司法制度

サッチャー首相以降の保守党政権の末期となった 1996 年に，歳出委員会から報告書『浪費する青少年—少年と犯罪（Misspent Youth…Young People and Crime)』[39]が刊行された。これは青少年に関する刑事司法制度，処遇，犯罪予防策などについて，現状とその効果をコスト的な面から検討したものである。同書は，刑事司法制度の運用にコスト的な感覚を持ちこむことで，効率の悪

---

[37]　Pitts, op. cit., p. 24.
[38]　Pitts, op. cit., p. 35.
[39]　The Audit Commission, Misspent Youth…Young People and Crime, 1996.

232　第 9 章　20 世紀末の刑事責任年齢

い制度を洗い出し，とりわけ納税者に対しては政府の改革姿勢を効率よくア
ピールできるものであった。それとともに，制度を変更するにあたって，高
コストと非効率性という理由は，歳出を削減できるだけでなく，国民や議会
の批判をある程度かわすことができる便利なものであったと言える。同書は，
例えば「青少年裁判所の手続」の項目で次のような指摘をしている[40]。

> 訴追は高コストである。有罪宣告を受ける者ひとりあたり約 2500 ポンドの経費が
> かかっている。青少年裁判所で処理される事件の多くは，知り合い同士のけんかや，
> わずか数ポンドの窃盗である。青少年裁判所には，少なくとも 5 人の有給関係者──
> 治安判事補佐官，公訴官，弁護人（訴訟扶助を受ける），廷吏，1 人か複数の青少年司
> 法機関の職員や保護観察官──が出席し，それに治安判事，保護者，少年が加わる。警
> 察官は証人として呼ばれない限り出席しない。公判の事前打ち合わせなど，最近刑事
> 司法制度に導入されたシステムは，あらゆる青少年裁判所で行われているが，遅延と
> 高コストをもたらしている。

　これは経費を理由に裁判を抑止し，非刑事的な処遇を暗示するように読み
取れるが，パラグラフ 43 及び 44 は，青少年や弁護人が出席しなかった理由
などで延期されるケースが多く，そのような遅延が刑罰の効果を損ねている
としている[41]。つまり，裁判が高コストであるために，短期での処理を勧告し
ているのである。さらに，少年犯罪者が警察，訴追，裁判の各段階で処理さ
れるのにかなりのコストを要し，その後の処分でも監督命令，保護観察命令，
拘禁が特に高コストであると示している[42]。人種別に見ると，アフリカ系カ
リブ人の青少年が白人の青少年よりも刑事司法制度に関わる比率が高く，そ
れゆえに無罪になることも多いとしている[43]。これは，アフリカ系カリブ人
に対する偏見によって，本来不要な刑事司法制度が利用されていることを指
摘していると思われる。

---

[40]　The Audit Commission, op. cit., para. 40.

[41]　The Audit Commission, op. cit., paras. 43-44.

[42]　The Audit Commission, op. cit., para. 70.

[43]　The Audit Commission, op. cit., paras. 71-72. 同書パラグラフ 71 では，アフリカ系カリブ人の
　　青少年が白人よりも職務質問を受けやすいが，逮捕については白人とほとんど差異がないとして
　　いる。これも職務質問の効率性を求めていると思われる。なお，パラグラフ 72 は，「あらゆる機
　　関が少数民族に対して差別をしないように努め，裁量権は少数民族に不利にならないようにする
　　必要がある」と注意を促している。

3 1998年の犯罪及び秩序違反法の成立 *233*

　青少年の犯罪予防に関しては，幅広い組織と個人の責務だとし，中でも親は，子どもが権威を尊敬し，他者を思いやるように教育する重要な役割を負っているとする[44]。そして，現在の刑事司法制度を次のように断じるとともに，新たな方向性を示した[45]。

> 　少年犯罪に関する現行の制度は，少年の悪事をうまく処理できていないにもかかわらず，非効率的で高コストである。現在の内容は役に立たず，少年の犯罪行為を止められないでいる。さらには一部の少年の軽率な行動，破壊行為，放火，窃盗，不法目的侵入の被害者にも役立たず，さまざまな面で浪費している。……
> 　資源は，少年犯罪者の手続よりも彼らの行為に対して使われるべきである。同時に，関係機関は垣根を越えて協力し合い，少年による犯罪及び反社会的行為を防ぐ努力をすべきである。そのターゲットは，犯罪率の高い貧困地域であり，その調査は率先して行われるべきである。

　このようなコスト的な問題で刑事司法制度を議論する場合に，当事者である児童少年の事情はほとんど顧みられていない。社会や家庭の環境が複雑になり，不遇な状況を生み出していることで少年が反社会的な行動に及ぶという観点で犯罪予防や矯正を考えるならば，刑事司法制度のコストのみでは問題は解決できないのである。ピッツは，この報告書の指摘について，次のように疑問を呈している[46]。

> 　1984年以降，青少年司法の関係者や警察による厳格な「システム運用」と，10歳以上14歳未満の者に対する警察の非公式的処分の増加は，司法制度全体から多くの少年犯罪者を転換させるという効果をもたらした。

　このように非公式的な処分の効果を見ると，必ずしも青少年が「浪費」しているとは言えず，児童少年の周辺環境を含む幅広い社会問題を包括的に捉えることで報告書の指摘が妥当ではない可能性はある。サッチャー政権時代には1989年の児童法のように非強制的，保護主義的な政策が実施され，刑事司法制度の負担はある程度軽減されるはずであった。しかし，若者の暴動などによる社会的不安の高まりによって，その期待よりも刑事司法制度の適用

---

[44]　The Audit Commission, op. cit., para. 151.
[45]　The Audit Commission, op. cit., paras. 152-153.
[46]　Pitts, op. cit., p. 48.

234　第9章　20世紀末の刑事責任年齢

が求められる結果になった。一方で，「古い労働党」がかつて行っていた保護
的，福祉的な政策だけで取り組むことは，その関係機関の負担が増すことに
なるし，政治的な潮流の変化でそれは国民の支持が得られなかったのである。
すなわち，イギリスの社会は，教育や秩序が重視されるから，単純な福祉的
アプローチでは不十分であり，保護一辺倒では社会正義の観点からフェアで
はないという意識があると思われる。そして1990年代に入り，保守，労働の
両党は，アメリカと自国の経験をもとに，強力な司法的アプローチを訴える
方が国民の理解を得られやすいことを学んだのである。ただし，労働党に至っ
ては，政権獲得のために保守党よりも一層急進的な主張をする必要があった。
この時点で，児童の刑事責任は一層厳しく問われる方向になることが確定的
になったのである。

(2)　「新しい労働党」による政府の誕生——「もう許さない」姿勢

　1997年の総選挙は労働党にとって久しぶりの政権獲得のチャンスであっ
た。そこで社会的不安を抱える有権者の支持を集めるため，労働党は保守党
よりも新鮮さを示し，強力で，厳しい犯罪対策を打ち出す必要があった。一
方，保守党は今までの実績をアピールし，「法と秩序」の本家として，歳出委
員会の報告書などを踏まえた政策を示す必要があった。

　保守党は，マニフェストで少年の犯罪対策に関して次のように訴えた[47]。

- 子どもを管理できるのに，それをしない親に対して，裁判所は「養育管理命令
  （Parental Control Order）」を与えることができるようにする。
- 養育管理命令には条件を付すことができる。その条件は，夜間に子どもを親の管理
  下に置くこと，子どもの登下校に付き添うこと，薬物更生クリニックに通うこと，
  親としての務めを改善する会合に参加することなどである。この条件に違反した親
  は，裁判所への反抗として，制裁を受けることになる。
- 常習的な少年犯罪者は，適切に処罰されるべきである。保守党は，少年犯罪者施設
  やコルチェスターの軍事刑務所において，彼ら向けの指導を極めて重視する，厳し
  く，新しい体制を用意する。
- 犯罪者は，逮捕されたら必ず有罪宣告を受け，適切に処罰される。それは社会を保
  護するためである。労働党の反対にもかかわらず，われわれは黙秘権を改革した。

---

[47]　Conservative Party, manifesto, 1997（http://www.politicsresources.net/area/uk/man.htm）.

その結果，警察の取り調べで供述を拒否する容疑者の数はほぼ半減した。
・強姦や武装強盗などの凶悪な性的・暴力的犯罪で有罪宣告を受けた者については，自動的に終身刑にする。
・保守党は，自動的な早期釈放を廃止することで，量刑の正当性を確保する。

　これに対して労働党は，マニフェストで「保守党政権時代，犯罪は倍増し，多くの犯罪者が好き勝手にしていた」と批判した上で，次のように主張した[48]。

・労働党は，新しい法と秩序，すなわち，犯罪に厳しく，犯罪の原因に厳しくというアプローチを提案する。労働党は，犯罪の個人的な責任を重視し，不遇な社会的環境を改善することで，犯罪の原因にも対処する。
・養育責任命令（parental responsibility orders）を新設することで，親が自分の子どもの行儀の悪さに取り組むようにする。
・保守党は「法と秩序」の秩序の面を忘れていた。労働党は，街頭での反社会的行動や犯罪に取り組む。労働党の「ゼロ・トレランス（無寛容）」アプローチは，少年犯罪者の中にあるわずかな犯罪性にも厳しく対処する。
・児童保護命令（child protection orders）は，親の養育放棄で影響を受ける幼い児童を対象とするものである。彼らは夜遅くまで放置されている。
・イギリスは多民族・多文化社会である。全ての人は法の保護を受ける。労働党は，少数民族を脅迫から保護するために，人種に関する嫌がらせや人種に基づく暴力を犯罪とする。

　親の養育放棄，減少しない犯罪，人種問題などに関する両党の主張は，そのまま現代イギリスの現状を示している。これらの主張に共通する項目は，親の養育責任を重視し，犯罪行為に厳しく対処することであった。保守党が法と秩序を掲げて長年にわたり政策を講じたけれども，とりわけ 1990 年代以降，国民の目にはその効果が感じられなくなっていた。その点で批判する側の「新しい労働党」は，国民にとってまさに新鮮に映り，選挙では有利な展開で臨めたと言える。結果的に 1997 年の総選挙では労働党が勝ち，T. ブレア率いる労働党政府が誕生した。
　ブレア政権誕生後，間もなくして白書『もう許さない―イングランド及びウェールズにおける少年犯罪阻止のための新しいアプローチ（No More Excus-

---

[48]　Labour party, manifesto, 1997（http://www.politicsresources.net/area/uk/man.htm）.

236 第9章 20世紀末の刑事責任年齢

es—A New Approach To Tackling Youth Crime In England And Wales）』が発表され，
その序文で J. ストロー内務大臣は次のように問題を提起した[49]。

　　　犯罪を許す文化は少年司法制度で発展してきた。それは，制度の非効率性を自ら認
　　め，少年犯罪者が社会的環境によって自身を矯正できないことを示しながらも，なお
　　彼らの犯罪を許している。彼らが自己の行いを見つめ直し，一層の責任を感じること
　　はめったにない。このようなシステムは，彼らの家族や地域社会を分裂させるだけで
　　なく，彼らの人生をも破滅に向かわせる。……多くの若者の人生が犯罪に染まらない
　　よう，犯罪行為を蕾のうちに摘み取る専門家の才能と資源を重視する。

　白書の題名のように犯罪に容赦しない姿勢は，アメリカの「ゼロ・トレラ
ンス」の影響を受けたことを示しており，個人の刑事責任を厳しく問うととも
に，「犯罪行為を蕾のうちに摘み取る」姿勢は，国家による早期的な介入を
暗示しているように思われる。このような姿勢に基づき，白書では，犯罪予
防，親の養育，早期介入，裁判の迅速化，関係機関の相互協力などが提案さ
れている。そして，少年犯罪者に対しては次のように分析している[50]。

　・調査によれば，少年の犯罪性に関する主な要因として，次のことが裏付けられてい
　　る。すなわち，男性であること，犯罪経験のある親に育てられたこと，複雑な問題を
　　抱えた家庭に暮らしていること，十分な養育と監督を受けていないこと，家庭や学
　　校で指導されていないこと，学校をずる休みしたり，落ちこぼれたりしていること，
　　悪い友達と交際していること，犯罪性のあるきょうだいがいることである。
　・多くの少年は，成長とともに非行をしなくなるが，……若年男性の場合，個人的・社
　　会的発達（教育課程を修め，就職し，親元から独立して伴侶を得て身を固めること）
　　は，同輩集団やきょうだいの影響を強く受ける。犯罪から足を洗うことは，合法ド
　　ラッグやアルコールの乱用経験がある若年男性の犯罪者について言えば，ほとんど
　　望めそうにない。

　労働党は，少年犯罪者の周辺環境から犯罪の要因に対処する必要性を説く
とともに，少年が成長とともに犯罪をしなくなるという楽観的な考え方に疑
問を呈したのである。これは，10歳の児童であっても個人として刑事責任が
問われて，何らかの制裁を受けること，そして周囲の親などの関係者に対し

49　H.M.S.O., No More Excuses—A New Approach To Tackling Youth Crime In England And
　　Wales, 1997, Preface by the Home Secretary.
50　No More Excuses, op. cit., paras. 1.5 and 1.10.

ても犯罪を予防する責任が問われる可能性があることを示唆したのである。ここで厳しく刑事責任を問う上で支障になるもの，そして労働党政府の改革姿勢の支障になるものは，かつて貴族院がコモン・ローとして維持することを確認した責任無能力の推定であった。白書は，その責任無能力の推定に対して次の考えを示した[51]。

・政府は，少年犯罪に効果的に対応するため，犯罪をした児童を許しはしない。もちろん，少年犯罪の可能性や欲求に影響を及ぼす社会的，経済的，家庭的要因が存在することは確かである。しかし，政府はこれを理解するほど少年犯罪を許さないことに至る。彼らが発達するにつれて，自己の行為に対する責任は大きくなるはずであり，両親の責任は自分の子どもが成人期に近づくにつれて（なくなりはしないが）次第に減るのである。
・政府は，10歳以上14歳未満の児童がいたずらと真に悪い行為を区別できないと推定するシステムが常識に反すると考えている。この推定は検察当局に実務的な障害をもたらしており，そのために訴追されるべき児童が訴追されなかったり，処罰されるべき児童が有罪宣告を受けなかったりする場合がある。これは，正義のためにも，被害者のためにも，少年自身のためにもならない。適切に訴追がなされることで，再犯防止の対策も可能になるであろう。

　この立場に基づき，政府は責任無能力の推定の廃止を示したのである。これは，責任無能力の推定によって10歳以上14歳未満に適用される特典がなくなるために，実質的な刑事責任年齢の引き下げであると言える。10歳以上であれば，基本的に成人と同じように刑事責任が問われることで，マニフェスト通りに個人の責任を追及する姿勢を示したのである。そして，白書は「犯罪の原因にも厳しく」対処するために，少年犯罪者に最も身近な存在である親に対しても次のように示した[52]。

　・少年犯罪者の親は，わが子の犯罪について直接的に非難されないが，わが子を適切に保護・管理する責務を負わなければならない。裁判所は，子どもの問題に対処す

---

[51]　No More Excuses, op. cit., paras. 4.1 and 4.4.
[52]　No More Excuses, op. cit., para. 4.6. なお，連合王国内では，ボランティアによる家庭訪問ネットワークによる「ホーム・スタート（Home Start）」，ずる休み，いじめ，破壊的な行為などの問題阻止のために親と学校の連携を促す「ドーシット・ヘルシー・アリアンス（Dorset Healthy Alliance）」，家族崩壊防止，家庭生活の改善を目的とする「パレント・ネットワーク（Parent Network）」などの組織が，子どもを適切に保護・管理するために活動しているという（Id., at para. 4.9.）。

238   第9章　20世紀末の刑事責任年齢

る一層効果的な支援を親に与える必要がある。

　そして，これらの考えを踏まえた「犯罪及び秩序違反法案（the Crime and Disorder Bill）」の提出・成立を目指し，白書は，養育命令（parenting order）や損害回復命令（reparation order）などの設置を示した[53]。これによって，個人の刑事責任を10歳から完全に問うことができ，且つ親の養育責任も追及することができ，さらには加害者に対し，被害者や地域社会に与えた損害に向き合わせ，直接的な償いをさせることが考えられたのであろう。これもまた社会的秩序を身に付けさせるものであり，社会の不安をいくらかでも解消することを目指したものであった。

(3)　犯罪及び秩序違反法案の審議そして成立——責任無能力の推定の廃止

　1997年5月に労働党が政権の座に就いてから，白書『もう許さない』が発表されたのが同年11月であり，犯罪及び秩序違反法が成立したのが翌年7月末であった。社会一般だけでなく，個人的にも大きな影響を与えるこの法案が素早く法制化されたのは，犯罪対策に弱いイメージで見られていた，かつての労働党とは異なり，「新しい労働党」として変化した姿勢を最優先に示す必要があったのである。この点，ピッツは次のように指摘する[54]。

　　犯罪及び秩序違反法は，新しい労働党の典型であった。その具体的な内容は，主に政治的右派に由来するものの，全ての政治的な立場から生じたことで，新しい労働党の「厳しい姿勢（toughness）」が新発見であることを証明したのである。……その政治的なメッセージは明らかだ。それは1997年に労働党へ乗り替えた保守党支持者への優れたメッセージであった。……この法律は，新しい労働党の目新しいシンボルになるものであり，そして新しい労働党が主な政策分野でその政治的正当性を強化することができるならば，ただちに「着手」しなければならないものであった。

---

[53]　No More Excuses, op. cit., paras 4.11-4.16. 白書が提案する養育命令は，一定期間，親に対してカウンセリングや講習会に出席することを求める。裁判所が必要と認めれば，両親に対して追加的な要件（子どもの登校に付き添う，子どもが夜の特定の時間までに帰宅することを保証するなど）も課すことができる。損害回復命令は，一定時間の作業によって，本質的な損害回復を求めるものである。この作業には，謝罪の手紙を書くこと，被害者に直接謝罪すること，落書きを消すこと，刑事的損害を償うことが含まれる（Ibid.）。

[54]　Pitts, op. cit., pp. 37-38.

したがって，犯罪及び秩序違反法は，保守党との差別化を図るために強力な司法的アプローチを伴ったのである。その主な内容としては，反社会的行動命令（Anti-social behaviour orders）[55]，性犯罪者命令（Sex offenders orders）[56]，養育命令[57]，児童安全命令[58]，地方児童外出禁止計画（Local child curfew schemes）[59]，譴責や警告の処分[60]などの裁判所の各種命令や地方当局の措置などが挙げられる。このほか，地域に密着した少年司法事業の仕組みを調整したり，社会内刑（community penalties）に関する監督などを担当したりする少年犯罪対策チーム（Youth offending teams）の設置[61]，イングランド及びウェールズにおける少年司法制度の運用や基準を監視することなどを任務とする少年司法委員会（the Youth Justice Board）の設置[62]などの組織の新設も含まれた。これらは，労働党のスローガンに沿った，犯罪者及びその周辺環境に対して司法的な介入を行うものであった。また，少年犯罪対策チームのように一定の業務を地域単位で任せたり，譴責や警告の処分を利用したりすることは，経費的な効果も考慮したものと思われる。特に後者は，第65条で過去に同じ処分を受けていないこと，訴追の公益がない，訴追するほど凶悪でないことなどを条件に巡査が言い渡すとしており，訴追にかかる人的・経済的な負担を軽減するものであろう。とはいえ，これは再犯や犯罪を認めない児童少年には適用されないし，警告処分については巡査が少年犯罪対策チームに付託して査定を受けるから，「犯罪を許す」ものではないと考えられる。

　そして，犯罪及び秩序違反法の刑事責任年齢に関する重大な事項は，第34条で責任無能力の推定が廃止されたことである。ここでは，それが廃止されるに至った議会での議論について，関係する部分のみを取り上げることにする。

　内務省政務次官は，貴族院での法案の説明にあたって，責任無能力の推定

---

[55]　Crime and Disorder Act 1998, s. 1.
[56]　Crime and Disorder Act 1998, s. 3.
[57]　Crime and Disorder Act 1998, s. 8.
[58]　Crime and Disorder Act 1998, s. 11.
[59]　Crime and Disorder Act 1998, s. 14.
[60]　Crime and Disorder Act 1998, s. 65.
[61]　Crime and Disorder Act 1998, s. 39.
[62]　Crime and Disorder Act 1998, s. 41.

が 1995 年の貴族院判決でイングランド法の一部であると認められたことを承知の上で，議会がそれを見直し，廃止すべきだと主張した[63]。その後，各議員から次のような発言があった。

(a) 1997 年 12 月 16 日　貴族院第 2 読会

グッドハート卿（Lord Goodhart）[64]　……私はこの推定が良識に反することがよくあると確信します。しかし，政府がルール自体を廃止することは正しいのでしょうか。被疑者が能力を有するという，反証可能な逆の推定に変えることはできないのでしょうか。10 歳の児童は大人のように自己の行為に責任を持てるとは必ずしも言えませんし，当該児童に能力がないという確たる根拠があるにもかかわらず，なお裁判所が彼の刑事法上の能力を調べるべきではありません。

法務次長（the Solicitor-General）[65]　……現在の見解では，被告人が自己の行為を悪いと認識したことが証明されなければなりません。被告人は「それを立証するには教師，ソーシャル＝ワーカー，分別ある大人を呼ばなければいけない」と言って裁判所を振り回しています。証人を呼ぶには苦労が伴うので，被告人にしてみれば，検察当局が手続を取り止めれば幸いだと思っています。責任無能力の推定は，青少年裁判所を悩ませており，手続を一層困難にしようとしているだけです。……もちろん，本当に学習障害を持つために，具体的な抗弁をしようとして，善悪の問題に途方に暮れる児童がいる可能性はあります。本法案は，児童が悪をなし得ないという推定を完全に排除するものです。……

(b) 1998 年 2 月 12 日　貴族院委員会審議

グッドハート卿[66]　責任無能力の推定を廃止する条文に次の文章を追加修正することを提案します。

「被疑者が 10 歳以上の児童である場合，彼は，自己の行為を真に悪いと認識しなかったという蓋然性の優位を証明する抗弁を有する。」……

われわれは現在の推定を支持しない立場です。しかしながら，10 歳の児童が大人と同じ程度に善悪の理解力を持っていないことは確かなのです。犯罪やそれに類する行為をした 10 歳の児童の多くは，善悪について不適切な指導を受けた家庭で育っており，必ずしも自己の犯罪行為に法的な責任を負うものとして彼を扱うことはできないでしょう。

推定を維持する以外の選択肢としては，推定を完全に廃止する代わりに刑事責任年齢を 11 歳か 12 歳に引き上げる方法があります。これは多くの任意団体が支持してお

63　584 H.L. Deb. 5 s., col. 533.
64　584 H.L. Deb. 5 s., col. 588.
65　584 H.L. Deb. 5 s., cols. 595-596.
66　585 H.L. Deb. 5 s., col. 1316.

り，私もある程度同情します。……

　わが国の刑事責任年齢は欧州内でも極めて低いものです。連合王国を除き，欧州内で刑事責任年齢が12歳よりも低い国はアイルランドとスイスだけです。だからこそ私は，責任無能力の推定を完全に廃止することは極めて不適切だと思うのです。政府が刑事責任年齢の引き上げを考えていないのであれば，よりましな方法は，推定を廃止するのではなく，その逆の推定をするというこの修正であると思います。……

マラリュー女男爵（Baroness Mallalieu）[67]　私はこの修正を支持します。……責任無能力の推定があるにもかかわらず，毎年10歳から13歳の約4000人の児童が刑事裁判所で処分されています。この推定がなくなれば，この数はもっと増えるでしょう。……

　刑法で10歳の児童を大人と同じようには扱えません。どんなに丁寧に説明しても，10歳の児童は訴追や公判手続の複雑さを理解できません。……

モスティン卿（Lord Williams of Mostyn）[68]　……皆さんは，責任無能力の推定が完全に時代遅れであると思うでしょう。歴史的に見ると，それは刑法の残酷さを軽減するものでした。……

　公訴局は警察と合同で，注意処分で十分なのか，刑法の制裁が必要なのかを決定する義務があります。刑法の制裁が必要であれば，責任無能力の推定が関係します。その場合，当該児童が適切なメンズ・レアを持って行動したことを立証する必要があります。しかし，気の毒なことに，その行為をした以上，児童が有罪になることを誰も残念に思わないのです。……児童の中には邪悪な行為をする者がいるのです。10歳の幼い児童が悪いことをして喜ぶ人はいません。児童の行為は間違った養育をした人によって形成されたために，彼らの過ちは本心ではないことも多いでしょう。しかし，実際に当該行為が発生し，意図が証明されているのに，有罪にならない可能性があるのです。……

　グッドハート卿の提案は，従来の真に悪いと認識した立証があれば推定が覆される仕組みを廃止する代わりに，真に悪いと認識しなかったことを抗弁にできる方法を置くというものであった。これは，10歳以上14歳未満の児童について，無能力と推定することを廃止し，悪をなし得るものと推定するが，その推定は反証可能なものであるから，刑事責任が認められるケースは多くなるが，一種の折衷案として類似の仕組みを残そうと考えたのであろう。結果的にこの修正案は撤回され，責任無能力の推定廃止の条文はそのまま委員会を通過したのであった。

---

[67]　585 H.L. Deb. 5 s., col. 1317.
[68]　585 H.L. Deb. 5 s., col. 1323.

242 第9章 20世紀末の刑事責任年齢

(c) 1998年3月19日 貴族院報告修正審議

　グッドハート卿は，委員会審議で撤回した修正案を再びこの段階で提出した上で次のように主張した。

グッドハート卿[69]　……私は，現在のルールが不公平だと思います。プロ並みの不法目的侵入犯のような13歳の児童であれば，他人の家に押し入り，現金や宝石を盗むことが悪いと認識することをあえて訴追人が立証する必要はない。しかし，そのルールを廃止するのではなく，修正したいのです。

　児童は極めて早くから善悪の概念を持つようになります。幼い頃から，おかゆを食べたくないからと言って床にこぼすことは悪いと学びます。妹のお気に入りのおもちゃを奪って泣かせることは悪いと学びます。しかし，なかなか身に付かないのが犯罪の概念です。すなわち，いたずらをして親からお仕置きを受けることと，真に悪いこととして裁判所から刑罰を受けることの違いです。私は10歳で犯罪の概念を理解できるとは到底思えないのです。……

　刑事責任年齢を10歳で維持するのであれば，中間的な段階が必要になります。刑事責任のない9歳から10歳になった途端に完全な刑事責任を負うことは短絡的です。自己の行為が真に悪いことだと理解できない10歳や11歳の児童を保護すべきです。……

　児童の理解力の欠如が立証された場合，児童は裁判所から解放されて，何も処分を受けないということではなく，そうあってはいけません。その場合は，家事手続裁判所の保護命令や監督命令を受けるのであり，犯罪者として扱われないのです。……

　……ゆがんだ道徳的基準を持つ児童は，法律とのトラブルを抱える家庭出身であることが多いのです。善悪の理解力がどの程度であろうと，その事情を抱えた児童は，特に早く犯罪の概念を理解できるでしょう。この修正案が保護する児童は，ゆがんだ道徳的基準を持つ児童ではなく，理解力が遅れた児童であり，凶悪ではないいたずらをする年長児に付き添う児童です。……

マラリュー女男爵[70]　……私は，このルールを修正すべきだと思いますが，現在のルールが安全装置の役割を果たしているとも思います。私は，それを廃止することで，大事なものまで捨ててしまわないかと心配します。

ノースバーン卿（Lord Northbourne）[71]　私はこの修正案とマラリュー女男爵の主張に反対します。10歳や11歳の児童が本当に凶悪な犯罪を悪だと認識していないなら，彼がそれを悪だと学ぶことが重要です。条件もなしに彼を釈放することは，彼のためになりません。凶悪な犯罪をしないうちに，彼が自己の行為を悪いことだと学べるよう，裁判所が彼を保護下に置いて必要な助力を与えるべきです。……

---

[69]　587 H.L. Deb. 5 s., cols. 830-831.
[70]　587 H.L. Deb. 5 s., col. 831.
[71]　587 H.L. Deb. 5 s., col. 833.

3　1998年の犯罪及び秩序違反法の成立　*243*

　ジャッド卿（Lord Judd）[72]　……私の心配は，この法案の考え方よりも，この規定の施
　行によって，あらゆる社会的非難が幼い児童の肩にのしかかるのではないかというこ
　とです。……その児童は，教育や環境において全く恵まれない，メディアが興味本位
　に報じるような，すさまじい学校，すさまじい家庭出身であるかもしれないので
　す。……
　グレズフォード卿（Lord Thomas of Gresford）[73]　……例に出されている児童の年齢で
　あれば，道徳的な感覚が発達途上であり，何が真に悪いかを理解できないのであって，
　適切な対処法は，更生や救済などであると誰しも思うでしょう。……

　採決の結果，この修正案は賛成32名，反対105名で否決された。今回の議
論では，10歳の児童では善悪の理解力が備わっていないという意見が多く出
されたが，ノースバーン卿のように10歳であっても何が悪いことかを学ぶ
べきだという主張があった。グッドハート卿は，イギリスが欧州内でも極め
て低い刑事責任年齢であることを問題視し，修正した推定のシステムによっ
て刑事責任の「中間的な段階」の年齢層を維持しようと考えたのである。特
に彼が「刑事責任のない9歳から10歳になった途端に完全な刑事責任を負
うことは短絡的です」と主張したことは，児童の刑事責任と年齢の関係性を
考える上で，非常に重要な視点であると思われる。しかしながら，結果的に
社会的秩序との関係で，児童保護だけの推定では国民的な理解が得られない
という意見が多数であったためであろうか，児童の犯罪に対する理解力の問
題は深く掘り下げられなかったのである。この後，責任無能力の推定の問題
は下院の審議に移された。

(d)　1998年4月8日　下院第2読会
　ストロー内務大臣[74]　責任無能力の推定は，犯罪をした児童の主な刑罰が死刑であっ
た時代に発達しました。児童が羊を盗んで絞首刑になった時代でしたので，裁判所は，
単なるいたずらで有罪にするのではなく，犯罪者が目に余る犯罪をしたと認識した場
合に有罪とすることが賢明だったのでしょう。しかし，今や制裁は完全に変わりまし
た。10歳から13歳の犯罪者の弁護人たちは，裁判で優位に立って，彼らの適切な制裁
を免れようと責任無能力の推定を利用しています。

---

[72]　587 H.L. Deb. 5 s., col. 833.
[73]　587 H.L. Deb. 5 s., col. 835.
[74]　310 H.C. Deb. 6 s., col. 372.

244　第 9 章　20 世紀末の刑事責任年齢

　……私は，今の児童が比較的早い時期から善悪の区別ができると考えます。10，11，12，13 歳の児童であれば，他人の財産を盗んだり，他人を暴行したりすることが犯罪として処罰されると認識するでしょう。……

ホーキンス議員（Mr. Hawkins）[75]　責任無能力の推定を変更する内務大臣の発言を歓迎します。少年裁判所の治安判事たちの主な不安が，凶悪な少年犯罪者を扱えないことであることに大臣は同感ですか。……

ストロー内務大臣[76]　全くその通りです。あなたも私も青少年裁判所で経験したように，全ての事件とは言いませんが，常習の少年犯罪者とその弁護人は裁判を優位に進めて，結果的に犯罪行為を悪化させています。子どもは犯罪をしてもうまくすり抜けられるという知恵を完全に持っています。……

　この後，法案は委員会審議に移ったが，責任無能力の推定廃止に関する議論は以上で落ち着いたようであった。そして 1998 年 7 月に犯罪及び秩序違反法は成立し，数百年間続いた責任無能力の推定は第 34 条によって廃止されたのである[77]。

(4)　犯罪及び秩序違反法そして責任無能力の推定廃止に対する反応

　刑事司法制度に大きな影響を与える犯罪及び秩序違反法が成立したのは，労働党政権になってからわずか 1 年余りのことであった。この素早い姿勢は，犯罪及び秩序違反法が「新しい労働党」のイメージ付けに欠かせないからであった。本法は，イギリスで初めて法的及び道徳的・社会的な逸脱に対処する法律であり，犯罪だけでなく，反秩序的な行動をも対象とするために，刑事責任年齢未満の児童も公式的な介入の対象になるのである[78]。そして責任無能力の推定廃止によって，10 歳以上の児童は原則的に刑事責任を負うことになった。したがって，本法は，あらゆる年齢層に介入できる根拠を有することになったと言える。

　このような劇的な変化に対しては，以前から専門家の間で批判・疑問の主張がなされているが，大別すれば 2 種類あるように思われる。ひとつは，先

---

[75]　310 H.C. Deb. 6 s., col. 373.

[76]　310 H.C. Deb. 6 s., col. 373.

[77]　第 34 条は「10 歳以上の児童が犯罪をなし得ないとする刑法上の反証可能な推定は，ここにおいて廃止される。」とした（Crime and Disorder Act 1998, s. 34.）。

[78]　Muncie, op. cit., p. 23. 例えば，児童安全命令，地方児童外出禁止計画などは 10 歳未満の児童も対象である（Crime and Disorder Act 1998, ss. 11 and 14.）。

3　1998年の犯罪及び秩序違反法の成立　　*245*

に触れた議会での主張にも見られたように，イギリスの刑事責任年齢が比較的低いために，責任無能力の推定がその不利益から児童を保護する機能を果たしていたというものであった。もうひとつは，14歳未満の児童が善悪の分別力の発展途上にあるために，責任無能力の推定が児童を保護するというものであった。もっとも，14歳未満の善悪の認識力に関する議論は，1960年代の刑事責任年齢の改正審議や判例の中でも繰り返し起こっていた。

　1997年に労働党が責任無能力の推定の廃止を唱え始めたが，これに対する推定の擁護論として次のようなものが挙げられる。

・児童の成熟度と学習度がさまざまに異なるといわれている。遠い昔から残されているという責任無能力の推定は，児童の認識力の成長と完全に調和すると思われる。この種の推定は，成熟の過程には様々なスピードがあることを踏まえている[79]。
・低年齢での良質な公教育と外見上の成熟は，児童が容易に善悪の区別ができることを保証するものではない。……善，悪，いたずら，真に悪いという表現は複雑な概念的問題であり，刑法自体が道徳的なジレンマをたくさん抱えているのである。……
　児童は，他の法律の分野において彼の未成熟に基づく結果から保護されているが，これは刑事責任に対しても適用される。社会問題を論じる際に刑法を利用する傾向があるが，児童の処遇にまで刑法を利用すべきではない[80]。
・児童が，例えば窃盗の定義と内容を認識しているとしても，特定の行為については社会が許さないほど真に悪いものだと理解していない可能性があることを考慮しなければならない。
　……責任無能力の推定自体は，非論理的とまでは言えない。……それは全ての児童が標準的な発達に至っていないという意味ではなく，14歳未満の平均的な発達が，刑事責任を負うほど十分ではないことを暗示している（反証がない限り）。この解釈が正しければ，反証がない限り，被告人の年齢の一般的な児童全員が当該犯罪を真に悪いと認識すると逆に推定するルールもある。……
　……重要なことは，犯罪の重大性よりも，犯罪の類型であり，児童の年齢である。この他にも，育て方，家庭環境，周囲から受ける影響なども必要で，環境が及ぼす影響は児童の理解力を検証するのに不可欠であろう[81]。

---

[79]　P. Cavadino, "Goodbye doli, must we leave you?," Child and Family Law Quarterly, Vol. 9, No. 2, 1997, p. 168.

[80]　S. Bandalli, "Abolition of the Presumption of *Doli Incapax* and the Criminalisation of Children," The Howard Journal of Criminal Justice, Vol. 37, No. 2, May 1998, pp. 115-116 and p. 121.

[81]　T. Crofts, "Rebutting the Presumption of Doli Incapax," The Journal of Criminal Law, Vol. 62, Part 2, April 1998, p. 187, p. 189, and p. 193.

246 第 9 章 20 世紀末の刑事責任年齢

・そもそも，真に悪いと認識できないほど幼い 10 歳の児童に対して，悪事の結果を示
す最適な方法が有罪宣告であるとしても，現代はそれが通用するほど知的な社会で
はないと思われる[82]。

　責任無能力の推定は，年齢の客観的な算定が困難な時代に，児童の言動を
もとに年齢を加減して刑罰を科したり，免除したりする根拠として大きな存
在であった。しかし，時代とともに年齢は客観的に算定されるようになり，
さらに宗教，学校教育，生活環境が進化したことは，一般的に児童の年齢に
応じた知能の発達が期待されることになった。それにより，社会から児童の
規範意識も高まると期待されるから，その期待に反する行動は幼くとも意図
的であり，制裁の対象になるという論理が成立したように思われる。それは
児童に対する社会の見方も関係する。すなわち，児童少年の刑事責任につい
ては，年齢だけを理由に許されず，処罰するには幼すぎる事情を前提に許さ
れた。さらに彼らの親の教育の責任も間接的に問われた。このような考え方
の根底には，伝統的なキリスト教と白人による社会の価値観に基づく社会的
秩序の尊重があるように思われる。ただし，過去において彼らの刑事責任が
厳格に認められて死刑になったケースはごく一部であり，現実には時の国王
や裁判官の裁量によって減刑されたケースが多かったのである。完全に刑事
責任を負わないとされた年齢未満はともかく，その年齢以上の者に対する刑
事責任の認定や量刑において，国王，裁判官，さらには当時最高裁判所の機
能を兼ねていた貴族院が裁量権を有し，維持しようと努めたことは，社会的
秩序の重視を示すものであったと考えられるのである。

　年齢の客観的な算定が可能になったことで，責任無能力の推定の役割は小
さくなり，それ以降は，残された「処罰するには幼すぎる」理由で運用され
るようになったと言える。これは，学校教育やメディア等の発達とともに善
悪の認識力も発達したという考えが社会に浸透する中で，犯罪を許す「甘い」
システムとして捉えられることでもあった。特に 20 世紀後半以降，責任無能
力の推定が批判の矢面に立たされた理由としては，刑事責任年齢が引き上げ
られたことで，児童と社会的秩序との関係性に不安が生じたこと，サブカル

---

[82]　R. Leng, R.D. Taylor, and M. Wasik, "Blackstone's Guide to the Crime and Disorder Act 1998,
1998, p. 61.

チャーや移民の独特な文化の発達により，若者と主流の社会（伝統的なキリスト教と白人による社会）が敵対的な関係になったこと，そして社会に大きな不安をもたらした若者の犯罪が増加したことが挙げられ，それは時代に逆行する存在に思われたのであろう。一般的な児童の知能が発達する中で，依然として「犯罪を許す」システムがあることは，不公平とされ，既述のＣ対公訴局長官事件におけるローズ判事の意見はそれを指摘したものと考えられる。また，そもそも責任無能力の推定における裁量権自体が不公平をもたらしているという批判もあり得るのである[83]。

4　小　括

　責任無能力の推定の擁護論にも見られるように，14歳未満の児童の理解力・学習力に個人差があることは確かである。また，国際的な比較において，刑事責任年齢の低さが目立っていることも確かである。しかし，結果的に1998年法が，推定廃止によって刑事責任年齢を14歳に引き上げることなく10歳を維持したように，当時の多数意見は，児童であっても行為の自己選択に対する刑事責任を負うべきで，それでなくては社会的秩序を維持できないというものであったと思われる。したがって，責任無能力の推定を維持するならば少なくとも現代的に作り変える必要はあったと言える。

　とはいえ，そのような選択が完全に正しいとは思われない。理解力・学習

---

[83]　後の判例では，犯罪及び秩序違反法第34条の「10歳以上の児童が犯罪をなし得ないとする刑法上の反証可能な推定は，ここにおいて廃止される。」という条文は，あくまで推定を廃止しただけで，「10歳以上の児童が犯罪をなし得ない」抗弁は認められるという解釈に基づいたものがある（Crown Prosecution Service v.P ［2007］EWHC 946 (admin))。一方，犯罪及び秩序違反法が成立した時点の議会の共通認識は，第34条の「推定」が責任無能力の概念も含むものであったはずだとして，責任無能力の推定全体が廃止されたとする判例もある（R v.T ［2008］EWCA Crim 815)。なお，この判例は，第34条の表現が多義的であるとしながらも，1998年6月3日にストロー内務大臣が「責任無能力の概念を廃止します」と答弁したことに着目し，責任無能力の概念が推定と別個のものであるという考え方を否定している。第34条の文章の表現は，確かに推定だけを排除するという意味に解することもできるが，議会での審議過程を見ると，後者の判例が指摘するように，10歳以上14歳未満の責任無能力の仕組み自体を含む推定を排除する目的で制定されたものと解する方が自然であるように思われる。条文の表現を一層明確に改正する必要はあるが，「廃止する」の主語は「推定」の文字だけでなく，それを含む全体であろう。条文の多義性を利用して前者の判例のように理解することは妥当ではないと思われる。

248　第 9 章　20 世紀末の刑事責任年齢

力が発達途上の児童で，そのスピードに個人差があれば，犯罪に対する理解力・学習力もまた個人で異なる。まして，いまだ総合的な刑法典を有さず，コモン・ローと個別的な法律の細かな刑罰規定で対処する社会においては，大人でさえもそれを理解できるのかは不透明である。行為に対する刑法上の正確な評価とその対応を考慮せずに，10 歳から一律に刑事責任を負わせることは，必ずしも健全な社会的秩序を維持することにはならないと思われる。上記に紹介した擁護論にもあるように，犯罪の類型と児童の年齢を考慮し，犯罪やメンズ・レアの種類に応じた刑事責任年齢の設定も考えられるべきであろう。

　1998 年法は，このような責任無能力の推定廃止だけでなく，様々な方面で大きな変化をもたらした。例えば，同法第 14 条の地方児童外出禁止計画は，地方当局が 10 歳未満の児童の児童に対し，午後 9 時から午前 6 時まで保護責任者の同伴なしに公開の場所に行くことを禁止するものである[84]。これは刑事責任年齢未満の児童を対象にするから，当然刑罰的な制裁ではなく，犯罪予防のための行政処分である。しかしながら，それは表面上児童を犯罪から保護するものであるかもしれないが，実質的には彼らを放置すると危険であるという前提の，自由を制限する介入であるように思われる。そして親はその処分に沿って子どもを管理することを求められるから，真面目に従うほど，親は家庭内における地方当局の代理人という存在になり，自然な親子関係に影響を及ぼす可能性はある。さらに犯罪の危険性が高い 10 歳未満の児童については，地方当局の申し立てにより，治安判事裁判所は 10 歳未満の児童に対して児童安全命令を言い渡すことができる[85]。この命令を受けた児童は，一定期間，特定の場所に置かれて担当職員の監督を受け，付された条件に従うことが求められる。これも刑罰ではないが，10 歳以上であれば刑罰になり得る要素を含むから，それに準ずるものと言える。刑罰的な制裁ではないとしても，刑事責任年齢未満の児童に対してある程度自由を制限するこれらの処分を設置したことは，10 歳という低い刑事責任年齢も労働党政府の犯罪対策では目障りな存在であったのかもしれない。そもそも，7 歳の刑事責

---

[84]　Crime and Disorder Act 1998, s. 14 (2).
[85]　Crime and Disorder Act 1998, s. 11 (1).

任年齢から 10 歳に変更されてまだ 1 世紀も経っていないイギリスにおいて，10 歳の刑事責任年齢が低すぎるという意識はあまりないようにも思われる。この点，労働党政府は，あわよくば刑事責任年齢を廃止しようとも考えていたという[86]。もしその計画が実現したならば，年齢の区別なしに地方当局と裁判所が包括的に介入したであろうが，児童は常に監視と公的な統制を受ける立場になり，親と子，社会と子どもの関係は窮屈で，決して健全な秩序を確保することはできなかったと思われる。

　犯罪及び秩序違反法はその名の通り，犯罪に対処するだけでなく，犯罪に至らないように積極的に個人の行動に介入する姿勢を打ち出した。冒頭の第 1 条に掲げられた反社会的行動命令（Anti-social behaviour orders）はその象徴であろう。これにより，10 歳以上の者は，「同一世帯以外の者に対して嫌がらせ，不安，苦痛を与える反社会的行為，もしくはその可能性のある反社会行為」[87]の責任が問われるのである。反社会的行為と言っても，その範囲は広く，明確なものばかりではなく，不明確なものもあり，年齢が低いほどのその判断と行為の選択に悩まされることになるであろう。労働党政府の思惑とに異なり，刑事責任年齢は廃止されていないが，10 歳未満の命令も含めて考えると，実質的に刑事責任年齢の基準は限りなく後退したようにも思われるのである。

---

[86]　J. Fionda, "New Labour, Old Hat：Youth Justice and the Crime and Disorder Act 1998," Criminal Law Review, January 1999, p. 45.

[87]　Crime and Disorder Act 1998, s. 1 (1)(a). Muncie, op. cit., p. 24. は，反社会的行為の経緯に関して次のように述べている。

　「不作法（incivility）」を防止する環境を作るという考えは，保守党がアメリカから輸入し，新しい労働党の主要なアジェンダとなった。……反社会的行動命令は，1994 年にニューヨークで導入された，徹底的な地域社会政策の戦略に大きく由来している。これは，未成年者の街頭犯罪，不作法，物乞い，規定年齢未満の喫煙・飲酒，街頭での無許可販売，立ち小便，落書きを徹底的に取り締まり，「強要的な物乞い」「無銭乗車」「スクイージ（squeegee merchants，赤信号で停車中の車などにつきまとい，窓ふきなどの押し売りをする者）」「売春婦」「悪態をつく酔っぱらい（abusive drunks）」「ごみを散らかす者（litter louts）」を逮捕することで，より凶悪な犯罪の多くを減らすことができるという理論に基づいていた。

第10章　スコットランド及び北アイルランドの
刑事責任年齢，そして国連の評価

1　スコットランドと北アイルランド

⑴　スコットランド

　これまでイングランド及びウェールズの刑事責任年齢について述べてきたが，ここではスコットランドと北アイルランドの刑事責任年齢，そして連合王国の刑事責任年齢に対する国連の評価に触れ，若干の考察を試みるものである。

　まず，スコットランドは，イングランド及びウェールズに隣接して同じ連合王国に属しながらも独特な少年司法制度を有している。刑事責任に関する古い年齢区分については，例えば，A. アリソン（A. Alison）が『スコットランドの刑法理論（Principles of the Criminal Law of Scotland）』で次のように示している[1]。

　　1．14歳に達した未成年者（minors）は，男女を問わず，あらゆる刑罰を受ける。凶悪犯罪に対する死刑も除外されない。……とはいえ，法は死刑を宣告する正当な権限を有するものの，彼があまりに若い場合は，王の慈悲によって流刑に切り替えられるのが一般的である。ただし，殺人，放火，強姦などの極悪な犯罪の場合は死刑になる。

　　2．12歳以上14歳未満の幼年者（pupils）は，善悪の認識力を有するように思われる場合，裁量によって刑罰を受けることがあるが，死刑は除外される。……悪質な行為をした場合は，幼年者であっても流刑になるのが常である。

　　3．7歳未満の児童（children）は，犯罪をなし得ないものとされ，刑罰の対象にならない。

---

[1]　A. Alison, Principles of the Criminal Law of Scotland, 1832, pp. 663-666.

このように，スコットランドのかつての刑事責任年齢は，コモン・ローによって7歳以上とされ，14歳未満までは刑罰で特別な扱いを受けていたのである。しかも，あまりに若い場合（14歳に近いほどという意味と思われる。）は，14歳以上でも温情によって死刑が流刑になる場合があった。ここで特徴的なものは，2の12歳の区分である。アリソンの区分で考えると，7歳以上12歳未満の取り扱いが明記されていないが，善悪の認識力を有すると思われる場合は，刑罰を受けるものの，内容で配慮がなされたり，善悪の認識力の評価が年長者よりも厳格になったりしたのではないかと思われる。この点，イングランド及びウェールズと同じく，7歳以上14歳未満における責任無能力の推定のシステムが存在したものの，12歳の境界線を加えて，善悪の認識力を有する12歳以上14歳未満は，死刑以外では14歳以上とほとんど同じ扱いを受けたことを示しているように思われる。なお，スコットランドの刑事責任年齢は，1937年に8歳と明文化された[2]。

刑事責任年齢だけで見ると，その後イングランド及びウェールズは1963年に10歳に引き上げたが，スコットランドは8歳を維持した。その代わり，スコットランドは児童の保護・福祉を志向するシステムを選択した。その最も特徴的なものは，16歳未満の者を対象に，1971年に導入されたチルドレンズ・ヒアリングズ（Children's Hearings）であろう[3]。その政策に大きな影響を与えたのが，報告書『スコットランドの児童少年（Children and Young Persons, Scotland）』である[4]。これは，委員長名から一般的に「キルブランドン（Kilbrandon）報告書」と呼ばれ，1964年にスコットランド担当大臣から議会へ提出されている。

キルブランドン報告書は，コモン・ローが少年の若さを理由に刑事責任を軽減しているから，児童の道徳的・知的能力に多様性があることも認識しているという観点で刑事的なシステムを変更しようとした[5]。そこで，当時のイングランド及びウェールズと同様に，児童個人の状況を考慮した福祉的なア

---

[2] Children and Young Persons Act（Scotland）1937, s. 55. 第55条「8歳未満の児童は，いかなる犯罪でも有罪にならないと決定的に推定される。」

[3] Social Work（Scotland）Act 1968, ss. 30 and 34.

[4] H.M.S.O., The Kilbrandon Report, Children and Young Persons, Scotland, presented 1964, 1995.

[5] Kilbrandon Report, op. cit., para. 55 (1).

プローチが重視されることになった。すなわち、児童は犯罪をしたからではなく、特定の行為と事情によって保護・監護が必要なために送致されるべきで、その手続は民事的・非刑事的なものにすべきだとした[6]。したがって、「保護・監護」の手続は、「予防」理論の延長線上にあって、強制的な手段を伴う場合は児童も親も犯罪をしないという立場で行われるべきだとした[7]。このような極めて福祉的な提案をしたために、同書は「刑事責任の問題は生じない[8]」としたのである。

キルブランドン報告書は、教育的・福祉的な処遇を目指していたため、21歳までの犯罪者に対しても刑罰を制限しようとした[9]。そのため、「"刑事責任年齢"はほとんど無意味な用語になる[10]」として、少年裁判所の廃止とともに刑事責任年齢を定めるあらゆる制定法の廃止を提案したのである[11]。

さらに同書は、児童の善悪の認識力について次のように述べる[12]。

> 刑法は高度な個人的責任を求める一方、量刑や処分で若さを理由に軽減しているから、責任の概念は、有罪・無罪の判決にとって本来的・根本的な問題である。児童の個人的・道徳的責任が極めて多様であることは常に認識されており、年齢自体は信頼できる指標にはならない。
> 　児童の善悪の認識力、例えば道徳的な基準に関する知力は、幼いうちに十分発達す

---

[6] Kilbrandon Report, op. cit., para. 58.

[7] Kilbrandon Report, op. cit., para. 58.

[8] Kilbrandon Report, op. cit., para. 58.

[9] Kilbrandon Report, op. cit., para. 65.

[10] Kilbrandon Report, op. cit., para. 65.

[11] Kilbrandon Report, op. cit., para. 139.

[12] Kilbrandon Report, op. cit., paras. 60-61. 児童の善悪の認識力について、例えば、G. マー (Maher) は、「8歳は一見低いように見える。しかし、児童は昔よりも早く成長している。今の8歳の児童は、18世紀や19世紀の刑事責任年齢が7歳であった頃の児童よりも理解力を深めている。それは、スコットランド法では8歳よりも引き下げることが可能であることを示している。」と述べている (G. Maher, "Age of Criminal Responsibility," Ohio State Journal of Criminal Law, Vol. 2, 2005, p. 496.)。歴史的に見れば、児童の成長は昔よりも確かに早まったかもしれない。ただし、その成長は、身体、精神、学習など多岐に分かれるが、どれもが連動して早く成長しているとは言い切れないであろう。機械文明に依存する現代の児童は、危険予知や生存の能力において昔の児童よりも衰退しているかもしれない。一方で、善悪ないまぜの情報が氾濫し、パソコンやスマートフォンを簡単に扱える時代では、大人よりも「奸知にたけた」児童が増えているかもしれない。後者が注目されるほど、マーの指摘は社会に歓迎されるであろう。とはいえ、単なる印象で児童の成長度を判断し、それをもって犯罪の成立に関わる重要な年齢基準の変更の根拠にすることは妥当ではないと思われる。

るが，その認識に基づいて行動できる情緒的な成熟度はそれと比例していない。……
児童の厄介な問題は，彼の家庭や仲間の基準が，社会で一般的に認められる基準と食
い違う場合に生じる。……

　児童は善悪の認識力とそれに応じた行動が一致しないため，「保護・監護」
を前提に彼に必要な教育的・福祉的な措置を協議する機関としての少年裁判
所が考えられた。これはイングランド及びウェールズの少年裁判所と同様で
あろう。ただし，児童の行為を犯罪として扱わず，非刑事的な手続で行うの
に刑事裁判所はふさわしくないとされた。そこで同書は，裁判所と区別する
ために「パネル（panel）」という法律家，医師，教師など，児童問題に詳しい
専門家ら３名で構成される協議機関を提案したのである[13]。
　キルブランドン報告書は，急進的で議論を呼んだが，1968年の社会事業（ス
コットランド）法（Social Work（Scotland）Act）の理念をはじめ，スコットランド
の少年司法の原理を打ち立てたといわれている[14]。それは，チルドレンズ・ヒ
アリングズの制度をもたらしたことであるが，一方で刑事責任年齢は維持さ
れたのである。イングランド及びウェールズよりも低い刑事責任年齢は，チ
ルドレンズ・ヒアリングズが順調に運用されたことで，社会的秩序も尊重し
たい考えがあったのではないかと思われる。したがって，チルドレンズ・ヒ
アリングズの制度があるものの，凶悪犯罪などの一部の事件において，児童
が刑事裁判所に訴追される可能性が理論的には残されている。
　チルドレンズ・ヒアリングズが導入されて20年ほど経過した頃，スコット
ランドの完全な児童保護の姿勢にも変化が現れた。そもそも，キルブランド
ン報告書は，いかなる少年司法制度においても社会保護が重要であることを
決して否定していないとされており，問題は社会保護が優先される基準が低
くなることだといわれている[15]。例えば，1995年の児童（スコットランド）法第
16条は，第１項で児童保護・福祉を尊重するとしながら，第５項でチルドレ
ンズ・ヒアリングズが「深刻な害から社会を守る目的」を考慮した決定をす

---

[13]　Kilbrandon Report, op. cit., para. 74.
[14]　S. Asquith and M. Docherty, "Preventing Offending by Children and Young People in Scotland,"
　　edited by P. Duff and N. Hutton, Criminal Justice in Scotland, 1999, p. 245.
[15]　Asquith and Docherty, op. cit., p. 247.

ることができるとした[16]。また，刑事手続（スコットランド）法（Criminal Procedure (Scotland) Act）は，改めて刑事責任年齢を 8 歳と定めた上で[17]，第 42 条第 1 項で次のように定めた[18]。

> 16 歳未満の児童は，法務総裁（Lord Advocate）の指示もしくは依頼がない限り，犯罪で訴追されない。刑事上級裁判所（High Court）及び執行官裁判所（sheriff court）以外の裁判所は，犯罪をした 16 歳未満の児童の管轄権を持たない。

この条文は，8 歳以上 16 歳未満の児童が法務総裁の判断によってチルドレンズ・ヒアリングズから除外され，刑事裁判を受ける場合があるということである。これは，イングランド及びウェールズで児童の犯罪が注目され，社会的な不安が高まった時期とほぼ同じであり，児童福祉を後退させて社会的秩序を維持する姿勢を示したと考えられる。しかしながら，チルドレンズ・ヒアリングズはなお存続している。イングランド及びウェールズでこのようなシステムが導入されない理由のひとつとして，A. モリス（A. Morris）の次の指摘が挙げられるであろう[19]。

> スコットランドでは，レポーター，パネルのメンバー，ソーシャル＝ワーカーの間での衝突はほとんどない。なぜなら，彼らは主に社会福祉の価値観に根本的な忠誠を誓っているからである。警察はその価値観とは少し離れた忠誠を誓うが，この新しいシステムに対する警察の影響力はレポーターの役割によって最小限に抑えられる。イングランドでは，彼らの衝突が児童少年法の運用を損ねている。

このような指摘があるものの，1997 年にスコットランド担当大臣は，執行官が公共の利益にならないと考えない限り，出廷した児童の身元を明らかにする考えを示したという[20]。このことも，イングランド及びウェールズの司法的アプローチの推進と歩調を合わせているようにも思われるのである。

---

[16]　Children (Scotland) Act 1995, s16 (1) and (5).

[17]　Criminal Procedure (Scotland) Act 1995, s. 41.

[18]　Criminal Procedure (Scotland) Act 1995, s. 42 (1).

[19]　A. Morris, "The Children and Young Persons Act 1969—before and after," Signs of Trouble, Aspects of Delinquency by L. Taylor, A. Morris and D. Downes, 1976, p. 31. なお「レポーター（reporter）」は，警察などから付託される事件を独立した立場で強制的な措置やチルドレンズ・ヒアリングズへの送致などを振り分ける役割を有する。

[20]　Asquith and Docherty, op. cit., p. 248.

1　スコットランドと北アイルランド　*255*

　とはいえ，スコットランドは，刑事責任年齢の取り扱いにおいてイングランド及びウェールズと異なる進路を模索しようとした。それはチルドレンズ・ヒアリングズの運用意義を高めるためでもあったと思われる。スコットランド法律委員会（Scottish Law Commission）は，2001 年 7 月に『刑事責任年齢に関する協議書（Discussion Paper on Age of Criminal Responsibility）』[21]を公表し，2002 年 1 月には『刑事責任年齢に関する報告書（Report on Age of Criminal Responsibility）』[22]をスコットランド議会に提出した。

　報告書は，キルブランドン委員会の考えを踏まえ，犯罪をした児童を福祉志向のシステムで扱うために，犯罪能力に関する刑事責任年齢のルールは不要であるとした[23]。そこで報告書は，刑事責任年齢の廃止と 12 歳未満の児童に対する法務総裁の訴追権の制限を勧告し[24]，それらを条文化した「児童（刑事責任と訴追）（スコットランド）法案」も掲載している[25]。2010 年の刑事司法及び許認可（スコットランド）法（Criminal Justice and Licensing（Scotland）Act）第 52 条第 2 項及び第 3 項は，1995 年の刑事手続（スコットランド）法第 41 条及び第 42 条を次にように変更した[26]。

(1)　1995 年法を次のように修正する。
(2)　第 41 条の後に次の条文を追加する。
　　「第 41 条 A　12 歳未満の児童の訴追
　　(1)　12 歳未満の児童を犯罪で訴追することはできない。
　　(2)　12 歳以上の者であっても，犯行時 12 歳未満であった場合は訴追することはできない。」
(3)　第 42 条（児童の訴追）第 1 項を次のように修正する。
　　(a)　「16 歳未満の児童」は「12 歳以上 16 歳未満の児童」に置き換える……。

　第 2 項の条文の表記から明らかなように，8 歳の刑事責任年齢を定めた

---

[21]　Scottish Law Commission, Discussion Paper on Age of Criminal Responsibility（Discussion Paper No 115（2001））.
[22]　Scottish Law Commission, Report on Age of Criminal Responsibility（Scot Law Com No 185（2002））.
[23]　Scottish Law Commission（2002）, op. cit., para.2.13.
[24]　Scottish Law Commission（2002）, op. cit., paras. 3.5, 3.6 and 3.20.
[25]　Scottish Law Commission（2002）, op. cit., pp. 30-32, Appendix A.
[26]　Criminal Justice and Licensing（Scotland）Act, s. 52（2）and（3）.

1995 年刑事手続（スコットランド）法第 41 条は廃止されていないのである。この 2010 年法の条文追加によって，12 歳の児童は訴追されないが，第 41 条が残されているために，これをもって刑事責任年齢が完全に変更されたとは言い難い。しかしながら，2010 年法第 52 条の意義は，12 歳未満の児童は刑事責任を問われても訴追されず，有罪にならないということである。さらに第 3 項で法務総裁の指示・依頼で訴追できる対象が単なる「16 歳未満」から「12 歳以上 16 歳未満の児童」に変更されたため，これらの条文から実質的な刑事責任年齢は 12 歳に引き上げられたと解釈できる。ただし，1995 年法第 41 条がほとんど死文化しているとはいえ，なお残されている点においては，非常に複雑な変化であったと言えるであろう。そもそも，スコットランドは，福祉的なキルブランドン報告書の哲学とチルドレンズ・ヒアリングズのシステムを充実させることで，刑事責任年齢を廃止することも考えていた。しかし，国連の「児童の権利に関する条約（Convention on the Rights of the Child）」第 40 条第 3 項(a)の刑事責任年齢の設定義務[27]と 2007 年の児童の権利に関する委員会の勧告[28]を考慮し，福祉的な理由であっても刑事責任年齢を廃止することを避け，12 歳に設定したものと考えられる。一方で，国内的には社会情勢の変化次第でこの第 52 条を廃止し，元通りに 8 歳以上から（法務総裁の指示・依頼があれば）訴追できるようにすることも考えられる。

　現状では，2010 年法の規定によって，実質的な刑事責任年齢が 12 歳に変更され，12 歳以上 16 歳未満の児童は原則として訴追されない。しかし，形式的ながら 8 歳の刑事責任年齢は変わらないでいる。その違和感は，チルドレンズ・ヒアリングズや児童法などの福祉志向の理念やシステムが埋め合わせているのかもしれない。ただし，イングランド及びウェールズやスコットランドの状況を見ると，社会的秩序の維持のためには，低い刑事責任年齢を形式的にも残す方が，刑事政策としては有効な面があることを示しているようにも思われる。

---

[27]　United Nations, Convention on the Rights of the Child, Article 40-3 (a).

[28]　United Nations Committee on the Rights of the Child, Children's rights in juvenile justice, 44th Session, General Comment No. 10, 2007, CRC/C/GC/10, para. 32.

(2) 北アイルランド

　北アイルランドの刑事責任年齢は，時間的なタイムラグがあるものの，基本的にイングランド及びウェールズのシステムと同じ経過をたどっている。現在の北アイルランドも刑事責任年齢は 10 歳であり，責任無能力の推定も廃止されている。その点では，北アイルランドはスコットランドほど独特なシステムにはなっていないようである。ただし，これについては「北アイルランド問題 (the Troubles)」として知られる，領土の帰属に関する悲惨な軍事闘争と統治機構の混乱が続いたことに留意する必要がある。連合王国への帰属を望む王制主義者とアイルランドへの統合を望む共和主義者との過激な抗争は，北アイルランドの統治機構を停滞させた。その代わりに各組織は，公式の治安組織とは別に独自の準軍事組織 (paramilitary) を結成して支配地域の治安維持にあたっていたのである。そしてその延長線上には，準軍事組織による独自の刑罰の執行も含まれていた。このような特殊な事情により，公式の少年司法制度が法律通りに運用されなかったり，刑事責任年齢の基準が守られなかったりしたケースは少なからず存在したと思われる。また，スコットランドと異なり，少年司法制度における北アイルランドとしての特色はなかなか形成されないでいる。しかしながら，1998 年のベルファスト合意以降，改めて自治政府や議会も発足し，公式的なシステムの整備が進んだのである。

　2000 年に公表された刑事司法検討グループ（Criminal Justice Review Group）による『北アイルランドの刑事司法制度に関する検討報告（Review of the Criminal Justice System in Northern Ireland)』は，刑事責任年齢について次のように考えている[29]。

> 　刑事責任年齢引き上げに関する有力な主張があるが，われわれは，若者の犯罪に対する社会の大きな不安があることも認識している。10 歳から 13 歳の犯罪行為が急増しているという意見はごく一部である。とはいえ，10 歳から 13 歳の児童は自己の行為に責任を負うべきであるが，責任の取り方は，必ずしも年長者と同じである必要はない。したがって，10 歳から 13 歳の児童は自己の行為の刑事責任を負うべきだが，少年向けの拘禁システムに関わることなく，常習犯罪者や凶悪犯罪者でない限りは基本

---

[29]　Criminal Justice Review Group, Review of the Criminal Justice System in Northern Ireland, 2000, para. 10.69.

的に訴追から回避されるべきである。……有罪宣告を受けた者を含む10歳から13歳の児童は，保護的なシステムで運営される施設に収容されるべきである。

　10歳以上に刑事責任を問う基本的な姿勢はイングランド及びウェールズと同じであるが，検討グループは，14歳未満の児童を施設に収容するにしても保護的な仕組みの中で行うべきだと勧告している。このような姿勢は，北アイルランドだけでなく，イングランド及びウェールズやスコットランドを含めたイギリス全体に対して，刑事責任年齢の改革を求める国際的な流れを意識しているように思われる。

　北アイルランドの自治政府や議会は，その後も，再度の機能停止など紆余曲折があったが，現在は再建されており，将来的に北アイルランド独自の少年司法制度や刑事責任年齢，あるいは隣国のアイルランドに沿ったそれらが創設される可能性は十分にあると言えるであろう。

2　国連における刑事責任年齢と児童の捉え方

　児童は，大人ほど自由に主張して行動することができない弱い立場でありながら，彼の人生を大きく左右する重要な成長期を生き抜いている。世界の児童は同じ人間であっても現実には同じように成長しているわけではなく，地理，風土，政治体制，人種，宗教，戦乱，貧富など様々な要因によって差異が生じ，中には生きることすらままならない児童も存在するのである。とりわけ国連は，このような差異を関係国だけでなく，幅広い国際関係の中で解決する方向で大きな役割を果たし，難民，児童，障害者，その他社会的弱者の人権を保護しようと努めている。もちろん，その影響力は，パワーバランスの問題や常任理事国同士の衝突などで左右されることもあり，必ずしも円満な解決をもたらしているとは限らない。関係国が批准するかしないかの問題があるものの，今や国連の意思を完全に無視することはできない時代である。

　1966年に国連は，国際的に児童に対する配慮を求めた「市民及び政治的権利に関する国際約款（the International Covenant on Civil and Political Rights）」を定

2 国連における刑事責任年齢と児童の捉え方 259

めており，その第14条第4項では，少年事件の手続について，少年の年齢と更生を考慮するよう求めている[30]。また，1985年の「少年司法の運用に関する国連最低基準規則（「北京ルールズ」）（United Nations Standard Minimum Rules for the Administration of Juvenile Justice（"The Beijing Rules"））」は，刑事責任年齢について次のような基準と注釈を示している[31]。

> 少年の刑事責任年齢に関する概念を認める法制度において，その最低年齢は，情緒的，精神的，知的成熟度に留意し，あまりに低く設定されてはならない。
> ※注釈
> 刑事責任の最低年齢は，歴史や文化によってさまざまに異なる。現代では，児童が刑事責任の道徳的・心理的な構成要素に従って行動できるかどうか，すなわち，児童の個人的な洞察力や理解力によって，彼女・彼が本当に反社会的な行動に対して責任を負うことができるかどうかを考慮したアプローチが必要である。あまりに低い刑事責任年齢では，責任の意義はなくなるであろう。一般的に，非行や犯罪の責任の意義とその他の社会的権利や責務（婚姻の選択や民事法的上の成年など）は密接な関係にある。

この規則は，十分な成長に合わせた刑事責任年齢を求め，さらには民事的な年齢基準の方向に合わせるように求めている。なお，刑事責任年齢が歴史や文化によって異なるとしているが，これは国際的に刑事責任年齢の引き上げを求めつつ，差異が生じることを認めているのである。すなわち，規則は国際的に統一された刑事責任年齢までを期待していないのである。

1989年には「児童の権利に関する条約（Convention on the Rights of the Child）」が採択され，第18条第1項及び第27条第2項で親の養育責任が述べられている[32]。

---

[30]　United Nations, the International Covenant on Civil and Political Rights, 1966, Article 14-4.

[31]　United Nations, United Nations Standard Minimum Rules for the Administration of Juvenile Justice（"The Beijing Rules"）, 1985, para. 4. 1.

[32]　United Nations, Convention on the Rights of the Child, 1989, Article 18-1.　児童の権利に関する条約では，第13条から第15条にかけて，それぞれの第1項で児童（ここでは18歳未満）の表現，思想，信条，集会などの自由が記されている。締約国はこれらの自由を尊重し，配慮しなければならないために，この部分は社会から注目されることが多い。しかしながら，これらの条文の第2項もしくは第3項は，国家の安全，公共の秩序，社会の健全性，道徳の保護を目的として，これらの自由を制限できるとしていることにも留意すべきである。したがって，本条約及び国連は，社会的秩序や道徳を抜きにした児童の自由を認めず，両者のバランスを求めているように解釈できる。

260　第10章　スコットランド及び北アイルランドの刑事責任年齢,そして国連の評価

　　　締約国は，児童の教育と成長に対して両親が共同責任を有する原則を認識し，その
　ために最善を尽くすべきである。両親もしくは法律上の保護者は，児童の教育と成長
　に対して主たる責任を負う。彼らは，児童の最善の利益を常に考慮する。
　　　児童の両親その他責任者は，その能力及び経済力の範囲内で児童の成長に必要な生
　活状況を確保する主たる責任を負う。

　また，同条約第40条第1項は，犯罪をした児童の年齢を考慮し，彼が社会
に復帰できる処遇を求め，さらに第3項(a)は，刑事責任に関する最低年齢の
設置を求めている[33]。この点，イングランド及びウェールズやスコットラン
ドでは，刑事責任年齢の廃止が提案されたことがあった。結果的に刑事責任
年齢が存続している理由のひとつとして，批准国であるイギリスがこの第3
項を認識していることが考えられる。同条約が締約国に対し，社会的秩序や
道徳に反しない上で児童の諸権利を確保するよう求める一方で，親の養育責
任を明記していることは，児童の行動が親の養育など周囲の環境に左右され
ることを示している。

　「児童の権利に関する条約」は，親の養育責任を強調し，不遇な社会的環境
から児童を保護するよう国家に配慮を求め，その中で児童が社会の構成員と
して健全に成長できることを目指しているのである。一方，イングランド及
びウェールズの刑事司法制度は，児童の非行・犯罪について，親も児童の養
育責任が問われる仕組みになっており，その点では共通しているようにも見
受けられる。ただし，親の責任も問うことは，児童の刑事責任の低さが許容
される要因とも考えられる。とはいえ，刑事司法制度の中で児童の行為に対
する親の間接的な責任を問うことが不適切というわけではなく，社会的秩序
と児童の健全育成を図る上で，児童の刑事責任は親もある程度連帯して負う
必要があることには，一定の合理性を見いだせるのである。したがって，特
定の刑事責任年齢が適切であるかどうかは，例えば児童の福祉のみで判断す
るのではなく，児童を取り巻く社会的環境や社会的秩序も考慮して判断する
ことが望ましいであろう。さらに，反社会的行為に対する児童の理解度もそ
の種類によって異なるから，その考慮にあたっては個別的に行う必要がある
と思われる。

---

[33]　United Nations, Convention on the Rights of the Child, Article 40-1 and 3(a).

「児童の権利に関する条約」に引き続き，1990年に採択された「少年非行防止のための国連ガイドライン（リヤド・ガイドライン）(United Nations Guidelines for the Prevention of Juvenile Delinquency (The Riyadh Guidelines))」は，1985年の北京ルールズを踏まえたもので，例えば第12条は，家族が児童の社会化に重要な役割を持つものとして次のように定める[34]。

> 家族は，児童の社会化に責任を負う中心的な単位であるから，政府や社会は，拡大家族を含む家族の安定を保持するよう努めなければならない。社会は，児童の保護・監護及び身体的・精神的健全性を確保するために，家族を支援する責任を負う。デイケアを含む適切な準備が行われるべきである。

また第21条(a)及び第23条は，少年に対して政府が次の教育を行うよう求めている[35]。

> 児童自身の文化的アイデンティティや様式，児童が生活する国の社会的価値観，児童が属するものとは異なる文明，そして人権・基本的自由に関する基本的価値観を教え，それらに対する敬意を育むこと。
> 少年とその家族は，国連の法律文書を含む普遍的価値観のシステムはもちろん，法律と，法律に基づく彼らの権利・義務についても周知されるべきである。

さらに第52条は，法律や手続の運用にあたって政府が少年の権利と健全性を保護し，促進するよう求めている[36]。これらを総合的に考えると，北京ルールズ，児童の権利に関する条約，そしてリヤド・ガイドラインは，政府に対して，政治体制や社会情勢で脅かされがちな児童の人権やその他の基本的な権利の保護とともに，児童が家族や社会の秩序，社会の価値観，そして法令上の義務に順応できるよう求めていると解釈できる。すなわち，児童の権利に関わることとして，彼らの自由や利益だけを保護・促進するのではなく，それと合わせて守るべき社会的秩序や義務を彼らに教えることこそが，彼らが健全に成長し，社会の一員になるために必要なのである。

---

[34] United Nations, United Nations Guidelines for the Prevention of Juvenile Delinquency (The Riyadh Guidelines), 1990, para. 12.

[35] United Nations, United Nations Guidelines for the Prevention of Juvenile Delinquency (The Riyadh Guidelines), 1990, paras. 21 (a) and 23.

[36] United Nations, United Nations Guidelines for the Prevention of Juvenile Delinquency (The Riyadh Guidelines), 1990, para. 52.

262　第10章　スコットランド及び北アイルランドの刑事責任年齢,そして国連の評価

　このことは,刑事責任についても同様であると言える。すなわち,文化や社会の価値観が地域によってさまざまに異なる以上,行為に対する社会の評価も多様であり,刑事責任年齢も必然的に異なるのである。例えば,未踏の地に他国から人が入植した新興国を除けば,ほとんどの文化や社会的価値観は,一般的に長い歴史をかけて醸成されたもので,地域によっては現在の国家や法律よりも長い伝統を有するものもある。特にイギリスなどのように,刑事責任年齢のシステムがその長い歴史的な流れで発生し,後世に明文化された場合は,法律とは別に社会的・歴史的に根付いた意識が大きな存在であるから,これを変更することは簡単なことではない。一方で,個人の行動に対する評価や社会的秩序の内容は時代によって変化するから,刑事責任年齢が次第に変化することも当然に考えられる。また,国連の立場としては,同じ人間である以上,刑事責任年齢もある程度同じ基準を目指すように唱えざるを得ないであろう。しかしながら,北京ルールズや児童の権利に関する条約に定められているように,成熟度に留意した,あまりに低くならない程度の刑事責任年齢の最低基準が求められるとしても,統一的な基準は示されていないのである。この点,国連児童基金（ユニセフ）は,次のように述べる[37]。

　　少年が刑事責任を合理的に負うことができる年齢に関する明確な国際的基準はない。児童の権利に関する条約は,締結国に対して「児童が刑法に違反する能力を持たないと推定される最低年齢」を設けるよう求めているだけである。これに北京ルールズが,「少年の刑事責任年齢に関する概念を認める法制度において,その最低年齢は,情緒的,精神的,知的成熟度に留意し,あまりに低く設定されてはならない」という方針を加えている。これは,少なくともその最低年齢が伝統的・社会的な要求よりも医学的・社会心理的な研究の結果に基づいて決定されることを示している。

　これは,刑事責任年齢が国際的な流れやルールを意識しつつも,地域によって個別具体的に決められる方が適切であることを示しているように思われる。ただし,その刑事責任年齢を決定するにあたっては,「医学的・社会心理的な」要素だけでなく,「伝統的・社会的な」要求も無視できないであろう。なぜならば,一般的に民主主義国家であれば,刑事責任年齢の変更は議会の

---

[37]　UNICEF, International Child Development Centre, Innocenti Digest 3—Juvenile Justice, 1998, p. 4.

賛成を得る必要があり，議会としては「医学的・社会心理的な」根拠による刑事責任年齢であっても，変更による秩序への影響や社会の不安にも対応せざるを得ないからである。仮に「医学的・社会心理的な」根拠だけの刑事責任年齢が定められても，社会的秩序との関係で，例外的な規定が置かれる可能性は高いであろう。このことは，イギリスの刑事責任年齢が国際的に問題視されても大幅に変更されない理由であるとも考えられる。

　さらに，さまざまな文化や社会的価値観の中で成長する児童の立場から考えても，特定の行為に対する社会の評価が地域によって異なるだけでなく，行為の意義に対する理解力や結果の予測能力も異なるものと考えられる。その意味では，20世紀の刑事責任年齢の変更に関する議論において，議会で慎重な意見が多かった理由は，イギリスが刑事責任年齢の低さに一定の合理性を見出したためではないかと思われる。ある国の刑事責任年齢が高いか低いかを判断する基準のひとつとして，一般的な成熟年齢とされる14歳が挙げられるが，それは今のところ必ずしも世界的な基準にはなっていないと言える。しかも，刑事責任年齢が比較的高めとされる国においても，凶悪な犯罪などをした刑事責任年齢未満の少年が一定の年齢以上であれば，刑事裁判所で処理されるなどの例外的なシステムが存在する[38]。その逆に，8歳の刑事責任年齢であるスコットランドは，チルドレンズ・ヒアリングズのシステムによって，実質的に16歳未満を福祉的な措置で処理している。適切な刑事責任年齢の判断は，他国との比較だけでなく，その国の文化，社会的価値観や秩序などの諸要因を含め，総合的になされる必要があると思われる。

---

[38]　例えば，ベルギーの刑事責任年齢は18歳とされているが，行為時に12歳未満であった児童は，少年裁判所によって叱責，監督，教育的指導の措置が与えられ，12歳以上であれば，教育的・公益的な賦役，外出制限，治療などを含む非収容的な措置が与えられる。ただし，場合によっては保護的な施設への収容もある。そして，16歳以上で凶悪な犯罪行為をした少年は，裁判官の判断により，少年裁判所から成人の裁判所で処理されることがある（http://justice.belgium.be/fr/）。
　また，例えば，フランスの刑事責任年齢は13歳であるが，10歳から12歳の児童は，少年担当判事に出頭することがあり，児童が危機に瀕していると考えられる場合，判事が彼に保護観察などの教育的・監督的措置を講じることができる。低い刑事責任年齢を有する国によっては，明示された年齢層で異なる措置が適用される「段階的な」システムを採用しているところもある。ヨルダンの刑事責任年齢は7歳であるが，12歳未満の犯罪者は，原則として監督と「行動監視」措置に服すだけである（UNICEF International Child Development Centre, Innocenti Digest 3─Juvenile Justice, 1998, p. 4.）。

264 第10章　スコットランド及び北アイルランドの刑事責任年齢,そして国連の評価

　ただし，国連としては引き続き刑事責任年齢が低い国に対する懸念を示していた。すでに 1995 年には国連の児童の権利に関する委員会が，イギリス（連合王国及び北アイルランド）に対して，刑事責任年齢の低さや戒護訓練施設への収容などを懸念し，改善を求めた[39]。さらに同委員会は，2002 年の文書においても懸念を示し，次のように勧告している[40]。

- スコットランドの刑事責任年齢が今なお 8 歳で，その他の連合王国が 10 歳のままという低さに加え，責任無能力の推定が廃止された刑事司法制度に児童を巻き込むことは特に問題である。
- 1998 年犯罪及び秩序違反法に基づいてイングランド及びウェールズが導入した措置は，本条約の理念や規定に違反するおそれがある。
- 刑事責任年齢を大幅に引き上げるべきである。
- 1998 年犯罪及び秩序違反法で導入された新しい命令を見直し，本条約の理念や規定に沿うようにすべきである。

　これらの指摘がなされた後も，結果的にイギリスは刑事責任年齢を引き上げる状況にならなかった（既述のとおり，スコットランドは 8 歳の刑事責任年齢規定を廃止していないものの，2010 年刑事司法及び許認可（スコットランド）法によって実質的な刑事責任年齢を 12 歳に引き上げた）。この点，国連の児童の権利に関する委員会がイギリスを名指しにして，その刑事責任年齢の低さを指摘するものの，具体的な最低年齢の基準を示していなかったことも原因にある。そこで 2007 年に同委員会は，刑事責任年齢の最低基準について次のような具体的な指針を示したのである[41]。

---

[39]　United Nations Committee on the Rights of the Child, Consideration of Reports Submitted by States Parties under Article 44 of the Convention, 8th Session, Concluding observation of the Committee on the Rights of the Child : United Kingdom of Great Britain and Northern Ireland, 1995, CRC/C/15/Add. 34, paras. 17 and 19.

[40]　United Nations Committee on the Rights of the Child, Consideration of Reports Submitted by States Parties under Article 44 of the Convention, 31st Session, Concluding observations : United Kingdom of Great Britain and Northern Ireland, 2002, CRC/C/15/Add. 188, paras. 59-62.

[41]　United Nations Committee on the Rights of the Child, Children's rights in juvenile justice, 44th Session, General Comment No. 10, 2007, CRC/C/GC/10, paras. 30-33.　さらにこの文書では，年齢の証明がなく，刑事責任年齢以上かどうか判明しない児童については刑事責任を負うべきでないこと，あらゆる児童の出生記録を取ること，無知の推定を確保するよう求めている（Id., at paras. 35, 39 and 42.）。

2　国連における刑事責任年齢と児童の捉え方　*265*

- （極めて）幼い児童ですら刑事法を侵害する能力を持つが，彼らが刑事責任の最低年齢未満で犯罪をした場合は，公式に訴追されることなく，刑事法の手続で責任を負わされないという反駁できない仮定が存在する。
- 犯行時に刑事責任の最低年齢であるか，それ以上の児童であって18歳未満の者は，公式に訴追され，刑事法の手続を受ける。しかしこのような手続は，最終的な結果も含め，現在の児童の権利に関する委員会の理論や規定に完全に沿ったものでなければならない。
- 委員会は，締約国に対して，低すぎる刑事責任の最低年齢を設定せずに現在の最低年齢を国際的に許容される基準にまで引き上げることを勧告する。このような勧告から，委員会は，12歳未満の刑事責任の最低年齢が国際的に許容されない年齢と結論付ける。締約国は，自国の低い方の刑事責任の最低年齢に関して，絶対的な最低年齢として12歳まで引き上げ，引き続き一層高い年齢基準にするよう求められる。
- 委員会は，締約国に対して，自国の刑事責任の最低年齢を12歳より低くしないよう強く求める。

　委員会は，刑事責任の最低年齢として12歳を具体的に掲げたが，その具体的な根拠は見当たらず，おそらくは医学的・社会心理的な観点で，刑事責任を負える最低年齢として選択されたものと思われる。先に述べたように，後にスコットランドが実質的な刑事責任年齢を12歳にしたことは，この勧告を意識したものと思われる。さらに，2008年には，同委員会が改めてイギリスの刑事責任年齢の低さに懸念を示し，年齢の引き上げを求めた[42]。しかし，なお形式的にもスコットランドの8歳の刑事責任年齢は残されており，イングランド及びウェールズや北アイルランドも合わせると，当時のイギリスはこの勧告を完全に履行している状況にはなかったのである。

　国連以外においても，欧州評議会（Council of Europe）は，先に紹介した国連の条約，ガイドライン，規則などを踏まえて，2008年に「制裁・措置を受ける少年犯罪者のための欧州ルールズ（European Rules for juvenile offenders subject to sanctions or measures）」を採択した[43]。したがって，イギリスの刑事責任年齢の低さは，国連のみならず，欧州の機関においても注目される形になった。

---

[42]　United Nations Committee on the Rights of the Child, Consideration of Reports Submitted by States Parties under Article 44 of the Convention, 49th Session, Concluding observations：United Kingdom of Great Britain and Northern Ireland, 2008, CRC/C/GBR/CO/4, paras. 77-78.

[43]　Council of Europe, the European Rules for juvenile offenders subject to sanctions or measures, 2008.

3　小　括

　刑事責任年齢を世界的に見ると，各国が必ずしも国連の条約や指針の方向に動いているようには思われない。章末に掲載した世界（全てはないが）の刑事責任年齢の表を見ると，約30か国は，児童の権利に関する委員会が示した12歳の最低基準を下回っているのである。もちろん，スコットランドが8歳の刑事責任年齢であっても実質的に12歳であるように，形式的な基準と実質的な基準が存在する場合もあり，高い刑事責任年齢の国でも例外規定が存在する場合もあるため，年齢だけでその国の刑事責任年齢の妥当性を論じることは適切ではない。表の国では，14歳や16歳の刑事責任年齢が多いが，総合的に見れば，その年齢に大きな幅があることが分かる。また，国際的な基準があるとはいえ，刑事責任年齢はその国，その地域の治安に関わるほか，文化，価値観，世論などの動向と密接に関係するものであるから，国内の状況によっては国際的な基準以下であっても政治的な安定をもたらすこともあり得る。生物学的に見れば，どの国の児童もほぼ同じであるが，児童を取り巻く環境を考えると，同じ10歳の児童でも国や地域によって，同一の行為に対する理解力や洞察力は異なるものと見る方が自然である。国内でも個々の児童によってそれらが異なるゆえに，例えばイギリスでは責任無能力の推定のシステムが発達したのであるから，国や地域が異なればなおのことである。筆者は低い刑事責任年齢を勧める立場ではないが，国際的な比較を行う上では，このような点に注意すべきであると考える。

世界の刑事責任年齢

国　　名	刑事責任年齢	出典	出典の注記
インド	7	SLC	
ガーナ	7	SLC	
シンガポール	7	SLC	
ナイジェリア	7	SLC	
パプアニューギニア	7	SLC	
ベリーズ	7	SLC	
香港	7	SLC	
マラウィ	7	SLC	
南アフリカ	7	SLC	
リヒテンシュタイン	7	SLC	
ケイマン諸島	8	SLC	
ケニア	8	SLC	
ザンビア	8	SLC	
ジブラルタル	8	SLC	
スコットランド	8	M15	ただし12歳未満の刑事的訴追はない
スリランカ	8	SLC	
西サモア	8	SLC	
バミューダ	8	SLC	
マルタ	9	SLC	
イングランド及びウェールズ	10	M09	1998年に責任無能力の推定廃止
オーストラリア	10	M09	
ガイアナ	10	SLC	
北アイルランド	10	M15	検討中
キリバス	10	SLC	
スイス	10	M09	2006年に7歳から引き上げ
バヌアツ	10	SLC	
フィジー	10	SLC	
マレーシア	10	SLC	
アイルランド	12	M15	2001年に7歳から引き上げ
ウガンダ	12	SLC	
オランダ	12	M09	

268   第10章 スコットランド及び北アイルランドの刑事責任年齢,そして国連の評価

国　　　名	刑事責任年齢	出典	出典の注記
カナダ	12	M09	1984年に創設
ギリシャ	12	M09	
サンマリノ	12	SLC	
ジャマイカ	12	SLC	
トルコ	12	SLC	
ポルトガル	12	M09	
ギリシャ	13	CoE	
フランス	13	M09	
イタリア	14	M15	2000年に16歳から引き下げ
エストニア	14	CoE	
オーストリア	14	M09	
キプロス	14	CoE	
スペイン	14	M09	2001年に12歳から引き上げ
スロバキア	14	CoE	
台湾	14	SLC	
中国	14	SLC	
ドイツ	14	M09	
日本	14		
ニュージーランド	14	M09	
ハンガリー	14	SLC	
ブルガリア	14	SLC	
モーリシャス	14	SLC	
ラトビア	14	SLC	
リトアニア	14	CoE	凶悪犯罪の場合のみ14歳
ルーマニア	14	SLC	
クロアチア	14	CoE	
モンテネグロ	14	CoE	
セルビア	14	CoE	
アイスランド	15	SLC	
アメリカ・コネチカット州	15	SLC	
アメリカ・ニューヨーク州	15	SLC	
スウェーデン	15	M09	

国　　名	刑事責任年齢	出典	出典の注記
チェコ	15	SLC	
デンマーク	15	M15	2010 年に一旦 14 歳に引き下げられた
ノルウェー	15	M09	1990 年に 14 歳から引き上げ
フィンランド	15	M09	
アメリカ・イリノイ州	16	SLC	
アメリカ・ジョージア州	16	SLC	
アメリカ・テキサス州	16	SLC	
アメリカ・マサチューセッツ州	16	SLC	
アメリカ・ミシガン州	16	SLC	
アメリカ・ミズーリ州	16	SLC	
アメリカ・ルイジアナ州	16	SLC	
アンドラ	16	SLC	
スロベニア	16	CoE	凶悪犯罪の場合のみ 14 歳
ポーランド	16	SLC	
マカオ	16	SLC	
モルドバ	16	CoE	凶悪犯罪の場合のみ 14 歳
ロシア連邦	16	CoE	凶悪犯罪の場合のみ 14 歳
マケドニア（旧ユーゴスラビア）	16	CoE	凶悪犯罪の場合のみ 14 歳
ウクライナ	16	CoE	凶悪犯罪の場合のみ 14 歳
ベラルーシ	16	CoE	凶悪犯罪の場合のみ 14 歳
ベルギー	18	M09	
ルクセンブルグ	18	M09	
ルクセンブルグ	18	SLC	
アメリカ	6 +	M09	州によって異なる

出典　SLC：Scottish Law Commission, Discussion Paper on Age of Criminal Responsibility (Discussion Paper No 115), 2001, pp. 49-51.

　　　M09：J. Muncie, Youth & Crime, Third Edition, 2009, p. 363.

　　　M15：J. Muncie, Youth & Crime, 4th Edition, 2015, p. 365.

　　　CoE：Council of Europe, European Rules for juvenile offenders subject to sanctions or measures, Monograph 4, 2009, pp. 106-107.

第11章　刑事責任年齢に関する将来的展望

1　刑事責任年齢の動向

イギリスの刑事責任年齢は，国連から重ねて指摘され，その引き上げを求められている中，スコットランドでは法律の追加によって，実質的に12歳に引き上げられた。一方，イングランド及びウェールズは，現在のところ10歳で継続している。1998年の犯罪及び秩序違反法の施行に始まった労働党政府の刑事司法制度は，アメリカのゼロ・トレランス政策などの影響を受け，犯罪・反社会的行為を厳しく取り締まり，処罰するアプローチであった。児童もその例外にはならず，責任無能力の推定は廃止され，親の養育責任とともに児童も自己の行為責任を問われることになった。

イギリスは国連の勧告を無視しているわけではないが，児童の立場と社会的秩序の維持とのバランスを考慮し，刑事責任年齢の引き上げにはかなり慎重なようである。その社会的秩序の維持には，従来の若者の反社会的行動のみならず，イスラム系の国際組織によるアメリカの同時多発テロやイギリス国内での類似事件が発生したことで，治安に対する深刻な国民的不安を考慮する必要があったと思われる。したがって，新しい労働党が掲げた「犯罪に厳しい」刑事政策に逆行するような変更は，国民的な理解を得られないばかりか，労働党の公約を自ら否定する可能性もあった。しかしながら，議会では刑事責任年齢に関する議論がたびたび現れている。2000年以降の主な質疑応答は次のようなものである。

1　刑事責任年齢の動向　　*271*

(a)　**2002 年 5 月 8 日　下院書面答弁**[1]

レイ議員（Mr. Wray）　刑事責任年齢について内務大臣の意見はありますか？

ヒューズ（Hughes）政務次官　イングランド及びウェールズの刑事責任年齢は 10 歳です。蕾のうちに犯罪を摘み取り，行動に対する個人的責任の感覚を強化する必要があります。タイムリーな介入は重要であり，その年齢のほとんどは善悪の区別ができ，自己の行動に責任を持つことができ，刑事法の措置に耐えるほど十分に成熟しています。政府の少年司法改革は，少年犯罪者にその制度を理解させるために介入するものであり，彼らに行動の責任を取らせ，彼らの犯罪の原因を直接的に阻止するものです。

(b)　**2004 年 9 月 15 日　下院書面答弁**[2]

ウィギン議員（Mr. Wiggin）　内務大臣は刑事責任年齢の変更を考えていますか？

ゴギンズ（Goggins）政務次官　イングランド及びウェールズにおける 10 歳の基準を変更するつもりはありませんし，変更のための調査もしていません。

(c)　**2008 年 2 月 19 日　貴族院書面答弁**[3]

レアード卿（Lord Laird）　連合王国内の各地域の刑事責任年齢は何歳ですか？　それはヨーロッパ諸国と比較してどう思いますか？　また，この年齢を引き下げる予定はありますか？

司法省政務次官・キングズ・ヒース卿（The Parliamentary Under-Secretary of State, Ministry of Justice, Lord Hunt of Kings Heath）　イングランド及びウェールズの刑事責任年齢は 10 歳です。スコットランドは 8 歳，北アイルランドは 10 歳です。ほとんどのヨーロッパ諸国の刑事責任年齢は，14 歳から 16 歳ですが，少年司法制度と社会システムがかなり違いますので，単純な比較は誤解を招く恐れがあります。イングランド及びウェールズの刑事責任年齢を引き下げる予定はありません。

(d)　**2008 年 4 月 21 日　貴族院書面答弁**[4]

レアード卿　刑事責任年齢を 18 歳に引き上げる予定はありますか？

司法省政務次官・キングズ・ヒース卿　現在のところ，イングランド及びウェールズの刑事責任年齢を引き上げる予定はありません。

　刑事責任年齢に関する議論は，このような質疑応答にとどまるものであった。国際的にその低さが注目されながらも，政府としては，10 歳でも善悪の理解力が十分にあるとして，彼らの刑事責任を問う仕組みを維持した方が得

---

[1]　385 H.C. Deb. 6s., WA222-223.
[2]　424 H.C. Deb. 6s., WA1583.
[3]　699 H.C. Deb. 5s., WA35.
[4]　700 H.C. Deb. 5s., WA229.

策であると考えたのである。そもそも，1997年，2001年，2005年の総選挙で保守・労働・自由民主の主要3党は，地域社会の安全や刑事司法に関する政策を唱え，どれも警察官の増員で競り合ったといわれている[5]。さらに，主要3党は，常習的な少年犯罪者に厳しく対処するようになり，犯罪をした児童とその親の養育責任を追及し，犯罪被害者に一層配慮することを約束した[6]。これは，「法と秩序」のようなスローガンによる有権者の支持集めから，より具体的で，地域社会に密着した政策にシフトすることで支持を得ようとしたのであろう。もちろん，主要3党が協力関係にあったのではなく，3党とも治安の維持・向上に関する政策が選挙に有利だと気付いたのである。「われわれの社会には敬意・規律・礼儀正しい価値観が必要だ。犯罪は悪であり，処罰されるべきで，許されてはならない」「警察と地方の議会は反社会行動を阻止する権限を持つことになる」「地域住民が警察重視を唱えることによって，地元の警察官の協力を得て，ゼロ・トレランスによる正真正銘の地域の治安維持が可能になる」「犯罪をしても決して割に合わないようにさせる」――これらは，2005年の保守・労働の両党のマニフェスト[7]から引用したものであるが，どちらの党の主張か，ほとんど区別がつかない。どの党も犯罪に厳しい姿勢で，警察力を活用した取り締まりの強化を主張している点で共通しているのである。

　このような方針の中で刑事責任年齢を引き上げることは，国民の支持で成り立つ政党としてためらわれるものであった。ただし，実際に国民の大多数が現在の刑事責任年齢を支持しているかどうかという個別的な問題となると，必ずしも政策と一致するとは限らないであろう。例えば，研究と検討の結果，イギリスにとって適切な刑事責任年齢が発見され，それが現行の年齢よりも高い場合や，世論調査などで刑事責任年齢の引き上げに賛成が多い場合[8]などは，国連から改善を指摘されている政府としても引き上げを検討す

---

[5]　D. Downes and R. Morgan, 'No Turning Back : the Politics of Law and Order into the Millennium,' edited by M. Maguire, R. Morgan and R. Reiner, The Oxford Handbook of Criminology, 2007, pp. 205-206.

[6]　Downes and Morgan, op. cit., p. 206.

[7]　Conservative Election Manifesto 2005, p. 15 and The Labour Party Manifesto 2005, pp. 45 and 48. 保守党，労働党の順でそれぞれの主張を交互に引用した。

ることになるであろう。しかし，政府や政党は，そうした主張によって「犯罪に手ぬるい」「治安軽視」などと批判されることを恐れるのである。テロリズム対策も重要な課題になり，犯罪に厳しい姿勢が選挙に有利である状況では，もはや後戻りは極めて難しいと思われる。

2　児童を取り巻く環境の動向

　1997 年に始まった「新しい労働党」による政権運営は，その後 10 年余りにわたって続いたが，その間に自らのスローガンに沿って，犯罪やその原因に厳しく対処し，早期に介入できる法律や計画を発表した。少年司法制度に関する部分において，その対象は，直接的な行為者としての児童少年であり，その結果をもたらした間接的な行為者としての親であった。それらは，両者に対して行為の責任を追及するとともに，予防可能なものは国家が早期に介入して，行為を未然に防ぐか，悪化しないようにすることが目的であった。新しい労働党の看板であった 1998 年の犯罪及び秩序違反法以降，例えば，2000 年の刑事司法及び裁判所事業法（Criminal Justice and Court Services Act 2000）は，児童が規則的に登校しないことをふまえ，やむを得ない事情もないのに登校させない親に対する刑罰を重くした[9]。また同年の刑事裁判権限（量刑）法（Powers of Criminal Courts（Sentencing）Act 2000）は，外出禁止命令について電子的装置による監視を追加したり，犯行時 18 歳未満で謀殺により有罪宣告を受けた者を「女王陛下のお許しがあるまで」拘禁することを義務化したりした[10]。さらに，2001 年の刑事司法及び警察法（Criminal Justice and Police Act 2001）が 1998 年の犯罪及び秩序違反法における地方児童外出禁止計画の対象を 10 歳から 16 歳未満に拡大したこと[11]，2003 年の反社会的行動法（Anti-Social Behaviour Act 2003）を施行したこと，2004 年の児童法（Children Act 2004）で 1998

---

[8]　例えば，2010 年 9 月 15 日付テレグラフ紙（Telegraph）は，刑務所改善トラスト（Prison Reform Trust）による調査結果として，成人 2000 人の約 3 分の 2（62％）が，現行の刑事責任年齢を支持せず，63％が非暴力犯罪者を収監する最低年齢を 14 歳に引き上げるべきだと回答したことを報じている（The Telegraph, 15 September 2010）。

[9]　Criminal Justice and Court Services Act 2000, s. 72.

[10]　Powers of Criminal Courts（Sentencing）Act 2000, s. 38 and s. 90.

[11]　Criminal Justice and Police Act 2001, s. 48.

274　第11章　刑事責任年齢に関する将来的展望

年法の児童安全命令の期間を延長したこと[12]などが挙げられる。これらは，児童少年の行為責任だけでなく，予防的な措置も含まれるため，国家の司法的なアプローチが大幅に増えることになった。B. ゴールドソン（B. Goldson）は，次のような危険性を指摘した[13]。

> 　介入は，「犯罪」の代わりに「欠陥」や「危険性」があると判断されるような「状態」「性格」もしくは「生活様式」を前提にして行われる。……既定の少年司法制度とは対照的に，危険性の判断や早期介入の方法は，「立証負担」「合理的な疑いを超える」「適正な法的手続」などの法的原則によって妨げられない。その代わり，介入は，査定，自由裁量，そして予知や危険率計算というような疑似的な論理によって行われる。これによって，介入は司法の透明性をますます失わせ，行政や専門家による不明瞭な手続の問題を大きくさせている。児童は，何をしたかのみならず，何をする可能性があるか，何者であるか，何者だと思われるかに基づいて裁かれ，介入を受ける。

犯罪に悩まされる社会から見れば，このような予防的な介入は支持されるであろう。しかしながら，犯罪予防を目的とした裁量的な介入が一層進むと，それが非刑事的な処分であっても，「危険人物」として扱われることになるから，介入には刑事的な要素が含まれる可能性はある。例えば，10歳未満の児童に対する「地方児童外出禁止計画」も非刑事的な処分とはいえ，児童を特定の時間，特定の場所に留め置き，非行・犯罪を予防するものであるから，一定の自由を制限する刑事的な要素が含まれる。さらに刑事責任年齢を廃止することで，その介入は「福祉」や「予防」を名目として一層拡大することになるが，一方で家庭生活も大きく制限を受けることになる。国連の刑事責任年齢の最低基準の設置規定もあり，今のところ刑事責任年齢が廃止される状況にはない。ある時点から自己の行為を法律や秩序に基づいて自制する意識を持たせる目的で刑事責任年齢は必要であり，イギリスではそれを早期に持たせる意図で刑事責任年齢が低く抑えられているように思われる。そうであるならば，そもそもイギリスの児童は10歳で法律や秩序を理解して行動できる社会的環境にあるのかということが問題になる。自己の行為に対する

---

[12]　Children Act 2004, s. 60 (3).

[13]　B. Goldson, "Taking Liberties : Policy and the Punitive Turn," edited by B. Goldson and J. Muncie, Youth Crime and Juvenile Justice, Vol. 2, 2009, p. 206.

理解力を促すか否かは，児童を取り巻く社会的環境の価値観，とりわけ児童の親や仲間集団の価値観や行動によって左右されるであろう。したがって，ある行為が非行・犯罪になるという知識と認識力，その結果を予見する能力，それを回避する自制心は，親や周囲の環境次第であるとも言える。イギリスの現代の少年司法制度は，ほとんど必ず親の養育責任も付随して問われる仕組みになっており，特に近年ではそれが一層厳しく，細部にわたる介入に変化している。親の養育責任に関する一連の公式的な対策について，J. マンシーがまとめた表から1998年以降の労働党政府によるものを次に抜粋する[14]。

親の養育責任の強化策

1998 年	養育命令に基づき，親にカウンセリングやガイダンスの講習を受けさせる
2001 年	悪質なずる休みを犯罪とし，「ずる休みを黙認する」親に対して最長3ヶ月の刑務所収容を科すようにした
2002 年	オックスフォードシャー州において，娘を登校させることができない母親に対して60日間の拘禁（jail sentence）を科す
2002 年	養育に問題ある親に対して定額の罰金を科す計画を校長に発表
2003 年	反社会的行動法（Anti Social Behaviour Act）は，養育契約に法的な効力を持たせ，さらに強制的な「居住的要素（residential element）」も認めた
2005 年	養育に問題ある親を「徹底的に矯正」させるために125万ポンドの予算投入を発表
2006 年	「リスペクト・アクション・プラン（Respect Action Plan）」は，養育契約や養育命令の適用に際し，学校が参加できるよう主張した
2006 年	警察及び司法法（Police and Justice Act）は，養育命令で地方当局や家主の協力を求めた
2007 年	国立養育アカデミー（National Parenting Academy）設置
2007 年	「崩壊的な家庭」向けの「集中治療的な矯正施設（intensive care sin bins）」を設立
2007 年	将来的に犯罪をする「危険性のある」胎児を見分け，当該幼児が2歳になるまで助産師や巡回保健師が徹底した支援を行う計画を発表
2007 年	「合理的な理由なしに，公共の場所で児童を放置すること」を新たな犯罪にすると発表

---

[14] J. Muncie, Youth & Crime, Third Edition, 2009, p. 262 and J. Muncie, Youth & Crime 4th Edition, 2015, p. 257.

2008 年	家族介入計画（Family Intervention Projects）に 2 億 1800 万ポンドの予算を投入し，1000 人の「極めて行儀の悪い児童」の行儀を良くさせることを発表
2008 年	親に対し，家庭内で児童の飲酒を認める年齢についての勧告を行う
2008 年	医師や学校に対し，犯罪をする「危険性のある」児童を見分け，「交渉の余地のない」徹底した指導と訓練を行う計画を発表
2011 年	12 万世帯の家族を「再建する」ための問題家族プログラム（Troubled Families Programme）の開始

　確かに犯罪予防は，被害者化を防ぐ意味でも有効であり，犯罪者処遇のコストに比べれば効率的であると思われる。しかしながら，上記の養育に関する政策は，個人の私生活や人間関係に公的なシステムが深く介入するとともに，親が犯罪予防の主要な責任を負うものである。したがって，犯罪予防に関する刑事政策の最終責任者が政府から親にある程度移されたとも言える。これにより，社会的秩序や道徳の衰退に対する批判の矛先は，政府よりも社会一般の親，とりわけ貧困など不遇な環境にある家庭などに向けられることになる。これは，本来政策責任を負うべき政府にとっては好都合であり，公費の節約にもなる。上記の表のながれを見ると，そのような社会の不安に応じて政府がさらなる厳しい政策を打ち出す構図が考えられる。今後も親の養育責任は一層重くなるであろうが，そもそも問題ある親の多くが養育どころか自己管理も十分ではないから，政策と親の対応は一層混沌とするであろう。そして一連の養育責任が強化されている中で児童が非行・犯罪をした場合，親だけでなく彼の行為に対する社会的非難は一層強まることになるであろう。これは，児童の刑事責任が厳しく問われることであり，比較的低い刑事責任年齢が維持される結果にもなると思われる。

　2008 年に当時の労働政府が公表した「青少年犯罪行動計画（Youth Crime Action Plan）」では，例えば次のような提案がなされている[15]。

　　・裁判所が社会内刑（community sentences）では不十分だと判断しない限り，拘禁刑を避け，地域社会内で刑罰を受ける。
　　・社会内刑では，社会が少年にどのような修復作業（reparation work）を希望するか

---

[15]　HM Government, Youth Crime Action plan 2008, 2008, pp. 49-54.

を検討する機会を設ける。
- 拘禁刑の代替策として，専門家の指導を受けた里親が，家庭環境の影響を直接受ける凶悪・常習的な少年犯罪者を預かり，素行を徹底的に矯正させる制度を強化する。
- 自己の行為の結果を感じさせるため，彼らの余暇時間であり，犯罪や反社会的行動が起こりやすい金曜日・土曜日の夜に修復・更生の活動を行う。
- 拘禁刑は，凶悪・暴力・常習的な犯罪者に用いられる。

　これらの非拘禁的な処分は，担当側の負担と実効性について懸念があるものの，拘禁刑がもたらす負の影響を回避するとともに，本当に拘禁刑が必要な犯罪者を見極めるものであって，社会復帰を一層促す点ではある程度評価できる。従来国家が担当した非行・犯罪者処遇を社会の中で行わせることは，修復的司法（restorative justice）の活用と併せ，刑罰の一種の民主化と言えるが，本質的には公費負担の節約である。しかしながら，社会の主流と言われる意見や態度は流動的であり，それらの明確な責任者は見出しにくく，価値観が多様化した時代ではなおさらである。一方，政府も大衆迎合的な姿勢である限り，政策も流動的になる。これらが両立している状況では，親の養育に関する政策をはじめ，社会が責任を負う政策は不安定な要素を常に抱えることになる。その結果に翻弄されるのは，当事者である加害者の児童少年とその親，そして被害者である。

　20世紀後半から若者のサブカルチャーや非行・犯罪が注目され，それに呼応した刑事政策が実施されてきたが，マス・メディアが発達した現代では，犯罪統計などの客観的なデータよりもそれが流す情報が刑事政策の評価に強い影響を与えており，政府も都合よく利用する可能性はある。確かに20世紀後半は犯罪が増加し，それによって社会は犯罪が常に増加していると思うようになった一方で，社会の見方はゆっくりとしか変化しなかったといわれている[16]。そしてマス・メディアは，犯罪減少よりも増加の方を好んで，ドラマチックで，不安にさせる筋書きで報道するため，身近では犯罪がないのに，「世間では」犯罪が今なお増えていると思わせているという[17]。したがって，政府も社会も，情報に流されない判断ができるように，ある程度基軸となる

---

[16]　M. Hough and J.V. Roberts, "Public Opinion, Crime, and Criminal Justice," edited by M. Maguire, R. Morgan and R. Reiner, The Oxford Handbook of Criminology, 2012, p. 281.

[17]　Hough and Roberts, op. cit., p. 282.

秩序や価値観が具体的に示される必要があろう。それによって行為に対する刑法上の評価が安定し，児童の処遇も親の養育も安定的になることは，その国にとって最も適切な刑事責任年齢を導き出すことにもつながると思われる。そしてそれは，司法的アプローチであるとともに，児童の福祉にも連動することになるであろう。

3 小 括——刑事責任年齢の将来的展望

　新しい労働党の刑事政策は，それ以前の保守党政権時代よりも一層厳しいアプローチであった。それは刑罰を重くするというよりも，児童の反社会的な傾向の機先を制し，総合的かつ細かな介入によって犯罪を予防しつつ，公費負担の効率性を図るものであった。さらに児童への介入とともに，親の養育責任を厳しく問い，親を矯正の主体的な立場として，児童の刑事責任と連帯する方向へ位置付けられたのである。このような厳しい姿勢は，国民の支持で成立しており，国民の多くは，社会的秩序や道徳の衰退に危機感を抱き，若者の反社会行動に不安を感じていた。そのような懸念の多くは，実体験よりもマス・メディアによって増幅されたケースが多いかもしれないが，単純に児童個人の福祉を優先する政策は選挙や政権運営で不利だという考えが，この数十年で半ば公式化したように思われる。したがって，刑事責任年齢については，国連や専門家から指摘されているにもかかわらず，半世紀にわたって変更されていないのである。

　既述したように，刑事責任年齢が全く問題にされなかったというわけではなく，議会でも何度と質問が出され，その都度政府は変更を否定していた。ただし，最近では 2013 年以降，自由民主党のドラキア卿 (Lord Dholakia) が「刑事責任年齢法案」を貴族院に提出している。この法案は，1933 年の児童少年法第 50 条を改正し，イングランド及びウェールズを対象に刑事責任年齢を 10 歳から 12 歳に引き上げるものである（法案の過程については章末にまとめた）。法案が可決されるとしても，例えば適用の例外規定が置かれるか，12 歳未満の児童に対する非刑事的な介入が一層強化される修正が加えられる可能性がある。また，法案が示した 12 歳の年齢は，国連の基準やスコットランドの実

質的な刑事責任年齢に基づいているように思われる。そうであるならば，この法案が否決されても，これが引き上げ論の契機になり，さらに外交上な面からも政府は検討せざるを得ない局面が生じる可能性もある。もちろんその反対に，目立った議論もないまま否決されるに留まる可能性も十分にある。

　刑事責任年齢を引き上げるとした場合，適切な年齢は何歳であろうか。そもそも，イギリスで責任無能力の推定のシステムが生まれた際の刑事責任年齢は 7 歳であり，14 歳までは個別的に刑事責任の有無を判断した。その 7 歳や 14 歳の基準は，児童の一般的な成長の節目に合わせており，特に 14 歳は身体的に成熟し，児童期から成人期へ移行する大きな節目とされている。これはイギリスに限らず，人間の成長度としてほぼ一般化されたものである。したがって，児童個人としては成熟期に差異があるものの，これを刑事責任年齢の基準とする国や理論は多い。児童が将来的に犯罪をするような要素（貧困，劣悪な家庭環境，不十分な教育や養育など）は，児童に責任のないことであるから，児童に刑事責任を負わせるべきではないという主張がある[18]。そこで，現行の刑事責任年齢を引き上げる方策になるのだが，成熟性に着目し，14 歳が成人としての生活を始める最適な時点であるとし，法制度や処遇もそれに合わせるべきだという意見がある[19]。

　一方，刑事責任年齢を民事法分野の年齢基準と合致または近付ける考えもある。例えば，ゴールドソンは，イングランド及びウェールズの刑事責任年齢について次のように批判する[20]。

　　　少年は，「成人」の同伴なしに 18 歳までアルコール及び／またはタバコを法律上購入できず，……さらには公衆の映画館で「成人」映画を見る権利すら 18 歳に達するまでは保留される。そのような法的規制の妥当性は議論の対象になるが，その理由が成熟性のプロセスに関するものならば，深刻な問題が生じるに違いない。そもそも，あらゆる法律の分野で「成人期」を示す社会的権利・義務が 18 歳まで留保されるのに，刑事手続における 10 歳の児童の「成人化（adultification）」はどうして合法化され得るの

---

[18]　S. Bandalli, "Children, Responsibility and the New Youth Justice," edited by B. Goldson, The New Youth Justice, 2000, p. 93.

[19]　P. Graham, The End of Adolescence, 2004, p. 236.

[20]　B. Goldson, "COUNTERBRAST : 'Difficult to Understand or Defend' : A Reasoned Case for Raising the Age of Criminal Responsibility," The Howard Journal, Vol. 48 No. 5, December 2009, pp. 517-518.

280　第 11 章　刑事責任年齢に関する将来的展望

か？　遠慮なく言えば，イングランド及びウェールズの刑事責任の低さは，法律の完全性を損ねているのである。

　そして，ゴールドソンは，児童の犯罪者化と，貧困や社会的・経済的不平等との関係性を否定できないとして，刑事責任年齢を引き上げ，非刑事的なアプローチで児童を処遇すべきだとしている[21]。しかしながら，刑事責任年齢と同じく，民事法上の年齢基準も政治的な理由によって変更されているものも少なくない。先に述べたように，刑事責任年齢は本来成長の段階に合わせていたものが，20 世紀になって政治的に引き上げられた。その年齢は，社会的・経済的な変化による児童救済と社会的秩序との関係で政治的な議論を経て決められたものである。また，民事法上の年齢も成長の段階を基準に定められたものであっても，現代ではさまざまな事情で変化しているものがある。本書で民事法上の年齢基準の経緯を調べることは困難であるが，例えばマンシーは，民事・刑事の各種年齢基準を次のようにまとめているので，ここにその一部を引用する[22]。

年齢	規則，権利，責務
5	非公然で飲酒可能（2008 年）
8	スコットランドの刑事責任年齢
10	イングランド，ウェールズ，北アイルランドの刑事責任年齢 「集中的な養育（intensive fostering）」による「保護的拘禁（protective custody）」を受ける 「凶悪な」犯罪で戒護ユニットに送致される
12	戒護訓練センターに収容される ペットを飼える
13	パートタイムの仕事ができる（条件付き）
15	少年犯罪者施設に送致される
16	納税 性交の承諾年齢 同性愛関係を持つことができる（2000 年に 18 歳から引き下げられた） 両親の同意で独立・結婚できる

---

[21]　Goldson, op. cit., p. 519.
[22]　Muncie, Youth & Crime, 2009, op. cit., pp. 232-233 and Muncie, Youth & Crime, 2015, op. cit., p. 225.

	学校卒業年齢（2015 年までに 18 歳に引き上げられる）
	常勤職を求めることができる
	原動機付自転車を運転できる
	エアゾール式塗料を購入できる（2003 年に導入）
	軍隊に入れる
	くじ引き券を購入できる
17	自動車を運転できる
	飛行機を操縦できる
	他国へ移住できる
18	選挙権（16 歳に引き下げられる可能性あり）
	陪審員を務める
	ナイフやカミソリの刃を購入できる（2006 年に 16 歳から引き上げられた）
	アルコールを購入できる
	タバコを購入できる（2007 年に 16 歳から引き上げられた）
	両親の同意なしに結婚できる
	治安判事裁判所で裁判を受ける
	花火類を購入できる（1997 年に 16 歳から引き上げられた）
	私営馬券売り場で賭けができる
	全国最低賃金の低いレートを受けることができる
	タバコを吸える
	エアガン，レプリカの拳銃を購入できる（2003 年に 13 歳から 17 歳に，2006 年に 17 歳から引き上げられた）

　例えば，エアゾール式塗料，アルコール，タバコ，花火類，エアガンの購入制限は，使用方法によって非行・犯罪になり得るので，予防的な観点から設定されているものと考えられる。このような制限は強化するほど犯罪予防に役立つ上に，政府としては最も簡単な方策である。したがって，これらは，安全に使用できる理解力を備える年齢として設定されたというよりも，ほとんど政治的な裁量によるものであり，さらにまた親の監督責任を一層強調するような不安定な基準である。納税，選挙権，陪審員なども同様であろうが，婚姻可能年齢については，成熟性を基準に，自立した生活力などを考慮したものと考えることはできる。ただし，将来的に児童の成熟期が極端に変化することはないとしても，インターネットやコンピューターの人工知能が格段に発達することで，10 歳の児童でも投票，会社経営，自動車運転などができるようになる可能性はある。そのような場合に，政治的な判断でそれらの基準年齢が引き下げられると，刑事責任年齢も引き下げられるのであろうか。

小学生程度の知能でもインターネットを駆使できれば，所持が制限・禁止されている物品や情報を簡単に入手できる状況はすでに到来している。また，インターネットとともに，ソーシャルネットワーキングシステムも急速に発達しており，中には大人並みの知識を有する児童少年も存在している。今まで彼らには不可能であった違法行為が可能になったり，彼らが大人になりすまして社会を混乱させたりする可能性もある。そのような事態においても社会的秩序を維持するには，刑法の規範が右往左往せずに安定的に定められる必要がある。刑事責任年齢はその主要な存在であろう。これに対して民事法上の基準年齢は，時代の要請に応じて柔軟に対応できるものである。したがって，民事法上の基準年齢と刑事責任年齢は別個に考えるべきであり，両者を連動して考えることは，かえって不安定な要素を増やし，妥当な刑事責任年齢を導き出すことはできないと思われる。そこで，民事法とは別に，古来の成熟期の基準や国際的な状況に従って，14歳の刑事責任年齢が適切だという意見が多いように思われる。

　不遇な環境で，不十分な養育しか受けられなかった児童が非行・犯罪に手を染めやすいという推測は確かに存在する。もしそのような児童が非行・犯罪をした場合，不遇な環境や不十分な養育は原因のひとつになり得るが，彼にそれらの責任を問うことはできない。そこで，福祉的な観点から，かつては責任無能力の推定によって彼は刑事責任を免れたか，恩赦で減刑され，あるいは児童法や児童少年法などの法律によって救済された。一方で，そのようなシステムは，社会的秩序の衰退や児童の成長度の進化などを理由に批判され，時代によって変化した。その意味では，児童も時の政策に翻弄されたと言えるのだが，彼の行為は社会や個人に何らかの影響を与えており，彼以外の当事者としては彼の福祉だけでは不十分であることにも留意すべきである。現代は，被害者や影響を受けた地域社会の意見を無視できない時代であり，治安の面においても社会的不安が広がる時代であるから，刑法が有する秩序維持機能への社会的な期待は極めて高いものと思われる。したがって，秩序維持機能を確保するためにも，少年司法制度における福祉的アプローチは刑事責任年齢とは別個に考慮され，社会的秩序とのバランスで決められることになると思われる。そのように考えると，是非はともかく，イギリスの

刑事責任年齢の今後は，10 歳のまま維持されるか，引き上げられるとしても大きくは変化しないように思われるのである。

【追記】

2013 年に自由民主党のドラキア卿が貴族院に提出した「刑事責任年齢法案」は，同年 11 月に第 2 読会で審議された。同議員は，他国との刑事責任年齢の比較や国連の指摘，「犯罪者」扱いによる児童への悪影響などを理由に引き上げを主張したが，政府側院内幹事のウィンブルドン卿（Lord Ahmad of Wimbledon）は，主に次のような答弁をしている[23]。

> **ウィンブルドン卿**　……10 歳以上の児童は，悪ふざけと凶悪な行為との区別ができるため，彼らは自己の行為に責任を負うべきだと政府は考えます。犯罪をするということは重大なことであって，相応の処分を受けるということを若者に理解させることは重要です。社会は青少年司法制度を信頼し，犯罪に対して効果的な措置が講じられると期待しているはずです。
>
> 　何人かの議員閣下が，凶悪犯罪をする児童はごくわずかであって，10 歳や 11 歳の子どもが軽微な犯罪で起訴されるのは見るに堪えないとおっしゃっています。しかし，凶悪犯罪を適切に起訴し，社会を保護する姿勢を確実にしておくことは重要なのです。少年犯罪は被害者と地域社会の両方を荒廃させることがあって，これを無視することは悪いことだと考えます。……
>
> 　刑事責任年齢を 10 歳で維持することによって，早い段階で犯罪者を見極めることができます。……
>
> 　結論として，政府は，現在の刑事責任年齢が，犯罪をした少年を効果的に取り扱うのに必要な柔軟性を有し，わが国の司法制度が求めるものを的確に反映していると確信しています。……
>
> 　　……最も重要なことは，少年が自己の行為に対して個人責任を持つという自覚を育てることです。……

この法案は第 2 読会でとどまり，結果的に成立に至らなかった。しかし，ドラキア卿は再度 2015 年に同じ法案を提出し，2016 年 1 月に審議された。政府側（司法省担当大臣（フォークス卿），The Minister of State, Ministry of Justice (Lord Faulks)）は，上記とほぼ同様の答弁[24]をして，これも成立しなかった。ドラキ

---

[23]　749 H.L. Deb. 5s., cols. 487–492.
[24]　768 H.L. Deb. 5s., cols. 1573–1577.

ア卿は，同年6月に三度目となる同じ法案を提出したが，第2読会の審議日程は未定のまま廃案，2017年6月にも四度目を提出した。これについては，2017年9月8日に第2読会で審議された。政府側院内幹事のノービトン女男爵（Baroness Vere of Norbiton）は，概ね従来の政府見解を踏襲したうえで，次のように答弁し，法案に反対する姿勢を示している[25]。

> **ノービトン女男爵** ……犯罪をした児童には，彼らの犯罪の原因を追及するための介入と支援が必要です。政府は，児童を必要以上に青少年司法制度に関わらせないようにします。児童を公式的な青少年司法制度から転換させるための警察や地域社会の活動のほかに，彼らが刑事司法制度に関わる場合，連携・ディヴァージョンの事業が，彼らを特別な要保護性と脆弱性を抱えているものとして取り扱います。……これらの事業は，警察署と裁判所で行われ，この年末までに全国の82％をカバーすると思われ，2021年までに100％に達すると見込まれます。……
>
> 政府は，極めて凶悪なケースを除き，少年を拘禁しない方策を採用しています。10歳，11歳の者に対する拘禁は，成人であれば少なくとも14年の投獄刑に相当する犯罪をした場合のみ適用されるだけです。……
>
> ……少年犯罪に最適な対応を考える場合，彼の年齢と成熟性は必ず考慮されます。政府は，犯罪の凶悪性に対応するものとし，児童を不当に起訴するつもりはありません。……
>
> ほとんどの欧州各国が高めの刑事責任年齢を設定し，国連が認められうる最低年齢を12歳としていることは政府も認識しています。しかし，スイス，南アフリカ，オーストラリア，アメリカなどの刑事責任年齢も10歳です。政府は，各国がそれぞれの事情や手続に基づいてそれを判断すべきものと考えます。わが国の刑事責任年齢もヨーロッパ諸国と同じようにあるべきだと言われますが，物事はそれほど単純ではありません。そのような単純な比較は道を誤ります。刑事責任年齢を10歳にすることで，青少年司法制度は，司法制度を必要とするケースを取り扱うことができるのです。もちろん，司法制度とは別の介入策が一層適切な対応であれば，青少年司法制度はそれを妨げません。……
>
> 結論的に，政府は，今の刑事責任年齢が適切であって，わが国の司法制度に求められるものを正確に反映していると考えます。……

児童に対する早期の介入やディヴァージョンを活用することで拘禁刑を抑制するという考えは，20世紀末以降の刑事政策を継承しているものと思われ，公費負担の節約と，地域のことは地域で解決するという狙いがあると思

---

[25] 783 H.L. Deb. cols. 2209-2211 (hansard.parliament.uk).

われる。今後もその方針を拡大するのであれば，刑事責任年齢を引き上げる影響は大きくないとも思われるが，政府は，あくまで 10 歳の刑事責任年齢を堅持し，その中でディヴァージョンを活用する予定である。これには答弁にもあるように，凶悪犯罪に対して厳しい制裁を科すことができる余地を残すことで法と秩序の維持を図り，併せて被害者と社会が期待する司法の信頼性も維持したい考えが見受けられる。

　この法案の成り行きは不透明である。折しも欧州連合離脱，スコットランド独立運動，そして各地で突発するテロ事件など，現在のメイ政権は重大かつ深刻な問題を多く抱え，不安定な運営を強いられている。筆者の単純な推測にすぎないが，そのような中で刑事責任年齢の問題を優先する余裕はなく，政府の現状維持の強い姿勢は今後も変わらないようであり，仮に成立しても 12 歳を上回る引き上げは当面ないように思われる。

（2017 年 9 月追記）

結　語

　これまで本書は，イギリスの刑事責任年齢の変化について，児童の周辺環境や児童に対する社会の捉え方の変化も加えながら，どのような背景が存在し，刑事責任年齢がどのような存在であるかを考察してきた。かつてのコモン・ローでは，イギリスの刑事責任年齢は7歳とされたが，7歳以上14歳未満の年齢層の刑事責任は個別的に判断された。それは，いわば刑事責任のグレーゾーンであった。この本来の大きな理由は，公式的な出生記録の未発達により，かつての「年齢」に客観的な正確さがほとんどなかったことと，児童によって成長度が異なるために，年齢だけでは善悪の認識力の有無を判断できなかったことである。したがって，年齢自体に信頼性がないので，児童が7歳と申告しても，裁判官には5歳か6歳に見えたり，あるいは児童が6歳と申告しても，裁判官には7歳や8歳に見えたりする場合があり，年齢による刑事責任の判断は困難であった。そして，14歳未満でも刑事責任を負えるとした判例や専門家の主張が蓄積されるようになり，後世の裁判官はそれに基づいて判断するというシステムが続いたのである。このように，刑事責任と責任無能力の推定のシステムは，年齢の不確実さによる不利益から児童を保護するものであった。このシステムは，一般的に年長になるほど（すなわち14歳に近付くほど）刑事責任が認定される可能性が高まったが，それは善悪の認識力と比例するものと考えられていたからである。一方で，同一の行為でも刑事責任の評価は裁判官によって左右される面を有していた。

　19世紀以降の資本主義経済の発達に伴う社会的環境の悪化とともに，不遇な環境に追いやられた児童が社会から逸脱することが問題視された。そこで，彼らの逸脱行為は社会に原因があるとして，彼らを処罰よりも保護することで矯正を図る運動が起こった。とりわけ保護的な施設での処遇や少年裁判所の設立などはその表れであるが，刑事責任年齢のシステムは全く変化しなかった。しかしながら，第一次世界大戦などの社会的混乱なども加わったこ

とで，児童保護に対する関心は一層高まり，ついに 1933 年の児童少年法は刑事責任年齢を 8 歳に引き上げたのである。その変更の大きな理由とされたのは，特に不遇な社会にある労働者階級の児童を救済することであった。この時点で，イギリスの刑事責任年齢は，年齢の不確かさや成熟性の問題から離れ，時の社会問題と結び付けられるようになったのである。ただし，少年裁判所は依然として刑事裁判所の性格を有しており，それは児童を福祉的に救済する一方で，社会的秩序の維持を一層重視していた。14 歳への引き上げ案もある中で，結果的に刑事責任年齢が当時 8 歳に留まったことは，それを示唆しており，一方で宗教や地域社会が国民の規範意識に与えていた影響力が低下したことも示していたと思われる。

　その後，第 2 次世界大戦で混乱したイギリスは，福祉国家として再起する必要があった。1963 年の児童少年法は刑事責任年齢を 10 歳に引き上げ，さらに 1969 年の児童少年法は 14 歳への引き上げを定めたのである（殺人罪を除く）。一方で，戦後の反体制的文化やサブカルチャーが高まったことで，社会はこれまで比較的従属的な立場であった青少年が対等もしくは敵対的な立場へ一変したと捉え，不安を抱くようになった。そして様々な民族・人種が流入してイギリス社会を構成するようになったものの，経済的な格差や規範意識の違いから，それらの一部は独自の文化とコミュニティーを形成した。これは社会の不安感を一層大きくさせることになり，秩序の復活と児童への教育が求められる結果となった。1963 年及び 1969 年の児童少年法の議会審議においても，社会的秩序の維持と児童の教育の立場から刑事責任年齢の引き上げに慎重な意見は根強く存在したのである。

　折しも 1969 年法成立後に労働党から保守党へ政権交代があり，1969 年法の刑事責任年齢は実施されなかった。そしてサッチャリズムの重要なテーマとして有名な「法と秩序」が唱えられるようになり，それは選挙において絶大な効果を発揮した。「法と秩序」を遵守させるような教育や法制度が整備され，親の責任も強調されるようになった。これらの狙いは，もちろん全国民であるが，本音としては伝統的な価値観と宗教を重視するイギリス人ではない民族・人種そして退廃した家庭にあったと思われる。1990 年代には若者による各地での暴動や児童による凄惨な事件が大々的に報道されたことで，「法

288 結 語

と秩序」の重要性が一層感じられるようになったが，一方で保守党政権の治安対策に対する国民の不信感も高まったのである。労働党もその路線をアピールすることで政権を奪還できると目論み，犯罪及び秩序違反法案につながる強力な政策を打ち出したのである。この時点で，イギリスの主要政党は，犯罪抑止と秩序維持で足並みが揃っており，それでなければ国民から評価されないことを認識していた。したがって，国連や専門家から刑事責任年齢の低さを指摘されようとも，それに従うことは極めて慎重であったと考えられる。

　さらに児童に対する厳しいアプローチは一層進んだ。「新しい労働党」政権における刑事政策の目玉であった1998年の犯罪及び秩序違反法は，責任無能力の推定を廃止し，10歳以上14歳未満までの刑事責任上の保護策はなくなったのである。その後も10年余にわたる労働党政府は，反社会的な行為と見なされる時点から厳しく取り締まり，10歳未満の児童に対しても非刑事的な措置で対応できるようにした。そして親の養育責任を一層厳しく問い，私的な親子関係にまで介入できる政策を次々と打ち出したのである。内容の是非はたびたび議論されているところであるが，これらは全て秩序維持，犯罪予防のために先手を打つ方策であった。

　これまで刑事責任年齢の歴史的な変化に児童を取り巻く環境の変化を加えて検討してきたが，概観すると，イギリスとして自国の秩序をいかに確保するのかというテーマが常に存在し，刑事責任年齢も児童の福祉もその上で時代に応じた変化を続けているように思われる。すなわち，それらはイギリスの社会的秩序を基盤に議論され，成立しているのである。したがって，人種や宗教の間で摩擦が生じ，それによる犯罪も発生している状況において国際的にその低さが指摘されながら，なお刑事責任年齢の引き上げに慎重であるのは，刑法の秩序維持機能を重視しているのである。イギリスの姿勢を見ると，適切な刑事責任年齢は，他国の基準に合わせて設定されれば良いというものではなく，自国のあるべき秩序，児童期から理解すべき規範，社会の一般的な価値観をうまく把握して設定されるものを指すと思われる。そのように考えると，児童に対する単なる印象，主観，偏見に基づく刑事責任年齢は不安定であり，たびたび変更される原因になるため，結果的に社会にも児童

にも大きな不利益が発生するであろう。一方，社会が児童に対して刑法の外で教育，規範意識，道徳的価値観を適切に教育するほど，秩序の安定が期待できるから，刑事責任年齢が高めに設定されても大きな批判は生じないとも考えられる。

とはいえ，児童に対する福祉的アプローチが軽視されてよいというわけではない。家庭環境が不遇な児童については，民事法の分野で十分に救済し，適切な指導・教育を施すべきである。その救済策が確かな効果を発揮するのであれば，規範意識や善悪の理解力の程度は，不遇な環境の児童も，そうでない児童もほとんど同等のレベルになることが期待できる。社会の構成員全体を対象とする刑法の範囲内で，個人を対象とする福祉的アプローチを考慮することは，社会から非難の対象になりやすく，かえって混乱し，福祉的アプローチの意義が減少すると言える。特に20世紀後半の刑事政策は，児童のためにと唱えられた福祉的アプローチが，犯罪の増加による社会的不安の原因として批判の的になり，かえって司法的アプローチが進行してしまったように思われる。したがって，刑法が有する秩序維持機能を確保するためには，司法的アプローチと福祉的アプローチをそれぞれ別個の分野で充実させることが望ましいと思われる。それによって，各アプローチの安定性が図られるのではないかと思われる。このような視点は，刑事責任年齢を議論する上でも当てはまるのである。すなわち，福祉的アプローチを理由に刑事責任年齢を引き上げることは，将来的に司法的アプローチによる厳罰化の根拠にもなり得るのである。極端な言い方をすれば，同じ行為が一夜にして犯罪になるのである。結果的にその不安定な状況に翻弄されるのは，政府でも議会でも専門家でもなく，対象者の児童である。イギリスのように，14歳未満までの刑事責任が個別的に判断された歴史を有する国では，刑事責任年齢に対する捉え方がかなり柔軟であるため，その可能性は高いように思われる。

さらに，その刑事責任年齢の設定においても，個別的な視点が必要であろう。すなわち，教育を受けて，規範意識や善悪の理解力が発達しても，多種多様な犯罪行為を一斉に，均等に理解することは困難である。特に成長途上にある児童は，認識，理解，表現などの各種能力が一定のスピードで発達するわけではない。かつての責任無能力の推定のシステムもその事情を踏まえ

290 結 語

ていた。さらに，イギリスは総合的な刑法典を持たず，各種の個別的な法律がその役目を果たしているが，それぞれに細かなメンズ・レアとアクトゥス・レウスが定められていることが多い。したがって，規範意識や善悪の理解力の面で児童の学習度は異なるから，犯罪行為に対する児童の理解力も異なるであろう。一方で，イギリスの場合，そのような特殊性の理由だけで刑事責任年齢を引き上げることには慎重であり，国際的に批判されようとも必ず社会的秩序とのバランスが考慮されてきた。そこで，児童の成熟期や理解力と社会的秩序とのバランスを考慮したうえで，犯罪ごとに刑事責任年齢を定める方法もあるのではないかと思われる。例えば，人の生命を脅かすような凶悪な行為の刑事責任年齢を低めに設定し，詐欺やコンピューターに関する犯罪などの刑事責任年齢を高めに設定することは，それらの観点からあり得ると思われるのである。児童の成長は暦計算に従っているわけではなく，計算上の年齢よりも知能や身体的な成熟度を考慮した刑事責任の方が，児童個人にとって福祉的なアプローチであり，社会的に公正なものである。そうであれば，児童が何らかの制裁を受けるとしても，彼はその意義と効果を十分理解できるのである。ただし，刑事責任年齢は大きな影響力を持つ基準であるために，時の政府による恣意的，大衆迎合的な設定と変更を防止する用意も必要である。したがって，基本的には人間の成熟期を主軸として，個々に議論されるべきであろう。

　わが国において，社会的秩序に対する漠然とした不安はあるとしても，若者による暴動が発生するほどの混乱はほとんどないであろう。ただし，社会的な環境の中で規範意識や善悪の理解力を涵養するという点において，深刻なものではないにしても，社会の影響力は徐々に低下しているかもしれない。その点で，日本の刑事責任年齢が一般的な成熟期とされる年齢に沿っていることは適切であった。今後14歳よりも引き下げられることはないと考えられるが，場合によっては，14歳を基準にしつつ，犯罪行為によって刑事責任年齢に多少の幅を持たせることも可能であろう。あるいは，少年法の適用年齢や処分の適用年齢を犯罪行為によって複数設ける方策も考えられる。それによって，児童が規範意識や善悪の理解力を習得する中で，行為の社会的影響力を知ることができ，わが国の刑法が有する秩序維持機能を高めることに

もなるであろう。もちろん，民事的な分野で不遇な児童を十分に支援し，指導・教育を施した上で，これらは可能になることである。そして刑事責任の評価において，家庭環境や経済的事情で格差が生じることはできるだけ避けるべきである。被害者の立場が一層尊重されるようになった現代において，加害者の不遇な事情を刑事責任の評価に影響させることは，かえって社会的な反発を招く可能性がある。また，人種，移民，サブカルチャー，親の不十分な養育，道徳の衰退などは，イギリスが長らく悩まされている社会問題であるが，わが国も他山の石では済まない問題である。欧米諸国を中心に，既に移民の流入や失業などによる反動として，右派の大衆迎合主義的，民族主義的な政党や論調が各地で支持を集め，国内外で複雑な摩擦が発生している。さらにイスラム主義などの過激派がインターネットを駆使して世界規模で同志を募り，テロを拡散している。これらは社会を深刻な不安に陥れる大きな要因になっており，その状況で治安を考える場合，厳罰主義的な刑事司法制度がエスカレートする可能性は格段に増すことになるであろう。わが国においても将来，そのような問題による社会的混乱に直面した時に，政府や社会がヒステリックに反応し，少年法や刑事責任年齢などが一層厳しい内容に変貌する可能性は十分ある。そうならないために，わが国においては，社会的秩序が比較的良好に維持されている今を利点に，秩序と児童を取り巻く環境を的確に把握し，まず非刑事的な分野において両者のバランスを考慮した対策と議論を行うべきである。そしてそれを踏まえた上で，適切な青少年司法制度そして刑事責任年齢を検討することが望ましいのではなかろうか。大人たちが議論しているその向こうに，当事者たる子どもたちがいるのである。

著者略歴

増 田 義 幸（ますだ よしゆき）

1975 年　愛知県名古屋市に生まれる。
2000 年　名城大学大学院法学研究科修士課程修了
同　年　社会福祉法人名古屋市社会福祉協議会に事務職員として就職
　　　　高齢者や児童などの福祉の現場で仕事をしつつ，イギリスの
　　　　少年司法制度に関する研究を継続する。
2014 年　名城大学大学院法学研究科博士後期課程修了，博士（法学）
現　在　公益社団法人名古屋市シルバー人材センターに勤務（名古屋市
　　　　社会福祉協議会からの職員派遣）

イギリスの刑事責任年齢

2017 年 10 月 20 日　初版第 1 刷発行

著　者　増　田　義　幸

発 行 者　阿　部　成　一

〒162-0041　東京都新宿区早稲田鶴巻町 514 番地

発 行 所　株式会社　成　文　堂

電話 03（3203）9201（代）　Fax 03（3203）9206
http://www.seibundoh.co.jp

製版・印刷　三報社印刷　　　　　　　　　製本　弘伸製本
☆乱丁・落丁はおとりかえいたします☆　　**検印省略**
Ⓒ 2017　Y. Masuda　　Printed in Japan
ISBN 978-4-7923-5221-9 C3032

定価（本体 7000 円＋税）